베리칩에 숨겨진 사단의 전략

베리칩에 숨겨진 사단의 전략

초 판 1쇄 발행 | 2012. 10. 10
개정판 2쇄 인쇄 | 2013. 10. 15
지은이 | 장죠셉
펴낸이 | 정신일
펴낸곳 | 크리스천리더
편 집 | 방진아
교 정 | 이윤권
일부총판 | 생명의 말씀사 (02) 3159-7979
등 록 | 제 2-2727호(1999. 9. 30)
주 소 | 부천시 원미구 중동 677-16 2층
전 화 | (032) 342-1979
팩 스 | (032)343-3567
도서출간상담 | E-mail:chmbit@hanmail.net
homepage | cjesus.co.kr

ISBN : 978-89-6594-090-6 03230

정가 13,500원

저자와의 협약 아래 인지는 생략되었습니다.
이 출판물은 저작권법에 의해 보호받는 창작물이므로,
무단 복제와 무단전재를 할 수 없습니다.

■ 잘못된 책은 구입하신 곳에서 바꿔드립니다

베리칩에 대한 모든 것,
이제껏 베리칩에 대해 이처럼 상세히 기술된 책은 없었습니다.

베리칩에 숨겨진 사단의 전략

장죠셉 목사

2013년 부터 미국에서 시행되는 새로운 건강개혁법에는
베리칩 받는 것을 의무화하고 있습니다.
과연 베리칩은 성경이 예언한 짐승의 표(666)인가?
받아도 되는가? 결단코 받지 말아야 하는가?

CLS 크리스천리더

저자 서문

나는 '왜' 이 글을 써야 하고, '왜' 사람들에게 이러한 사실을 알려야 하는가? 라는 고민을 많이 했습니다. 나는 과학자도 법학자도 아닙니다. 다만, 모든 사람들이 깨어 준비할 수 있도록 빨리 책으로 내어 세상에 알리려는 마음이 간절하였기 때문입니다. 세상에 베리칩(VeriChip)이 알려진 것은 2001년 12월 19일입니다. 그때부터 베리칩이 짐승의 표 666이라고 인정하는 사람들과 아니라고 부정하는 사람들의 논쟁은 끊임없이 이어지고 있습니다.

그러나 중요한 것은 베리칩이 666 짐승의 표가 되느냐 안 되느냐가 중요한 것이 아닙니다. 중요한 것은 인정하는 사람이나 부정하는 사람, 모두가 베리칩이 짐승의 표 666이라는 것을 과학적으로, 법적으로 입증시키지 못하고, 성경적으로도 입증시키지 못하고 막연하게 맞다 아니라고만 하는 것이 문제인 것입니다.

그래서 이 글을 통하여 베리칩이 짐승의 표(666)라는 것을 과학적으로 법적으로 성경적으로 입증시켜서 모든 사람이 알 수 있도록 이 책을 쓰게 된 것이고, 또한 이 책의 내용은 어느 누가 말하는 근거 없는 추론이거나 추측이 아니라 명확한 근거와 출처를 제시함으로 사람들에게 베리칩이 짐승의 표(666) 표임을 바로 인식하기를 바라는 마음에서 이 글을 쓰게 된 것입니다.

이 책을 쓰면서 '왜' 날짜와 원문을 반드시 넣어야 하는가? 그것은 많은 사람들이 쏟아내는 자료들이 사실이 아닌 것을 사실인 양 호도하고 있기 때문에 그 사실적 증거에 대한 정확한 근거와 출처를 확인시켜줌으로 그동안 많은 사람들이 쏟아낸 잘못된 정보들을 바로 알릴 수 있기 때문입니다.

첫 번째로 이 글을 쓰면서 '왜' 현실로 나타난 사실을 모르면서 잘못된 자료들을 쏟아내는 것일까? 라는 생각을 하면서 나처럼 왜 라는 의문을 갖는 사람들의 답답함을 속 시원하게 해소 시켜 주기 위함입이다.

두 번째로 이 글을 쓰기에 앞서 요한계시록에 기록된 짐승의 표가 구체적인 현실로 법으로 제도화되어서 "누구든지 그것이 없으면 매매를 못 하도록" 묶어놓고 있음을 모르는 것을 알려주기 위해서입니다.

세 번째는 2005년 5월 11일, 국토안보부(Department of Homeland Security)의 "Real ID Act 2005"법은 사람과 물품의 이동을 담은 시행령에 관한 것입니다.
이 시행령은 2007년 4월 10일에 수정하여 시행일을 2011년 5월 11일을 2013년 1월 15일까지로 연장시킨 것입니다.
그런데 사회 전반에 적용되는 확실한 신분(Positive ID)를 짐승의 표가 아니라고 하며 이런저런 논리로 변증 하는 내용을 보고 들으면서 왜 저런 말들을 하는가를 생각하고 잘못 알고 있는 것을 바로 알려야 한다고 생각했습니다. 오히려 베리칩이 짐승의 표(666)가 아니라고 반대하기보다는 마지막 때에 인류를 멸망의 깊은 수렁으로 빠뜨리게 하는 가장 중요한 핵심부터 설명하는 것이 마땅히 해야 할 바른길이라고 생각하기 때문입니다.

따라서 우리가 반드시 알아야 할 것은 첫 번째는 '그램스 전략(Gram's Strategy)'을 모르는 상태에서는 세계정부에 관하여 말하려 하지 말아야 합니다.

두 번째는 '미네타 인클류션(Mineta Inclusion)'과 'DNA 128'의 기능을 모르는 상태에서는 베리칩에 관하여 말하려 하지 말아야 합니다. 세 번째는 '건강법과 식품의약청(Federal Food and Drug Administration)규정과 US 코드'를 모르는 상태에서는 베리칩이 짐승의 표가 아니라고 반박하려 하지 말아야 합니다.

네 번째는 건강법에 명시되어 있는 제조업자규정, 수출입규정, 은행과 금융거래규정, 학교단위규정, 소비자규정' 등을 연계해서 설명할 수 없다면 베리칩이 성경에서 말하는 짐승의 표(666)가 아니라고 반박하려 하지 말아야 하기 때문에 이 글을 쓰는 것입니다.

2013년 10월 미국 찬양의 교회에서
장 죠셉 목사

차례

저자 서문

이 책을 쓰면서

1. 어두움이 드리워지는데

   혁명은 또 다른 혁명을 낳는다 • 17

   다가오는 거대한 혁명 • 19

   잘못 알고 있는 '우상'과 '경배'라는 단어 • 23

   짐승이란 무엇인가? • 30

      1) 짐승 (θηρίον)

      2) 바다(θαλάσσα)

      3) 땅(τούs)

   세계정부와 어두움의 세력 • 35

   세계정부의 몸 • 41

2. 사회보장제도에 쓰이는 베리칩(VERICHIP)

   미의회 안건번호 H.R.(House of Representative)에 관한 바른 이해 • 51

      1) 미의회 안건번호(H.R.3200)

      2) 미의회 안건번호(H.R.3520)

      3) 미의회 안건번호(H.R.3590)

      4) 미의회 안건번호(H.R.3964)

      5) 미의회 안건번호(H.R.4872)

      미의회 안건번호(H.R.3200)에 명시된 베리칩 • 57

      식품의약청 규정 519조와 베리칩 • 63

3. 신세계 질서와 그램스 전략(GRAM'S STRATEGY)

　그램시(Gramsci)와 그람(Gram) • 67

　일곱 머리의 역사 • 71

　죽어가던 제도와 힘 받는 문화 • 73

　여덟째 나타난 짐승 • 78

　열 뿔과 외교협의회(CFR) • 82

　열 뿔의 분담과 책임국가 • 87

　삼각통치(TC) • 89

　　1) 신세계질서의 변천

　　2) 기독교를 죽이는 정책

　　3) 큰 성 바벨론의 음모

　　4) TC 회원국과 한국인 회원

　이런 사회가 반드시 온다 • 102

4. 인간 유전자와 베리칩(VERICHIP)

　　인간 유전자(DNA) • 111

　　디지털 엔젤(Digital Angel™) • 113

　　썰모 라이프(Thermo Life®) • 117

　　어프라이드 디지털 솔류션(Applied Digital Solutions) • 118

　　안테나 코일(Antenna Coil) • 120

5. 디지털 통합(Digital Inclusion)의 비밀

　　미네타와 인크류션(Mineta Inclusion) • 124

　　정부가 베리칩을 시행하고 있는가? • 126

　　100조 달러 베리칩 시장(Marketplace) • 128

6. 교회가 교회를 죽이는 시대

　교회가 교회를 죽이는 시대 • 134

　교회가 받아들이는 미운 물건 • 135

　성직은 UN에서 임명한다 • 142

　　1. 종교는 반드시 죽는다

　　2. 타락한 교회

7. 세계정부를 위해 달려가는 현실

　빌더버그와 세계정부구상 • 153

　　1. 빌더버그(Bilderberg)

　　2. 프리메이슨(Freemason)

　국제형사재판소(ICC) • 163

　Positive-ID 회사는 어떤 회사인가? • 169

　무엇이 변했나? • 173

　무역법과 개인번호법 • 175

8. 베리메드(VERIMED) 교육과 시행령(ACT)

　학교에 의사를 상근(常勤)시킨다 • 185

　이미 시작했는데 • 187

　신생아에게 칩을 넣는다 • 190

9. 은행들과 베리칩 그리고 고객

세계정부를 향한 금융정책 • 197

브레톤 우드 시스템-Ⅱ(Bretton Woods systemⅡ) • 201

ATM 인출기와 크레딧 카드 • 205

은행에 특수임무를 수행할 의사 • 206

베리칩이 없으면 거래가 안 된다 • 207

10. 제조업자와 베리칩 그리고 근로자

생산되는 모든 제품과 칩(Chip) • 213

근로자와 칩(Chip) • 214

제조업자와 소비자 • 215

소비시장과 소비자 • 218

11. 세계가 베리칩을 ID로 쓰기로 했다

말 바꾸기와 상징(Symbol)이란 말 • 225

신약에서 말 바꾸기 • 227

인간유전자 코드(Human Genome Code) • 229

컴퓨터 코드(Code) • 232

인간 유전자(Human Genome) • 233

선진국에서 연구한 프로젝트 • 236

  1. 세상에 공개된 베리칩(VeriChip)

  2. 식약청은 팔고 넣도록 허가했다.

  3. 한국 베리칩 수입

12. 베리칩이 666이라는 명확한 증거

    베리칩(VeriChip)이 666표라는 과학적 증거 • *253*

    베리칩(VeriChip)이 666표라는 법적증거 • *258*

    베리칩(VeriChip)이 666표라는 성경적인 증거 • *264*

13. 책을 끝내면서

    1. 예언을 주신 목적을 모르면 베리칩을 받게 된다 • *271*

    2. 예언을 받아야 할 대상을 모르면 베리칩을 받게 된다 • *272*

    3. 환난통과설을 떨쳐버리지 않으면 베리칩을 받게 된다 • *275*

    4. 예언의 말씀에 더하면 베리칩을 받게 된다 • *276*

    5. 예언의 말씀을 빼면 베리칩을 받게 된다 • *278*

이 책을 쓰면서

지금이 마지막 때라는 것은 누구나 다 알고 있으며 심판주이신 그리스도의 오심이 가까웠다는 것은 누구나 다 말하고 있다.

666표는 예수를 믿는 사람이든 안 믿는 사람이든 상관없이 인류의 모든 사람에게 해당되는 문제이다. 그럼에도 불구하고 짐승이 무엇이며 짐승의 이름으로 주는 666에 관하여 말하는 것을 피하는 이유는 어디에 있는 것일까? 비기독교에서 침묵하는 것 자체도 옳지 않은데 심지어 교회에서조차도 이런 말을 하면 이상한 사람으로 오해하는 것이 사실이다.

그렇다면, 대부분의 사람들이 기피하는 이 문제를 저자는 유독 강조하는 이유는 무엇 때문인가? 먼저는 영혼을 사랑하는 사람이라면 반드시 이 문제를 공개적으로 알려야 하겠기 때문이며, 다음은 심판주 그리스도를 사랑하고 다시 오심을 기다리는 마음이 가득하다면 세계정부제도와 666 짐승의 표에 관하여 당연히 관심을 가져야 하기 때문입니다. 누구나 마지막 때가 다 되었다고 말할 때는 시대와 징조를 빼놓지 않고 말한다. 그렇게 말하는 것은 심판주의 강림이 임박했다는 것이 사실이기 때문이다.

666표가 되는 베리칩의 등장이야말로 마지막이 드러나는 뚜렷한 현실을 보여주기 때문이다. 심판주의 강림에 대한 임박함을 말할 때 666표의 출현을 말하지 않을 수 없기 때문이다.

1993년 미국은 클린턴행정부 때부터 추진시키려던 오랜 숙원인 건강보험개혁법을 2009년 11월에 하원에서 찬성 219표, 반대 212표로 통과시켰다.[1] 그리고 2010년 3월 21일에 상원에서 건강보험법으로 통과시킨 건강개혁법이 H.R.3200이다.[2] 그런데 이 법안번호를 두고 말들이 많다. 영문으로 기록된 미국법에 관해서 미국 사람들은 H.R.3200이라고 말하는데, 어째서 영어권이 아닌 한국 사람들이 H.R.3200이 아니라고 하는 것일까? 더욱이 최근에 출판된 책에서 이번의 의료개혁법안인 H.R.3200은 의회에서 통과되지 못하고, 수정된 H.R.3590과 H.R.4872가 통과되었다고 잘못 알리고 있다.[3]

　　어떻게 한 가지 법안에서 두세 번호가 나올 수 있는가. 그리고 계속하여 "2010년 3월 30일에 통과된 H.R.4872를 살펴보면 놀랍게도 사실이 아닌 것을 사실인 것처럼 책에 썼다.[4]

　　또한 남의 글을 인용하면서 사실이 아닌 주를 붙이는[5] 이유는 무엇인가? 그렇다면 하원에서 통과시키고 2010년 3월 21일에 상원에서 통과시키고 오바마 미국대통령이 서명한 법안이 H.R.3200이 아니라는 말인가? 모든 것을 명확히 알기를 원하는 사람이라면 미국의회 사이트를 검색하면 H.R.3200이 본안이고 그 외의 것들은 어느 조항의 개정이나 삽입이나 수정한 것임을 알 수 있는데 어째서 사실이 아닌 것으로 사람들을 미혹시키는가! 왜 이러한 거짓자료를 사실인 것처럼 인터넷이나 책에서 말하는 것일까? 어째서 출처를 확인해서 검증해보지도 않고 잘못된 자료들을 쏟아내는 것일까?

　　그 원인을 알기 위해서는 어디서부터 잘못된 것인지를 바로 알아야 한다. 그것은 총 2,310페이지로 된 이 법률 중에서 일반에게 공개된 것은 1,018페이지뿐이다. 그리고 1,019페이지부터 마지막 2,310페이지까지는 일반에게 공개되지 않았을 뿐 아니라 어느 의원들도 자신의 홈페이지에 올려놓지 않았기 때문이다. 그리고 공개하지 않은 이유는 우리로서는 알 수 없는 일이다.

공개된 1018페이지까지에만 3부(Division)로 나누어서 설명되어 있다. 제1부는 8장으로, 제2부는 9장으로, 제3부는 5장으로, 총 22장이 1,018페이지 안에 들어 있다. 또한 어떤 조항에서는 미비한 조항에 관해서는 추가로 수정하도록 해 놓았다. 법률이란 사회의 일반학문이나 이론적인 상식으로서 해석하기 어려운 문맥들이 많기 때문에 체계적으로 법전(法典)을 전문적으로 연구한 사람이 아니면 그 뜻을 설명하기 어려운 것이 사실이다.

그럼에도 어떤 사람은 H.R.3200은 통과되지 않았고, 대신 H.R.3520이 통과되었다고 하였다. 다른 사람은 건강보험개혁법은 H.R.3200이 아니라, H.R.3590이라는 사람도 있다. 또 따른 사람은 H.R.3200이 아니라, H.R.3962라는 사람도 있다. 어떤 사람은 동영상에서 한글자막으로 H.R.4872라고 올려놓고서 모든 내용의 영어음성은 H.R.3200을 설명하고 있다.

그렇다면 어느 것이 본법이고 다른 번호가 붙여진 법은 무엇을 위한 법인지를 목적부터 이해가 되어야 한다. H.R.은 의회(議會-House of Representatives)라는 첫 머리자이며, 번호는 의회에 등록된 안건번호를 말한다. 그리고 이 법문을 이해하려면 '디바이스(Device)'라는 단어가 갖고 있는 여러 뜻에 대하여서도 충분한 이해가 되어야 한다.

1. 어두움이 드리워지는데

"어찌하여 열방이 분노하며 민족들이 허사를 경영하는고, 세상의 군왕들이 나서며 관원들이 서로 꾀하여 여호와와 그 기름 받은 자를 대적하며, 우리가 그 맨 것을 끊고 그 결박을 벗어나자 하도다."(시 2:1~3)

 성경은 일찍이 인간이 하나님의 통치로부터 벗어나려고 자기가 원하는 대로 외치며 살아왔던 것은 하나님의 통치로부터 자유를 바랐기 때문이라고 하였다. 그러나 실제는 하나님의 통치에서 벗어나는 것 같았으나 다시 사단에게 속박당하고 말았다. 이러한 사실을 누가복음에는 "마귀가 천하 만국을 보이며 가로되 이것은 내게 넘겨준 것(눅4:6)"이라고 하였다. 이는 인간이 창조주의 통치로부터 벗어났지만 다시 마귀의 속박으로 넘어갔다는 증거다. 이처럼 모든 인간은 누군가의 통치에서 벗어나 자유로운 삶을 살기를 갈망한다.
 그러나 어떤 통치나 속박에서 벗어났다고 해서 진정한 자유를 누릴 수 있는 것은 아니다. 또다시 큰 힘의 세력에게 눌려왔던 것이 지금까지 인류역사의 반복이었다.

오늘날 민주화의 기치를 들고 곳곳에서 혁명이 일어나고 있지만, 사실은 용광로가 끓는 것처럼 세계는 나락으로 미끄러지고 있는 때이다. 그러한 사건들은 오래전부터 세계 곳곳에서 끓어오르다가 근래에 와서 아프리카 대륙으로부터 시작되었다. 일명 '재스민혁명(Jasmine Revolution)'이라고 부르는 튀니지, 이집트, 리비아, 바레인, 예멘, 요르단, 시리아 같은 나라에서 일어났고 지금도 계속 번져가고 있다.

혁명은 또 다른 혁명을 낳는다

재스민혁명이란 2010년부터 2011년에 걸쳐 튀니지(Tunisia)에서 일어난 혁명을 일컫는 말이다.[1]

이 혁명을 '굶주림의 혁명(Hunger Revolution)'이라고 하였다. 이 혁명으로 1987년부터 튀니지를 집권한 '제인 엘 아비디네 벤 알리(Zine El Abidine Ben Ali: 1936년 9월 3일~)'[2] 대통령이 24년 만에 대통령직을 사퇴하고 사우디아라비아로 망명하게 만들었다. 이 혁명을 튀니지의 나라꽃인 재스민에 빗대어 재스민혁명이라고 부르게 된 것이다.

튀니지에서 일어난 재스민혁명의 영향을 받은 이집트는 2011년 1월 25일부터 2월 11일까지 '호스니 무바라크(Muhammad Huseni Sayid Mubarak)'의 장기집권을 뒤집기 위해 대통령의 퇴진을 요구하며 반독재정부시위가 일어났고. 2011년 2월 11일 호스니 무바라크 대통령은 군부에 권력을 이양하고 대통령직에서 물

러나고 혁명은 끝났다.[3]

2011년 2월 15일부터 발생한 리비아의 내전은 '무아마르 가다피(Muamma Gaddafi)'의 지지 세력과 가다피에 반대하는 반 가다피 세력 간에 벌어진 무력충돌이었다. 이 내전을 '리비아혁명(Libyan Revolution)'이라고 부른다.[4]

튀니지 전 대통령
제인 엘 아지디네 알리
(1936.9.3~)

이집트 전 대통령
호스니 무바라크
(1928.5.4~)

리비아 전 대통령
무아마르 가다피
(1942.6.7~2011.10.20)

2011년 3월부터 본격적으로 전쟁상태에 들어갔으며, 피를 흘리는 내전은 유엔의 승인을 받은 나토군의 개입으로 내전은 무아마르 무함마드 가다피(Muamma Gaddafi:1942년 6월 7일~2011년 10월 20일)[5]의 죽음으로 끝났고, 재스민혁명은 시리아와 중동에까지 이어졌다.

이러한 혁명이나 내전의 결과로 많은 사람들의 피를 흘리는 죽임은 육신의 문제일 뿐이다. 그러나 그보다 더 중요한 것은 인간의 죽음은 육신의 문제가 아니라 영의 죽음에 있음을 알아야 한다. 사실 혁명이나 내전의 결과는 쟁탈로 끝나는 것이기 때문이다. 그렇게 빼앗은 혁명이나 내전은 또 다른 피 흘림의 죽음을 불러오는 것이다.

　그럼에도 불구하고 사람들은 자유라는 민주주의 달콤함만 볼뿐이지 그 이면에는 어두움이 드리워지고 있다는 사실을 모르고 민주주의만 부르짖고 있다는 것은 비극이다.

　이처럼 어두움이 드리워지는 것은 어느 한 나라에만 국한되는 것이 아니라 지구촌에 살고 있는 모든 인류에게 덮치는 재앙이라는 사실이다. 그럼에도 사람들은 바로 코 앞에 주어진 이해관계에만 집착하고 멀리 바라보지 못하는 현실이 안타까울 뿐이다.

다가오는 거대한 혁명

　사람들은 조만간에 지구상에는 엄청난 혁명으로 지구사회가 바꾸어지는 세계적인 혁명이 일어날 것을 깨닫지 못하고 있다. 그러한 예시는 오래전부터 인류사회에 공개되었고, 읽혀지고 있는 성경은 이를 증거하고 있다. 성경은 창세기로부터 요한계시록까지 66권으로 각기 특징을 지니고 있다. 어떤 것은 역사를, 어떤 것은 교육을, 어떤 것은 미래를 알리는 예언, 어떤 것은 믿음을 위한 규례, 인간의 도덕규범, 또는 어두움과 싸워야 할 전략, 등에 대하여 기록되어 있지만, 그러한 일들을 매개로 하여 얻어지는 결과는 구원에 목표를 두고 있다.

　성경의 목적은 인류가 하나님을 믿도록 하여 그리스도의 사람으로 양육시켜서 영생을 얻도록 하는 것이다. 그래서 성경의 말씀은 예수를 믿는 사람이나 믿지 않는 사람이나 모두에게 해당되는 것이다. 사탄의 군사들도 사람들로 하여금 하나님을 믿지 못하게 하고 자기가 그 섬김을 받으려는 목적을 가지고 있다. 그 목적을 달성시키기 위해 곳곳에서 일어나는 혁명은 세계정부를 만드는데 한몫하게 되는 것이다.

이러한 목적달성에는 여러 국제기구(國際機構)들과 조직을 만들어 놓고 그러한 기구들을 활용하여 세계정부, 곧 세계정부를 성사시키기 위한 전략이 신세계질서이다. 그러므로 신세계질서라는 단어 안에서는 여러 국제기구들이 움직이고 있음을 먼저 알아야 한다.

신세계질서라는 말은 라틴어 '노브스 오도 섹크로룸(Novus ordo seclorum)'[6]에서 온 말이며, 영어로는 '뉴월드 오더(New World Order)'라 하는데, 이것을 우리말로 '신세계질서'라고 부른다. '노브스 오도 섹크로룸'은 하나님의 간섭을 받지 아니하는 자유, 곧 '하나님의 속박에서 벗어난다.'라는 뜻이다. 벗어나기 위해서 사탄은 자신의 활동을 제한시켜버린 예수 그리스도를 대적해서 이겨야 한다는 의미이다.

이 말은 하나님의 통치에서 벗어나려는 일종의 혁명일 수도 있지만. 세계정부 통치자라는 또 다른 독재자를 만들어서 세계를 지배하려는 사상으로 더욱 심각하게 드러나고 있다.

결박에서 벗어나려는 존재에 대하여 이사야는, "네가 네 마음에 이르기를 내가 하늘에 올라 하나님의 뭇별위에 나의 보좌를 높이리라. 내가 북극집회의 산 위에 좌정하리라. 가장 높은 구름 위에 올라 지극히 높은 자와 비기리라 하도다.(사14;13~14)"라고 하였고, 에스겔은 하나님의 보좌를 빼앗으려던 존재에 대하여 "내가 너를 더럽게 여겨 하나님의 산에서 쫓아내었고"(겔28:13~16)라고 하였다.

그가 하나님의 동산에서 쫓겨나서 가두어짐에 대하여 요한 사도는 "하늘에서 땅에 떨어진 별 하나가 있는데 저가 무저갱의 열쇠를 받았더라.(계9:1)"라고 하였다. 그리고 시편 기자는 "우리가 그 맨 것을 끊고 그 결박을 벗어버리자(시2:3)"라고 기록하고 있다.

1927년에 도안되어 지금까지 유통되는 미국 $1 뒷면에 있는 문양이다.
ANNUIT CCEPTIS = "신은 우리가 하는 일을 기뻐하신다"라는 뜻이다.
NOVUS ORDO SECLORUM = 영어로 "New world order"라는 뜻이다.

시편 기자가 말하는 "결박에서 벗어버리는 것"이 노브스 오도 섹크로룸이며, 이것을 '신세계질서'라고 설명하였다. 시편 기자의 말씀대로 신세계질서는 "맨 것을 끊고 그 결박에서 벗어나려는 것"(시2:3)이다. 벗어나기 위해서 "하나님의 기름 받은 자, 곧 예수 그리스도를 대적하는 것"(행4:26)이다. 대적의 방법이 "모든 나라의 왕들이 나서며, 관원들이 꾀를 모으고, 민족들이 일어난다."(시2:1)라고 했다.

그렇지만 대적하는 존재는 그리스도를 이길 수 없기 때문에 그리스도의 교회를 공격의 대상으로 삼는 것이다. 어두움에 사로잡힌 무리들이 모든 사람들을 자신의 하속으로 만들기 위해 표라는 제도를 시행하려는 것이다.

그래서 마지막 때에는 세계정부가 자신들의 하속이 된 거짓교회를 이용하여 참 교회를 박해하게 된다고 성경 여러 곳에 기록되어 있다.

예수 그리스도는 인류를 구원시키려고 십자가의 고난도 마다하지 않으셨다. 예수를 대적하는 존재가 원수인데 이 원수를 적그리스도라고 한다. 그리스도와 싸우려는 방법이 매인 것을 끊어버리고 벗어남이라고 하였다. 이 '벗어남'에 대하여 사도 요한은 "저가 무저갱의 열쇠를 받았더라.(계9:1)"라고 하였다.

이는 하나님께서 정하신 기간이 끝나는 시점을 말한다. 하나님께서 인류를 구원하시고 어둠의 존재를 멸하시려는 목적을 위해 이용되는 일시적인 수단이 마지막 시대에 나타나는 신세계질서이다.

이미 앞에서 설명이 있었듯이 신세계질서라는 '노브스 오도 섹크로룸'이지만 이것의 뿌리는 '그램스 전략(Gram's strategy)'에서 유래된 것이다.[7] 이것이 열방과 민족들이 일어나고 세상의 왕들이 나서고 관원들이 꾀하는 것이 유엔을 앞세우고 일어나는 모든 나라들이다.

신세계질서로서 세계정부를 성사시키려는 전략을 크게 분류시키면 단일정부를 위한 교육, 땅의 사용과 개발억제, 환경문제, 인구팽창방지, 무역장벽해소를 위한 관세와 세금, 국제법 준수, 모든 나라의 군대와 무기해제, 모든 금융권과 화폐통일, 종교단일화, 등으로서 새로운 세계, 곧 세계정부를 만드는 동력이 신세계질서와 세계주민신분제도가 되는 짐승의 표 666이다.

이 목표를 이루기 위해 일어난 국제기구들이 유엔, 북대서양조약기구, 외교협의회, 삼각통치, 무역관세협정, 세계무역기구, 국제통화기금, 국제형사재판소, 자유무역협정, G7, 단일종교회, 세계개발은행, 금융평가사, 유네스코 등, 이외의 모든 조직은 지구정부를 위해 활동하고 있다.[8]

이처럼 유엔산하 국제기구들을 짐승의 머리들에 있는 참람된 이름들이라 한다. 그중에서 가장 핵심적으로 활용하는 것이 사람의 몸에 넣어지는 칩이다.

잘못 알고 있는 '우상'과 '경배'라는 단어

사람들은 마지막 때에 나타나게 될 짐승의 표가 666이라고 요한계시록에 예언되어 있기 때문에 666이라는 숫자를 짐승의 표라고 말한다. 그러면서도 666이라는 숫자가 왜 짐승의 표가 되는지에 대해서는 구체적으로 설명하지 못하고 있다. 근래에 와서는 최첨단기술로 만들어서 사람의 몸에 넣고 있는 베리칩이 짐승의 표라고 말하면서도 그 베리칩의 기능을 모르고 있다.

또한 베리칩이 짐승의 표가 아니라고 반대하는 사람도 베리칩의 기능을 모를 뿐만 아니라 어째서 아니라고 설명하지 못하고 막연하게 남의 말만 듣고 신학이나 교의학을 운운하면서 아니라고 반박만 할 뿐이다. 그 이유는 현대교회의 지도자들이 하나님께서 주신 교리(敎理-Theology)를 떠나 추측이나 가정(假定)을 체계화시킨 학문인 교의(敎義-Doctrine)를 성경보다 더 우위에 놓고 있는 잘못을 범하고 있기 때문이다.

근자에 많은 사람이 베리칩에 대해 혼선을 빚고 있는데 "문제의 초점은 베리칩이 성경에 나오는 짐승의 표 666이냐 아니냐 하는 논란이고, 또 한 가지는 베리칩을 사람의 몸 안에 넣어지면 구원을 받느냐 못 받느냐 하는 논란이다.

사실 성경에서 말하는 표를 받는 문제는 우리가 영원한 천국에 들어가느냐 못 들어가느냐가 달린 문제이기 때문에 심각하게 반응하는 것은 어쩌면 당연한 일이라고 하면서도 '베리칩의 기능 자체도 제대로 알지 못하고 반박할 때는 교의(Doctrine)를 들먹이고만 있다. 그들이 성경에 근거하여 반박하는 내용을 보면 참으로 왜 그렇게 해석하는 것인지에 대한 물음에 정확한 해답을 제시하지 못하는 점이 안타깝다.

계속하여 베리칩이 짐승의 표가 될 수 없다고 부정하는 사람들은 성경을 인용하고 있지만 '우상'과 '경배'라는 단어에 대한 올바른 해석을 내어놓지 못하였기 때문에 부정하게 되는 것이다. 그리고 "컴퓨터가 아무리 발전했다고 해도 죽게 되었던 상처가 스스로 나을 정도는 아니며, 불을 하늘에서 자유롭게 땅으로 내려오게 한다거나 자신에게 경배하지 않는다 하며 죽이지도 못한다." 라고 하며 컴퓨터를 짐승($\theta\eta\rho\iota o\nu$-테리온)으로 잘못 알고 있다는 점이다.

그리고 이유를 설명할 때 베리칩을 저장한 컴퓨터가 '짐승'이라면서 컴퓨터를 짐승으로 잘못 알고 있다는 점이다. 짐승과 컴퓨터를 구분하지 못하면서 반박하려 들지 말아야 한다.

부정하는 사람들은 요한계시록 13장에 나오는 모든 이적이 행하여져야 한다면서 먼저, 그가 권세를 받아 죽게 되었던 상처가 나아서 온 땅이 짐승을 따라야 하며(계13:3), 또 큰 이적을 행하되 심지어 사람들 앞에서 불이 하늘에서 땅으로 내려오게 하고(13절), 짐승의 우상에게 경배하지 아니하는 자는 몇이든지 다 죽여야 한다(15절)"라고 성경을 잘못 해석한다는 점이다. 그리고 '짐승의 '우상'에게 '경배'한 다음에 '표를 받아야 666이 된다.'라는 논리를 펴고 있다.[9] [10]

분명히 우리가 깨달아야 할 것은 예수님께서 우리에게 주신 성경만이 유일한 '교본(Textbook)'이지 개인적으로 정립시켜 놓은 학문이라는 교의가 교본이 될 수는 없다. 또한 성경을 해석할 때는 반드시 히브리어와 헬라어 성경으로 해석하여야 올바른 해석이 된다는 점이다. 그리고 앞에서 변론하는 사람들이 주장하는 세 단어를 바로 해석하여야 바른 해석이 될 수 있다는 것이다. 그런데 '왜' 헬라어로 기록된 요한계시록에서 '짐승'과 '우상'과 '경배'라는 단어를 잘못 해석하느냐 하는 점이다.

첫 번째는 '짐승'을 헬라어서는 '테리온'[11]이라고 하였다. 테리온이라는 뜻은 동물(Animal)이 아니라 사상이라는 뜻이다. 다시 말하면 구원을 훼방하거나 방해하는 사상이 짐승이라는 뜻이다. 두 번째는 '우상'을 복음서에서는 '에이도론($\varepsilon\imath\delta\omega\lambda o\nu$)'[12]이라고 하였는데 뜻은, 우상, 이방신이라는 뜻이다.

그러나 '우상'을 요한계시록에는 '에이코($\varepsilon\imath\kappa\omega$)'라고 하였는데 뜻은 '굴복, 항복'이라는 뜻이다. 세 번째는 '경배'를 복음서에서는 '세바조마이($\sigma\varepsilon\beta\acute{\alpha}\zeta o\mu\alpha\imath$)'라고 하였는데 이는 '예배드리다, 경배하다, 두려워하다, 존경하다'라는 뜻이다. 그러나 '경배'를 요한계시록에서는 '프로스쿠네오($προσκυνέω$)'라고 하였는데, 뜻은 '경의를 표한, 숭배, 엎드려 절하다'라는 뜻이다.

여기서 우리가 주의 깊게 보아야 할 것은 '프로스쿠네오'라는 단어이다. '프로스($προσ$)'와 '쿠에오($κυέω$)' 두 단어의 합성어가 '프로스쿠'이다. '프로'는 무엇을 '~할 목적으로, 관하여, 대하여' 또는 '~에서부터, 유리하게, 갖는다'라는 뜻이 경배이다. 그리고 '쿠에오'라는 뜻은 '개 또는 배신자'라는 뜻이다. 그러므로 '우상에게 경배하고'라는 뜻은 '자기의 유익을 위할 목적으로 베리칩을 받는 행위는 배신자'라는 뜻이며 이것이 경배라고 하였다.[13]

따라서 요한계시록에 기록된 "우상에게 경배하고"라는 뜻은, 마지막 시대에 자신이 가지고 있는 것을 빼앗기지 않으려는 목적으로 베리칩을 갖는 것은 예수님께서 받지 말라고 말씀하신 명령을 배반하는 행위로 우상에게 경배한다는 뜻으로 바로 해석해야 한다.

우상이란 무엇인가? 인간에게는 최소한의 필요조건으로서의 생존을 위한 소유욕은 불가피하지만, 그것을 충족시킬 수도 없으면서도 충족시킴으로써 삶의 행복을 느낀다고 생각하는 사람이 많다. 그래서 현대사회는 인간의 가치척도를 인격이나 품성에서 찾는 것이 아니라 무엇을 얼마나 가지고 있느냐의 소유의 정도로 평가받으려고 한다. 그것은 소유에 대한 집착본능이기 때문이다.

예언적인 개념으로 살펴보면 우상이란 자기 스스로가 만들고 자신의 것을 빼앗기지 않으려는 마음이 '우상($εἴκω$)'이 된다. 그것이 재산이든, 그것이 대형화되는 교회이든, 그것이 명예이든, 자신이 소유하고 있는 그 무엇을 빼앗기지 않으려고 베리칩을 받으려는 마음이 우상이다.

그런데 반대하는 사람들은 '정부에서 시행하는 것을 어떻게 따르지 않을 수 있느냐'라고 말한다. 그리고 '베리칩이라는 것은 편리한 사회의 현실일 뿐이지 그것이 짐승의 표가 될 수 없다'라는 논리를 펴고 있다. 반대하는 사람들은 그것이 삶의 편리함이라고 착각하고 있겠지만 베리칩을 받는다면 그것이 그 사람에게 '우상'이 되고 '경배'가 되는 것이다. 자신의 내부에서 경험할 수 있는 가장 높은 가치의 소유욕이 우상이 되는 것이다.

또한 베리칩이 짐승의 표가 아니라면서 예수님께서 경고하신 말씀에 배신하는 행위가 경배인 것이다. 그러나 부정하는 사람들은 예수님께서 받지 말라고 하신 말씀을 교의라는 신학으로 들먹이면서 전능자의 명령에 부정하고 있는 실정이다.

그렇다면 교의는 무엇을 말하는 것인가? 교의를 그리스어로 '도케인(δοκεῖν)'이라 하는데 이는 개인적인 '가정, 추측, 상상, 생각' 등이라고 신학자 '루이스 벌콥(Louis Berkhof)'은 말하였다.

인간을 구원시키는 원천은 하나님의 말씀인 교리인데도 불구하고 현대교회는 교의에 얽매여 있다. 교의는 어디까지나 추측이나 가정하여 체계화시킨 학문일 뿐이다.

교의라는 '도케인 모이(δοκεῖν μοi)'는 "내가 그렇게 본다" 또는 "내 의견은 그러하다"라는 개인의 뜻일 뿐이지 하나님의 말씀인 성경은 아니다. '도케인 모이'는 "나는 그 결론에 이르렀다."라는 '나'라는 지극히 개인적인 이론을 체계화시킨 학문이라고 루이스 벌콥 외 신학자들은 말하였다.[14] 이러한 가정이나 추측,

그리고 상상을 체계화시킨 학문이라는 신학을 앞세워서 예수님께서 마지막 때에 나타나는 짐승의 표를 애매하게 호도(Varnish-糊塗)해서는 안 된다.

베리칩이 짐승의 표가 될 수 없다고 부정하는 사람들은 "베리칩을 몸속에 심어도 구원과는 상관없다는 주장의 근거로 오직 믿음으로만 받는 것"이라고 구원설을 들고 있다.[15] 그런데 문제는 그들에게 객관성이 빠져있다는 점이다. 베리칩이 짐승의 표가 아니라는 주장을 뒷받침하는 근거를 하나도 설명하지 못하고 있다.

그렇다면 믿음이란 어떤 것인가? 성경은 사람들이 예수를 믿는다고 하는 믿음에 두 가지가 있는데, 하나는 입술로만 주여! 주여! 하는 사람들과 주님께서 주신 계명인 성경 말씀대로 따르며 살려고 몸부림치는 사람들로 구분된다고 하셨다. 그러나 예수님께서 입술로만 믿는 사람들을 향하여 "너희는 나를 불러 주여! 주여! 하면서도 어찌하여 나의 말하는 것을 행치 아니하느냐"(눅6:46)하면서 "불법을 행하는 자들아 내게서 떠나가라"(마7:23)라고 책망하셨다.

따라서 예수님께서 받지 말라고 명령하신 짐승의 표 666을 상징이다, 받아도 좋다고 가르치는 사람들은 믿는 사람이 아니기 때문에 그리스도의 강림 후에 이뤄질 대환난에서 본인들이 스스로 환경을 통해서 깨닫게 될 것이다. 믿음은 말씀대로 전폭적으로 순종할 때만이 온전한 믿음이 되고, 전폭적으로 순종하지 않을 때에는 믿음이 될 수 없다.

666표의 출현이 어찌하여 심판주 그리스도의 강림과 관계가 있는 것인가? 심판주 그리스도의 강림 직전에 666표는 대중화로 확실히 이루어지기 때문이다. 경제권력 시스템을 위해 666표가 대중화가 되고 그것을 바탕으로 세계정부제도사회가 실시되기 때문이다. 때가 되면 심판주 그리스도는 영이 잠들지 아니하고 깨어 기다리는 신자들에게 휴거라는 영광을 주실 것이기 때문이다. 그리고 666표는 세계정부에서 통치수단으로 쓸 것이기 때문이다.

그런데 문제는 이러한 실제적이고 현실적이고 사회의 모든 면으로 적용시키도록 법으로 규정하고 있는데도 베리칩이 666표가 아니라고 고집하는 사람들이 너무도 많다. 고집할 뿐만 아니라 받아도 상관없다고 거짓말을 하는 사람들이 너무도 많다. 그런 사람들이 예수를 믿지 않는 사람이라면 그들은 성경을 바탕으로 살지 않기 때문에 그렇게 생각할 수 있다.

그러나 예수를 믿는 사람들이 성경을 바탕으로 가르치는 지도자들이면서도 베리칩은 666표가 아니라는 과학적인 근거나 법적 근거나 칩의 기능을 알지도 못하고 막연히 자신의 추측만으로 거짓말로 만들어서 사람들을 현혹시키고 있다. 이처럼 반대하는 사람들은 베리칩이 어떤 기능을 가졌는지도 모르는 사람들이고, 지금 세계가 그리스도에게 대적하며 일어나는 세계적인 혁명을 보지 못하고 있다.

앞에서 우리가 살펴본 혁명이 요구하는 것은 사회가 안정화되기를 원하는 바람에서 시작되는 것이다. 그렇지만 그 바람은 온전한 자유가 아니라 어두운 수렁으로 빠트리는 입구가 된다는 사실을 증명하기 위해 미국의회서 통과시킨 의료보험개혁법이라는 H.R.3200[16]에서 자세하게 알리기를 원한다.

그렇다면 이러한 일이 지구촌 여러 곳에서 민주주의를 외치면서 일어나는 혁명과는 어떤 연관성이 있는 것일까? 그리고 요한 계시록에 언급된 마지막 때에 나타나게 되는 짐승과는 어떤 관계가 있는지도 알아야 한다.

짐승이란 무엇인가?

요한계시록 13장과 14장에는 예수를 믿든지 믿지 않든지 호흡하는 모든 인류에게 적용되는 짐승의 표라는 666에 관하여 기록되어있다. 이것은 어떤 신을 섬기든 다 해당되는 내용이다. 짐승의 이름이라는 표에 대하여 이해하려면 그것을 시행하는 주체가 무엇인지부터 알아야 한다.

그것을 알기 위해서는 하나님께서 경고하신 성경에 근거해야 한다. 예수님께서 마지막 때에 나타나게 될 신세계질서[17]정책은 무엇으로 나타난다고 하셨는가? 유엔이라는 거대한 조직이 어떻게 세계정부를 만들고 있는지 알아야 한다. 그리고 예수님의 말씀은 마지막 때를 알려면 시대를 보라 하셨다.

"외식하는 자여 너희가 천기의 기상은 분변할 줄 알면서 어찌 이 시대를 분별치 못하느냐? 또 어찌하여 옳은 것을 스스로 판단치 아니하느냐?"(마16:3. 눅12:56~57)

"내가 보니 바다에서 한 짐승이 나오는데 뿔이 열이요 머리가 일곱이라. 그 뿔에는 열 면류관이 있고 그 머리에는 참람된 이름들이 있더라."(계13:1)

"내가 보매 또 다른 짐승이 땅에서 올라오니 새끼 양 같이 두 뿔

이 있고, 용처럼 말 하더라."(계13:11)

"내가 보니 여자가 붉은빛 짐승을 탔는데 그 짐승의 몸에 참람된 이름들이 가득하고 일곱 머리와 열 뿔이 있으니"(계17:3)

1. 짐승($\theta\eta\rho\acute{\iota}o\nu$)

짐승이라는 '테리온($\theta\eta\rho\acute{\iota}o\nu$)'은 형체가 아니다. 테리온이라는 뜻은 '짐승, 짐승 같은 사람, 따르는 사람, 맹수'라는 뜻이다. 곧 사단의 뜻을 따르는 사람이 추구하는 어두움의 사상(Evil Ideology)이 짐승이다.

"내가 보니 하늘에서 땅에 떨어진 별 하나가 있는데 저가 무저갱의 열쇠를 받았더라."(계9:1)

"저희에게 임금이 있으니 무저갱의 사자라. 히브리 음으로 아바돈($A\beta\alpha\delta\delta\acute{\omega}\nu$)이요 헬라 음으로 이름은 아볼루온($A\pi o\lambda\lambda\acute{u}\omega\nu$)이 더라."(계9:11)

이사야는 하늘에서 떨어진 별은 사단으로 타락한 '루시퍼(Lucifer)'라 하였다(사14:12~13). 히브리 음 '아바돈($A\beta\alpha\delta\delta\acute{\omega}\nu$)'과 헬라음 '아볼루온($A\pi o\lambda\lambda\acute{u}\omega\nu$)'은 둘 다 파괴자란 뜻이다. 지음을 받은 피조물이 자기 이성을 망각하고 하나님의 질서를 파괴하는 행위는 어두운 기운을 받아들였기 때문인데 이 사상을 짐승이라 한다. 어두움을 받아들인 루시퍼가 하나님을 반역함으로 사단으로 전락되었다. 이것이 어두움의 사상은 분명한데 바다에서 나오는 짐승과 땅에서 올라오는 짐승 둘로 나타난다.

짐승으로 표기된 테리온은 형체가 아니라 하나님을 대적하는 어두운 세력의 사상을 말한다. 따라서 누구든지 구원사역을 훼방하거나 방해하는 것은 어두움의 세력에 잡혀서 그렇게 하는 행위가 사단과 같은 사상을 가진 사람이란 뜻이다.

이 사상을 받아들이고 행하는 사람을 적그리스도라 한다. 적그리스도는 단수가 아니라 복수라고, "많은 적그리스도가 나타난다."라고 성경은 경고하였다. 바다에서 한 짐승이 나온다는 뜻은, 이 세대가 사단의 사상을 받아들이고 하나님을 대적하는 법이라는 신세계질서제도를 만들고 인류가 그 제도를 따르도록 함을 말한다.

2. 바다($\theta\alpha\lambda\acute{\alpha}\sigma\sigma\alpha$)

"네가 본바 음녀가 앉은 물은 '백성과 무리와 열국과 방언들라.'"(계17:5)

물로 표기된 '타라싸'의 소유격 단수 타라세($\theta\alpha\lambda\acute{\alpha}\sigma\sigma\eta$)에 대하여 성경은 액체가 아니라 인류라는 "백성, 무리, 열국, 방언"인 세대(Generation)라고 하였다.[18] 세대의 변천(變遷)은 제도사회로 바꾸며 사는 것이다. 제도는 사회를 법으로 다루어짐을 말한다. 21세기에 살고 있는 우리들 세대가 어떤 법을 만들었는가? 세계정부를 위한 신세계질서라는 제도가 만들어진지 오래다.

신세계질서는 '어두움의 사상'이다. 신세계질서는 라틴어 '노브스 오도 섹크로룸(Novus Ordo Seclorum)'에서 왔으며, 의미는 하나님의 간섭에서 벗어난다는 의미다. 여기에 대하여 시편 기자는 오래전에 다음과 같이 말하였다.

"어찌하여 열방이 분노하며 민족들이 허사를 경영하는고, 세상의 군왕들이 나서며, 관원들이 서로 꾀하여 여호와와 그 기름 받은 자를 대적하며 우리가 그 맨 것을 끊고 그 결박을 벗어버리자 하도다."(시2:1~3)

시편 기자는 3절에서 신세계질서를 설명한다. 하나님을 대적하고 훼방하는 사상이 세대라는 무리에서 나타나는 것을 바다에서 짐승이 나온다는 말이다. '어찌하여 열방들이 분노하며 민족들이 허사를 경영하는고' 모든 나라들이 세계정부를 만드는 데에 동참함을 말한다. 군왕들은 각 나라의 통치자를 말하고, 관원들은 관료들이다. '꾀하여'는 구상이나 계획이고, 바울 사도는 기름 받은 자는 예수 그리스도라고 하였다(행4:26). 그리스도에게 대적하는 자는 사단의 사상으로 움직이는 무리들이므로 세계정부를 만들거나 그들의 정책을 따르며 그리스도의 사업을 훼방 또는 방해하는 사람들은 이 범주에 속하게 된다.

또한 누구든지 그리스도께서 이루시려는 구원사역을 방해하거나 훼방하면 그도 사단사상을 받은 사람임으로 짐승의 한 사람이 되는 것이다. 따라서 바다에서 나오는 짐승이라는 뜻은 '세대'라는 사람들이 하나님을 대적하며 구원사역을 훼방하는 신세계질서라는 제도를 만드는 것'을 말한다.

3. 땅(τούς)

"또 다른 짐승이 땅에서 올라오니 새끼 양 같이 두 뿔이 있고 용처럼 말하더라."(계13:11)

앞에서 나온 짐승의 출처는 세대의 변천(變遷)으로 이루어지는 제도사회를 위한 법이라 하였다.

두 번째 짐승이 나타나는 것을 '게(Υή)' 라는 단어로 표기되었다. 게는 땅도 되겠지만, 세계나 민족도 된다. 더 구체적인 확증은 다음 성구에서 알려진다.

"저가 먼저 나온 짐승의 모든 권세를 그 앞에서 행하고 땅(Υήν)과 땅(τούς)에 거하는 자들로 처음 짐승에게 경배하게 하니 곧 죽게 되었던 상처가 나은 자니라."(계13:12)

땅과 땅으로 표기된 '(Υήν)' 다음에 부사 '토우스(τούς)'는 시대이므로 시대를 말한다. 시대의 변천(變遷)은 문화를 이루게 된다. 따라서 두 구절을 연결 지우면 '그 시대에 하나님을 대적하는 문화가 나타난다.' 라는 뜻이 "땅에서 짐승이 올라온다."라 하였다.

그런데 나중에 나타나는 짐승이 앞선 짐승의 권세를 받게 된다. 또한 상처로 죽게 되었다가 회생된 짐승에게 경배하도록 강요하게 할 권세를 받았다고 한다.

그런데 세계를 단일화시켜서 주관하려던 신세계질서는 그들이 바라는 만큼의 성과를 이루지 못하여 사문화(死文化)에 가깝게 되고 말았다. 이것을 "칼에 상하여 죽게 된 것 같더라." 한다. 따라서 '땅에서 올라오는 짐승' 이라는 뜻은 '시대라는 인류가 만들어낸 사이버 문화 속에 '바이오칩(Biochip)'을 개발하였고 그것을 더

발전시켜서 생체칩을 사람 몸에 넣고 활용되는 문화를 "땅에서 올라오는 짐승"이라 한다.

두 짐승에 대한 첫 번째 가능성은, "그의 머리 하나가 상해서 죽게 되었던 자"가 "상처가 나은 자"라 한다. 하나님을 대적하던 사회주의 사상의 원조인 소련이 경제적 타격을 받고 죽어가다가 러시아라는 이름으로 다시 살아났다는 의미라고 한다.[19]

두 번째 가능성은, 이 세대사람들이 하나님을 대적하는 세계정부를 위해 만들어진 신세계질서정책이 사문화(死文化)로 힘을 잃게 되었다. 그러나 이 시대 사람들이 만들어낸 생체칩이라는 문화가 신세계질서정책에 힘을 실어주게 된다. 그리고 시대라는 문화는 666 짐승의 표로서 신세계질서정책에 따라 막강한 힘을 지니게 된다. 그것이 모든 사람에게 짐승의 표를 받도록 강요하게 하는 것이다.

그러므로 지구정부를 위한 신세계질서제도가 죽어가다 짐승의 표가 되는 베리칩이 나타남으로 힘을 얻게 되고 666 짐승의 표는 땅에 거하는 모든 사람이 세계정부제도에 굴복당하는 것을 '경배'하게 한다고 기록되었다. 이것이 "땅과 땅에 거하는 자들로 처음 짐승에게 경배하게 한다."라는 말씀이다.

세계정부와 어두움의 세력

"내가 보니 바다에서 한 짐승이 나오는데 뿔이 열이요 머리가 일곱이라."(계13:1)

세계정부주의자들은 세계정부를 만들려고 몸부림치고 있다. 그들은 삼각통치대표자들로 하여금 기술적으로 정치(Political)와 금융(Monetary)과 지적(Intellectual)과 성직(Ecclesiastical) 등 네 가지 중심권을 장악하려고 미국정부로 하여금 직접적으로 개입하도록 하였다.[20]

금융통합을 위해 세계경제를 정치적으로 비상구제로 몰아왔다. 이제 그들은 국가와 민족에서 다른 종교 등을 통합시키기 위해 인간을 통제하려고 한다. 통제방법은 오래전부터 연구하고 실험해 온 신분제도뿐이다. 이미 곳곳에서 실시하고 있는 베리칩이 그것이다. 이 제도는 세계정부의 정책이므로 이 법에 저항하거나 반대하는 사람은 누구든지 형사처벌을 받게 된다.[21]

성경은 이 시대를 향하여, "저가 모든 자 곧 작은 자나, 큰 자나, 부자나, 빈궁한 자나, 자유 한 자나, 종들로 그 오른손에나 이마에 표를 받게 하고, 누구든지 이 표를 가진 자 외에는 매매를 못하게 하니 이 표는 곧 짐승의 이름이나 그 이름의 수라. 그 수는 사람의 수니 666이니라"라고 경고하였다(계13:16~18).

각 지역(나라)의 종교지도자인 목사는 강단을, 신학교 교수는 교단을 떠나지 아니하는 한, 자신부터 짐승의 표를 받아야 한다. 받지 않으면 유엔으로부터 성직자의 자격증을 받지 못하게 되기 때문에 성직을 떠나지 아니하는 한 그렇다.[22] 교회와 성도들에게 짐승의 표를 받도록 하고, 하나님 대신에 세계정부통치자를 찬양하며 경배하는 지침에 따라야 된다. 그리하지 않으면 목사 자신은 물론이요 성도들도 세계정부정책에 반대한다는 이유로 육신과 생명을 빼앗기게 된다.

국제형사재판소는 사회 안정을 위한 법질서와 세계평화를 위한 법정이 아니라 인류에게 횡포와 포학한 법정으로 된다. 그러므로 환난 때는 유엔평화유지군이 국제경찰 임무를 전담하게 된다. 세계정부의 진행에 관계되는 문서는 1961년 3월 9일에 작성된 『전쟁에서 자유』[23] 라는 내용에 보면 전쟁종합 프로그램은 무장해제로 세계를 자유롭게 만들기 위한 『3단계전략』에 있음을 보게 된다. 케네디행정부 당시 작성된 이 문서는 미국국방성에서 비밀문서해제가 되면서 밝혀진 내용이다.

그 내용은 다음과 같다.

군비축소와 무장해제를 이루려면 국제법으로 유엔평화유지군을 증강시켜야 된다는 것이다. 1962년 2월 존 F. 케네디 대통령이 사망하기 7개월 전에 전쟁에서 자유를 위한 무장해제 프로그램은 당시 외교협의회 회원이던 국무성 '딘 러스크(Dean Rusk)'가 공식으로 발표했었다.

'링컨 부름필드(Lincoln Bloomfield)' 박사에 의해 작성된 유엔에서 세계를 지배하기 위하여[24] -충분한 힘으로 감독과 법률로서 무장해제를 유도하고 논쟁을 결정하고 평화를 이루어야 한다. 여기에는 힘을 얻기 위한 부담까지 포함시키고, 국제적인 폭력에는 적당한 균형으로 땅과 바다와 공중과 공간의 영역에 50만의 신병을 보충시켜서 그들에게 UN군 복장을 갖추고 핵무기 관리에 100/50으로 이루어진 혼합 이동식 지상기지와 수중미사일 기지에 무기마다 평균 1메가 톤 폭발력에 달하는 위력으로 무장시키고-라고 하였다.

부름필드가 말하는 세계정부는 우주공간까지 포함시켰다. 그것은 '세계정부의 구성원으로서 조직을 규정하는 등록 법'이며, 그 국가는 부름필드가 말하는 단일정부가 되는 것이다. 그리고 효과적인 지배는 초국가적인 조직체로서 모든 나라를 초월하는 세계정부가 된다. 세계정부중앙에서 피라밋식으로 모든 국민 개개인을 직접 다스리고, 가족단위 구성은 인정하지 않으며, 개개인의 신체까지도 명령으로 다스리며, 명령에는 어떠한 예외가 있을 수 없으며, 강제적인 재판권을 국제법정에 두어야 하며, 초국가적인 조직 센터의 손에서 다스린다는 것이다.

ⓐ 지구촌에 살고 있는 모든 인류는 국제형사재판소의 의사봉 앞에서 생명을 잃게 될 것.
ⓑ 공안당국에 의해 개인의 자유에 속하는 신앙적인 문제로 육신까지 빼앗기게 될 것.
ⓒ 국제형사 재판소는 누구든지 세계정부가 요구하는 정책에 대하여 반대하거나 거부할 때는 개인의 육신까지 구속할 것이라는 부분에 해당되는 내용이다.

지난 수십 년 동안 유엔찬성론자들은 세계정부체제를 위한 법적 가능성을 앞질러서 제공했었다. 그러나 거기에는 결정적인 숙제가 남게 된다.[25]

만일 유엔이 강한 힘을 가진다면 포학한 통치로 발전되는 것을 누가 그것을 막을 것인가? 또 만일 유엔이 충분한 힘을 가졌을 때, 그 이상으로 막강한 힘을 가진 인류의 지도자는 누가 될 것인가? 이러한 두 가지 숙제는 인류역사에서 찾게 된다. 인류역사는 성경에 기록되어있다. 성경에는 지난날의 과거역사와 미래의 예언까지 기록되어있다.

그렇다면 성경에는 후일에 나타나게 될 지도자가 묘사되어 있는가? 물론이다. 그는 하나님의 아들인 그리스도 자신이 인류의 죄를 없애버리고 평화롭고 자유로운 통일세계를 펼치게 된다고 기록되어있다. 그렇지만 그전에 이것을 훼방하기 위해 '지구'라는 세계를 장악하려는 인물이 나타난다고 기록되어있다.

성경의 마지막 부분에 여러 번 언급되고 있는 적그리스도라 불리는 인물이 막강한 힘을 가지게 된다고 기록되어 있으므로 그가 유엔보다 더 막강한 힘을 가질 것이다. 앞으로는 어느 나라이든 유엔의 통치에서 벗어날 수 없다. 모든 나라는 군대무장을 해제하고 질서를 위함과, 유엔평화유지군에 파병시키는 외에는 어떠한 이유로도 재무장이 금지된다. 육해공군과 해병대는 더 이상 국가적인 이유로도 방어와 중요부분까지도 활동하지 못한다. 그러므로 누구든지 세계평화유지군에 징집되고, 국가질서를 위한 경찰만이 배제된다는 뜻이다. 지침의 두 번째 뜻은 유엔평화유지군은 질서유지 차원이란 명분으로 분쟁국가의 병기 창고에서 모든 무기를 제거시키고, 나아가서 대량파괴 무기운반과 기술이전은 용납하지 않는다. 유엔이 세계에서 무장해제를 위한 조직을 설립하고 효과적인 운영방침에 책임지고 있으므로 모든 나라는 유엔에서 요구하는 무장해제에 따라야 한다..

따라서 강제적인 구속력을 행사하기 위해 국제형사재판소와 유엔평화유지군을 활용하는 것이다. 또한 유엔의 활동은 종교에까지 깊숙이 개입한다. 모든 국제기구들을 유엔 산하기구로 하였듯

이 단일종교회를 만들도록 한 것도 유엔이다. 그리고 단일종교를 유엔 산하기구로 가입시키도록 하였다.[26]

 요한계시록 13장에서 짐승이 두 번 언급되는데, 1~10절의 짐승의 바다에서 나오고 두 번째 11~18절의 짐승은 땅에서 올라온다. 짐승의 정부로 불리는 세계정부를 만들기 위하여 여러 국제기구들이 먼저 보인다. 그것은 한 짐승인데 짐승에게는 뿔이 열이고, 머리가 일곱이고, 뿔에는 열 면류관이 있고, 일곱 머리에는 참람된 이름들이 있다고 한다. 예수께서 마지막 때는 시대를 보라고 하셨다(마16:3. 눅12:56).

 마지막 때를 보려면 바다에서 나오는 짐승과 땅에서 올라오는 짐승은 시대적으로 보는 것이 성경적이다. 밧모 섬에서 유배생활을 하던 사도 요한이 마지막 때에 하나님을 대적하며 인류를 파멸로 몰아넣는 존재를 짐승이라 하였다. 그 짐승에게는 뿔이 열이고 머리는 일곱이라 한다. 그리고 짐승에게는 참람된 이름들이 많다고 한다.

 그러면 이 짐승은 무엇을 말하는 것일까? 성경에는 짐승에 대하여 은유법(隱喩法)으로 표기하였으며, 영어로는 '비스트(Beast)'라 하였고, 헬라어는 테리온($\theta\eta\rho\iota o\nu$)이라 하였다. 테리온은 형체나 어떤 동물이 아니라 사상을 말하며 이는 하나님을 대적하거나 그리스도의 구원사업을 대적하는 사상을 뜻한다. 짐승이 무엇이냐를 설명하기 이전에 짐승이 나타나는 바다부터 먼저 설명되어야 짐승을 이해하는 데 도움이 될 것이다. 예수께서 '바다($\theta\alpha\lambda\acute{\alpha}\sigma\sigma\alpha$-따라싸)'라는 "물은 백성과 무리와 열국과 방언들"이라 하였다(계17:15).

그러므로 바다라는 물은 '액체'가 아니라 '무리'라는 사람들이다. 무리는 세대를 말하며, 세대의 변천은 법으로 이루어진다. 21세기에 살고 있는 사람들이 하나님과 구원사역에 대적하는 '제도'를 만든다는 뜻이 바다에서 짐승이 나온다는 해석이다. 그 제도가 모든 나라들이 따르지 않을 수 없도록 만들어 놓은 신세계질서라는 제도다.

세계정부의 몸

유엔기
유엔은 당신의 친구가 아니다

2001년 10월 22일 자, '새 아메리칸(New American) 4페이지에서 –"유엔은 당신의 친구가 아니다(The UN is not your friend)"라는 제목에 이어서 소제목으로, "우주의 평화와 정의라는 탈의 장막 뒤에 가려진 유엔의 테러는 국민대중의 의사나 법률상의 제약을 받지 않고 운용되는 전제정치(專制政治)제도로 승격되었고, 유엔의 진정한 목적은 세계정부다."– 라고 하였다.[27]

조지 W 부시(George W. Bush) 대통령이 주지사 시절이었던 1998년 선거유세를 위해 듀폰트(DuPont) 회사가 마련한 장소에서 자신의 견해를 설명할 때 '알렉스 존스(Alex Jones)라는 한 시민이 연방제도이사회와 외교협의회를 연관시킨 갑작스런 질문으로 인해 연설이 중단되고 그가 경찰에 연행된 후 계속된 부시의 연설 내용에서 "우리는 우리들 자신과 우리의 다음 세대를 위하여, 우리 앞에 신세계질서로 서서히 나아가는 기회가 주어졌습니다. 세계는 질서를 위해 법이 있습니다. 그 법망으로 이루어진 늪이 아니라 국민의 행위를 다스리는 법질서의 세계를 이루고, 그리고 이르게 될 것입니다. 우리에게는 실제로 신세계질서를 성공시킬 기회가 온 것입니다. 유엔 창설자들은 하나의 체제를 위해 연합된 국가를 약속했던 그들의 세계관을 이행하기 위하여 유엔은 평화유지정책을 사용할 수 있습니다."[28] 라고 말하였다. 유엔을 창설한 의도는 모든 나라들을 연합하여 단일정부, 곧 세계정부를 만들기 위함이었다.

1991년 9월 1일, C-Span TV에서 유엔을 창설한 의도는 모든 나라들을 연합시켜서 단일정부, 곧 세계정부를 만들기 위함이라고 조지 H. 부시 대통령은 다음과 같이 말하였다; "그것은 한 작은 나라에만 국한되는 것이 아니라 큰 이상(Idea), 곧 신세계질서는 다른 종족의 모든 나라 국민이 뭉쳐서 하나의 공동체인 다른 종류의 세계로 다가가는 것입니다. 그것은 평화와 보안, 그리고 자유와 법질서는 이러한 혼란시대에 우리는 다섯 번째 목적(신세계질서)을 드러낼 수 있습니다. 이제 우리는 새로운 세계가 다가오는 것을 볼 수 있습니다. 참으로 전망이 있는 새로운 질서의 세계가 있습니다."라고 하였다. [29]

'모든 나라 국민이 뭉쳐서 하나의 공동체'는 세계정부를 말한다. '다른 종류'라는 말은 독재 체제를 의미한다. '새로운 세계가 다가온다.'는 말은 적그리스도(세계정부) 세계가 다가온다는 뜻이다. 그리고 새로운 질서가 있다는 말은 세계정부독재체제를 의미한다.

조지 H. 부시 대통령은 -"우리는 우리들 자신과 우리의 다음 세대를 위하여, 우리 앞에 신세계질서로 서서히 나아가는 기회를 가지게 되었습니다. 세계는 질서를 위하여 법이 있습니다. 그것은 법망으로 이루어진 늪이 아니라, 국민의 행위를 다스리는 법질서의 세계를 이루어 가게 될 것입니다.

우리에게 실제로 신세계질서를 성공시킬 기회가 온 것입니다. 유엔창설자들은 하나의 체계(단일정부)를 위해 연합된 국가(세계정부)로 약속했던 그들의 세계관을 이행하기 위하여 유엔은 평화유지정책을 사용할 수 있습니다."라고 유엔에서 설명하였습니다.

그것은 한 작은 나라에만 국한되는 것이 아니라 큰 이상(Idea), 곧 신세계질서는 서로 다른 종족의 모든 나라 국민이 뭉쳐서 하나의 공동체인 다른 종류의 세계로 다가가는 것입니다. 평화와 보안, 그리고 자유와 법질서는 이러한 혼란시대에 우리는 새로운 목표를 가질 수 있게 합니다. 참으로 전망이 있는 새로운 질서의 세계가 있습니다. [30] -라고 하였다.

조지 H. 부시 대통령이 유엔에서 발표한 내용에서, 1945년, 유엔을 만든 목적이 세계를 하나의 단일정부를 만들기로 약속하고 유엔이 창설되었다고 한다. 그리고 지금 유엔은 단일정부를 위해 평화유지정책을 사용할 때가 되었다고 했다.

따라서 유엔은 우리가 생각하는 것처럼 좋은 국제기구가 아니다. 모든 나라와 국민이 뭉쳐 하나 된 공동체는 다른 종류의 세계라 했다. 다가간다는 말은 독재체제인 적 그리스도정부로 진입이라는 뜻이다.

또한 그는 적그리스도가 다스리는 세계가 다가오는 것을 본다고 했다. 마지막으로 그는 각 나라들은 자국을 보호하고 번영하기 위해 스스로 법을 제정해 놓고 지키는 것은 혼잡스러운 것이며 이러한 혼잡을 없애기 위하여 단일정부제도사회라는 새로운 질서의 세계가 필요하다고 했다.[30]

여기서 우리는 유엔이 세계정부 몸통임을 발견할 수 있고, 무엇 때문에 유엔을 창설했는지를 알 수 있다.

이 뜻은 외교협의회 회원이 있는 의회는 맹세체제로서 공공연하게 움직이고 있으며, 잘 알려진 외교협의회와 유사한 삼각통치라는 조직체가 미국의 주권을 파괴하며 전제군주적인 세계경찰정부가 앞장서서 임무를 맡게 될 것이다. 외교협의회와 삼각통치와 같은 조직이 세계를 장악하려는 정책으로 인하여 미국의 주권이 파괴된다 하였는데, 이는 미국이라는 이름이 없어진다는 뜻이다.

물론 단일정부가 되면 미국뿐만 아니라 모든 나라도 이름이 없어진다. 그것은 군주적인 정부가 된다는 것을 말하며 군주는 1인 독재를 말한다. 이렇게 되기 위해서는 세계경찰, 곧 유엔군이 그 임무를 담당하게 되는데, 지금 곳곳에서 일어나는 분쟁에 유엔군이 다스리고 있는 것도 같은 맥락에서 보면 된다.

2. 사회보장제도에 쓰이는 베리칩
(VERICHIP)

잘 사는 나라이건 못사는 나라이건 사회보장제도는 모든 나라가 원하는 사안이다. 모두가 사회보장제도를 원하는 것은 국민의 생활 수준이 한 걸음 더 나아가는 사회로 바꾸는 정책이기 때문이다.

자국민이 겪고 있는 질병, 실업 등을 해결하고 최저문화생활 이상을 보장하기 위한 제도이기 때문이다. 스칸디나비아 나라들과 캐나다, 그리고 뉴질랜드 같은 나라들은 오래전부터 국민을 위한 사회보장제도가 잘 이루어지고 있다. 이러한 제도와 정책을 자국에 이뤄지기를 바라는 것이 모든 나라가 추진하려 하는 것이다.

UN통계에 따르면 현재까지 흡족하지는 못하지만 의료보험제도를 실시하는 나라들은 아프리카를 제외한 5대 주에서 실시 되고 있고 유럽에서는 독일, 프랑스, 영국, 아이슬란드, 이탈리아, 덴마크, 스웨덴, 핀란드, 오스트리아, 벨기에, 그리스, 룩셈부르크, 네덜란드, 포르투갈, 노르웨이, 스위스, 슬로바키아, 아일랜드, 사이프러스, 러시아, 헝가리. 아시아에서는 한국, 일본, 아프가니스탄, 중국, 호주, 뉴질랜드, 사우디아라비아, 홍콩, 싱가포르, 바레인, 스리랑카, 아랍연합, 브루나이, 쿠웨이트, 이라크, 말레이시아. 남북미에서는 아르헨티나, 브라질, 캐나다, 칠레, 쿠바, 코스타리카, 우루과이, 파라과이. 그리고 아프리카에서는 오만 등이 의료보험 제도가 실시 되고 있다.

  1993년 11월 20일에 미국 클린턴 행정부 당시 '힐러리 캐어(Hillary Care)'[1]로 시작하여 1994년 2월 4일까지 진행된 사회보장제도 법안은 부결로 성사되지 못하고 끝났다. 그러나 불씨는 꺼지지 않고 마침내 H.R.3200으로[2] 일컫는 법안으로 하원과 상원을 통과하여 빛을 보게 되었다. 힐러리 건강법은 오바마 보험개혁법으로 이어지는 시발점이라는 점에서 주목할 만하다. 당시에 의회에 상정된 법안 초안에는 복지부장관으로 하여금 사람의 몸에 베리칩을 넣도록 명시했다는 점을 눈여겨보아야 한다. 이 법안이 부결된 후 1997년부터 미국의회는 연방신분증 제도를 강화시켜나갔다.

  2004년 11월 23일, 영국도 국민신분 제도법을 2005년 총선을 앞두고 2004년 12월에 투표의원 314명 가운데 31명이 반대하고 283명이라는 절대적인 찬성으로 신분제도를 전산화시키기로 입법시켰다. 그리고 2005년 2월 11일에 11명의 의원들이 반대하였으나 대부분 의원들의 찬성으로 Real ID 시행령이 통과되었고. 2005년 선거에서 승리한 노동당행정부는 5월 25일에 국민에게 C15 법안으로[3] 새로운 Real ID라는 신분제도가 도입되었음을 알렸다.

  이 법으로 말마임아 모든 사람들은 자신의 신분정보를 정부데이터베이스에 등록하여 결국은 국가가 국민을 컴퓨터로 지배하는 결과를 가져오게 되었다. 같은 때에 미국에서는 상원의원 찰스 쉼

머(Charles Schumer)와 린지 그레이엄(Lindsey Graham) 두 사람이 생체인식 Real ID를 새로운 연방신분카드 법으로 제안하였다. 두 사람은 '미국 시민들과 합법적으로 영주권을 얻고 일하는 모든 사람'은 독특한 생체인식 식별과 함께 '하이테크로서 사기방지와 사회보장제도 카드'를 도입하도록 제안하였다. 그들은 개인정보, 의료정보, 또는 추적기술이 포함되는 것을 정부데이터베이스에 저장하게 하는 것이라고 하였다.

1995년 1월 10일에 특허신청을 접수시킬 때 '베리칩'이라고 신청서에 기록했었다. [4] 그리고 1997년 5월 13일에 베리칩은 제 5,629,678번으로 특허를 받았다. [5] 칩을 베리칩으로 신청했을 뿐만 아니라 식약청에서 허가서를 발행할 때 '앞으로 ID 시스템으로 베리칩을 팔고 넣어도 된다(sell Ahead for the 'VeriChip' Implant ID System)'라고 하였다. [6] 또한 베리칩을 '사람의 몸에 넣어 팔도록(Implantable human body and sell to)' 허가했으므로 H.R.3200의 여러 조항에서 말하는 device [7] 라는 단어에서 앞뒤 문장에 따라서 '칩'이라는 단어로 해석되는 경우 그것은 '확실한 신분(Positive-ID)'으로 이름을 바꾼 베리칩을 말하는 것이다.

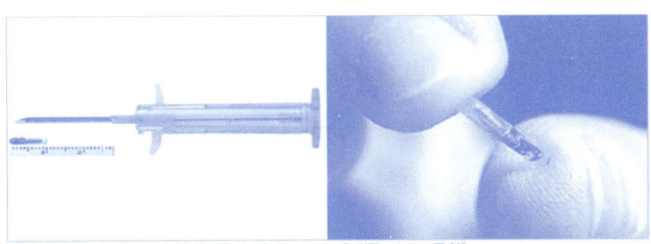

◇생체주입형 RFID 칩(사진 왼쪽)과 주사기 모습. [사진=기술표준원]

2007년 1월 8일, 미국은 다시 사회보장제도를 위한 의료보험 입법을 검토하였다. 검토의 토대는 현대의학의 법적 동향과 이슈로서 빈번하게 발생했던 것처럼 대인폭력, 범죄 등으로 다양하게 발생하는 사건을 신속하게 처리하기 위해 개인의 몸에 칩을 넣어야 한다는 것이었다.

따라서 겉으로는 보험이라는 수단을 이용하여 사람의 몸에 칩을 넣어서 갑작스러운 재해나, 위급한 환자 등, 폭넓게 관련되는 것을 해결하겠다고 하였지만, 사실은 다각적인 관점에서는 위반자, 범죄 피해자, 가족, 건강, 커뮤니티 등에 적용한다고 하였다.

이 프로그램의 목적은 인류가 공생하는 사회에서 개인의 태도와 희생과 모욕적인 행동에 대한 확인, 그리고 범죄를 위한 동기나 의도와 적극적으로 범할 범죄자의 행동 등을 찾아내려는 것이라 하였다. 이러한 시스템의 첫 번째는 사회에서 절대적으로 없어서는 안 되는 금전거래처인 은행에서 베리칩을 넣기 위해 "임무를 수행할 의사(specific physician at a specific facility)"를 은행에 상근시킨다'라고 제1173조에 명시되어있다. [8]

두 번째는 시중에서 거래가 이뤄지는 모든 곳에서 "베리칩으로 소비자에게 넣는다(Chip will be inserting to consumer)"라고 C단락(Division)에 명시되어있다. [9]

세 번째는 모든 사람이 입원할 수밖에 없는 '병원에서 그것이 가장 적합하다'고 조사를 마쳤다. 이러한 프로그램을 완성시키기 위해서는 정부공무원들과 병원의 의사, 간호사들과 함께 '베리메드(VeriMed)' 프로그램교육을 받도록 해서 그 부문에 관하여 더 많은 전문성 인재를 양성시키기 위한 교육프로그램이 조항 2511,

2531, 399Z 이며, 식품의약규정 519조의 여러 세부조항에 들어 있다.

 2006년 9월 6일, 미국은 일차적으로 400명의 공무원에게 '베리메드' 시스템을 교육시켰고[10] 어프라이드 디지털 솔루션(Applied Digital Solutions)사는 전국으로 순회하면서 의사들에게 베리메드 시스템교육을 실시하였다.[11] 당시에 어프라이드 디지털 솔루션(Applied Digital Solutions)사의 발표에 따르면 베리칩 캡슐에 들어 있는 데이터베이스에 입력되어있는 건강정보는 16-코드로 추적확인하고, DNA코드 128개는 병을 치유하도록 프로그램이 된 것을 '베리메드(VeriMed)'라고 하였다.

 보안용으로 쓰일 때는 '베리 가드(VeriGuard)'라고 하였고, 꼼짝 못하게 관리하는 추적용으로 쓰일 때는 '베리 트레이스(VeriTrace)'[12] 라고 하였다. 2006년 4월부터 실시한 베리메드 프로그램교육은 의료기관(병원 또는 보건당국)에서 베리메드 제도를 수용하기로 하였고, 완전하게 사람의 몸에 칩을 넣도록 시설이 갖추어진 곳(Fully implement technology facilities)은 대부분의 도시에 있는 병원들과 대학 메디컬센터들이다. 그러한 곳에 근무하는 의사들이 칩을 넣는 일을 한다고 발표하면서 베리칩 주식회사는 이 교육은 모든 환자들에게 넣게 될 '씨앗(Seed)'이라 하였다.

 정부는 이러한 시스템을 완비한 병원에 의사 1명당 $44,000씩 정부에서 시설비를 지원하고 있다. 어프라이드 디지털 솔루션(Applied Digital Solutions)회사는 뉴저지 주에 있는 호라이존 블루크로스 블루쉴드(Horizon Blue Cross Blue Shield) 보험회사는 320만 명의 보험가입자들 중에서 우선적으로 만성질환자부터 '해컨색

(Hackensack) 대학병원'에 보내서 칩을 넣도록 2년간의 계약을 맺었다.[13] 연방정부는 공무원들에게 '기기전자등록(Electronic Device Registry)' 프로그램을 위한 훈련프로그램(Federal employee management application training program)에는 400여 명을 훈련시켰으며, 그들이 받는 훈련은 추적에 중점을 두기 위해 베리 트레이스를 활용하고 있다고 하였다.

이러한 프로그램은 의사들이 병원서 검진결과를 데이터에 입력시켜 놓으면 교육을 받은 공무원들이 수술 여부와 어떤 약을 투약하라는 처방결정을 하는 역할을 담당하는 것이다. 이것이 2013년 1월부터 실시하는 '카이저 건강'[14] 규정이라고 부르게 된 것이다.

2009년 7월 1일, 오바마 대통령은 보험개혁법(헬스 캐어 리폼)을 서둘러야 하는 이유에 대해 의료시스템 문제에서 – 욕심이 많은 병원 의사들이 시민의 건강은 걱정하지 아니하고 돈만 챙기려는 것이 문제이기 때문이라 했다. 국민들이 부담하는 병원비나 보험료는 천정부지로 치솟는 현실에서 빠른 속도로 보험법을 개혁해야 한다고 설명하였다.

그렇게 하지 않으면 국민들이 적절한 치료를 받을 수 없기 때문에 의료개혁법을 빨리 추진시켰다고 설명하였다. 그 선례로 캐나다 뉴질랜드 같은 나라들은 국민의 의료혜택은 무료이다. 부상이나 질병이 있으면 가까운 병원에 가서 필요로 하는 모든 치료나 진료를 무료로 받을 수 있는데 왜 미국은 세금을 내는 국민들이 감당할 수 없을 만큼 병원비와 치료비를 부담해야 하는가 하고 설명하였다.

따라서 건강보험법안이 통과되면 국민의 부담을 줄이기 위해 조작이나 바꿔치기를 할 수 없도록 이식된 전자장치 등록신고(Implanted electronic device registration)가 필요하다-라고 하였다. [15] 이 말은 몸에 칩을 넣고 정부데이터베이스와 연결시켜서 관리한다는 의미이다.

미의회 안건번호 H.R.에 관한 바른 이해

1. H.R.3200

미국국회 공식자료에 따르면 딘겔(Dingel), 랜겔(Rangel), 왁스맨(Waxman), 밀러(Mille), 스탈크(Stark), 팔로니(Pallone), 앤드루(Andrews) 등, 7명의 의원들이 발의하여 2009년 7월 14일 오후 12시 51분에 의회에 접수시킨 법안이 H.R.3200이라고 미국국회의 공식자료[16]임을 미국국회 사이트에서 증거하고 있다.

이 법안은 2009년 11월 29일에 발의한 7명의 의원들이 본회의에서 설명했고 하원을 통과시켰고. 의회는 H.R.3200의 입법목적을 "모든 미국인을 위한 건강관리 특성과 늘어나는 건강관리비용을 줄이고 또 다른 목적에 적합하게 하기 위함(To provide affordable, quality health care for all Americans and reduce the growth in health care spending, and for other purposes.)"이라고 입법목적을 설명하였다. [17] 이 법은 하원에서 통과하여 2010년 3월 21일에 상원에서 통과시켜서 대통령에게 넘겨졌고, 오바마 대통령이 서명해서 효력을 갖게 된 법이다. [18]

2. H.R.3520 [19]

2003년 11월 29일, 개정목적에 대하여 "제10장 미국코드는 (code) 군 복무를 끝낸 사람에게는 은퇴연금이 삭감되지 않을 것을 약속한 것에 대하여 더 확실하게 하기 위함(To amend title X, United States Code, to ensure that the retired pay benefits promised a person when they join the Armed Forces are not reduced.)"이라고 개정목적을 미국 국회사이트에는 설명하고 있다.

따라서 H.R.3200이 통과되지 못했다는 글을 사이트에 올려진 자료는 잘못된 것이다. 또한 이 개정안은 '연방금융교육 및 재무 프로그램의 중복을 막기 위해서 금융교육을 제공하여 보다 효과적인 방법을 식별하기 위해 제정된 법이 금융교육과 자금의 조달과 운용의 효율성'을 위해 만들어진 법이다.

이 법은 연방정부와 주 정부와 그리고 지방정부와 협력관계를 요구하고 있다. 정부단위와 민간부문에서 단체적인 금융교육확보를 위한 국가전략수립과 기타 목적을 위해 제정된 법이다.

여기서 잘못된 자료를 사이트에 올린 사람들의 실수는 무엇인지 반드시 확인하고 검증해야 할 내용이다. H.R.3200은 2010년 3월 21일(일)에 제정되었고, H.R.3520은 2003년 11월 19일(수)에 제정된 "미국코드(code) 제10장에 명시된 군 복무를 끝낸 사람에게는 은퇴연금이 삭감되지 않을 것을 약속한 것에 대하여 더 확실하게 하기 위해" 2011년 11월 29일(화)에 수정한 법이라고 설명하였다.

따라서 연도와 날짜가 다를 뿐 아니라 3520은 건강보험개혁법이 제정되기 6년 4개월 이전에 제정된 수정안이다. 그러므로 3200과 3520의 목적이 다르다는 것을 알아야 한다.

3. H.R.3590 [20]

2009년 12월 24일에 "1986년에 제정된 조세조항에서 군복무가족의 조세법을 '수정'하는 것이 목적(An act to 'amend' the Internal Revenue Code of 1986)"이라고 미국 국회사이트에서 설명하였다. 따라서 H.R.3590은 국민건강보험법이 아니다.

이는 "전투군인과 연방 특정직원들의 경우에 집을 처음 구입할 때 1986년에 제정된 수익코드인 재산세(부동산)를 위한 신용한도를 조정하는 수정안이(Resolved, That the bill from the House of Representatives(3590) entitled 'An Act to 'amend' the Internal Revenue Code of 1986 to modify the firsttime home buyers credit in the case of members of the Armed Forces and certain other Federal employees, and for other purposes)"라고 이 법의 목적을 수정(Purposes)이라고 분명하게 하였고 "이 법이 1986년에 제정된 것이라고 수정한 목적"을 설명하였다.

그렇다면 왜 사람들은 본안이 H.R.3200이 아니라 H.R.3590이라고 사실이 아닌 것을 사실인 양 사람들을 미혹시키는 것일까!

그 원인의 첫 번째는 영어로 기록된 여러 유사한 법안의 방대하게 명시된 전체 조항들을 하나하나 검토하지 않은 채 영어해독 문제에서 실수하게 된 것이다.

두 번째는 자신이 직접 확인하거나 검증도 해보지 않고 남들이 사이트에 올려놓은 잘못된 자료들을 자기의 것으로 인용한 데서 오류를 범하게 되는 것이다. 그런데 문제는 그들의 실수에만 국한되는 것이 아니라 자신들이 잘못된 글로 인하여 많은 사람들이 잘못된 길로 빠지게 했다는 것이다.

세 번째로 우리는 잘못된 자료를 사이트에 올린 사람들의 실수는 무엇인지 알아보고 우리 스스로 반드시 확인하고 검증해야 할 내용이다. H.R.3200은 2010년 3월 21일(일)에 제정되었고, H.R.3590은 2008년 12월 24일(수)에 수정된 법안이다. 앞에서와같이 여기서도 연도와 날짜가 다를 뿐 아니라 3520은 건강보험개혁법이 제정되기 1년 4개월 이전에 수정했다.

또한 수정안의 목적이 "1986년에 제정된 수익법인 재산세(부동산)를 위한 신용한도를 조정하는 수정"이라고 명시하였다. 그리고 이 수정안 어디에도 국민건강보험법이라고 명시되어 있지 않다는 점이다. 그렇다면 왜 옳지 않은 자료가 범람하는 것일까? 깊이 생각하고 우리 모두는 자신의 영혼문제가 걸려있는 사안이기에 반드시 검증하고 확인을 해야 한다.

4. H.R.3962 [21]

2009년 10월 29일, 이 법의 목적에 대하여 "높은 보험금을 줄여서 미국국민에게 보다 좋은 의료혜택을 주기 위함(To provide affordable, quality health care for all Americans and reduce the growth in health care spending, and for other purposes)"이라고 미국국회사이트에서 분명하게 설명 시 하였다.

　H.R.3962는 2009년 10월 29일에 H.R.3200이 하원을 통과하기 1개월 전에 부분조항을 삽입했던 수정안이다. 따라서 이 수정안 건강보험개혁법 H.R.3200 전체가 아니라, '의료혜택을 받기 위해 등록된 사람들에 관한 2010년 연금구제법에서 초과지출을 막으려는 보존조항만을 바꾼 수정'이다. 따라서 H.R.3962라는 정보는 잘못된 것이다.

　H.R.3200이 의회에서 통과되지 못하고 H.R.3962이 통과되었다는 주장에 대하여 우리는 바로 알아야 할 점은 확인과 검증, 그리고 상정시킨 법안의 목적이 무엇인지 확인해야 한다. H.R.3200은 하원을 거쳐 2010년 3월 21일(일)에 상원에서 최종적으로 통과시킨 법안이다. 그러나 H.R.3962은 H.R.3200 보다 5개월 이전인 2009년 10월 29일(목)에 통과시킨 법안이다. 그리고 3962의 목적은 "높은 보험금을 줄여서 미국국민에게 보다 좋은 의료혜택을 주기 위함"이라고 설명하고 있다.

　H.R.3962는 2009년 7월 14일(화)에 하원을 통과한 H.R.3200 보다 2개월 후인 2009년 10월 29일(목)에 본안의 일부분을 수정하였다. 그리고 국민건강보험개혁법은 2010년 3월 21일(일)에 상원에 통과시키고 대통령이 서명하였으므로 H.R.3200이 본안이고 3962는 수정안일 뿐이지 본안은 아니라는 말이다.

5. H.R.4872 [22]

  2010년 3월 17일에, "수정안은(Amendment in the nature of a substitute to H.R.4872)" 의회에서 다루어졌다고 하였다. 그리고 수정의 목적에 대하여 "2010년 회계연도에 대한 예산확보조항인 202항을 위한 수정이 목적(To provide for reconciliation pursuant to section 202 of the concurrent resolution on the budget for fiscal year 2010)"이라고 미국국회사이트에서 분명하게 명시하였다. 다시 말하면 건강보험예산을 위해 제정된 202조에 관련된 내용만 보강시킨 것이라는 뜻이다.

  여기서도 잘못된 자료를 사이트에 올린 사람들의 실수는 무엇인지 반드시 확인하고 검증해야 할 내용이다. H.R.3200은 2010년 3월 21일(일)에 제정되었고, H.R.4872은 2010년 3월 17일(수)에 수정하였고 그 수정의 목적을 "2010년 회계연도에 대한 예산확보조항인 Sec.202을 위한 수정" 조항에는 분명하게 "교환-자격과 개인과 고용주(Exchange-Eligible Individuals and Employers)"라고 하였으니 이는 예산확보를 위한 수정이라고 설명하였다.

  따라서 H.R.3200은 통과되지 못했다고 말하거나, 아니면 다른 번호를 붙이는 사람이 말하는 정보들은 잘못 전달하는 것들이다. 총 2,310 페이지나 되는 방대한 법 조항들을 세심하게 검토해 보지도 아니하고, 또한 다른 법인 것을 알지 못하고 단순히 'H.R.'이라는 단어 하나, 또는 수정(amend)이나 보강(substitute)이라는 단어 하나만 보고 전체의 본래 법이 바뀐 것으로 착각했던 것이다.

  이러한 잘못은 그렇게 말하는 한 사람에게만 국한되는 것이 아니라 잘못된 정보를 보는 사람들을 잘못된 길로 빠뜨리는 위험이 있기 때문에 확실한 검증이 되지 않은 자료는 퍼뜨려서는 안 된다.

미의회 안건번호 H.R.3200에 명시된 베리칩

H.R.3200 안을 둘러싸고 수많은 논쟁과 공론이 있었으나, 2009년 11월에 하원에서 통과하고, 2010년 3월 21일자로 상원에서 통과되었다. 그리고 대통령이 서명했기 때문에 법으로서 완전하게 이뤄졌다. 이 법에는 암시적인 문제들이 아주 많다. 이제 미국으로부터 시작하여 세계 모든 인류에게 위험한 국면에 처하게 된 것이다.

또한 이 법에는 어떤 것들은 아주 두렵고 또한 아주 현실적으로 어려움에 부닥치게 될 조항들이 많다. 건강보험법은 단순한 보험만이 아니라 사회보장제도로 파생될 아주 충격적인 조항들이 많다. 그리고 먼저 우리가 분명히 알아야 할 것은, H.R.3200은 단순히 국민의 건강보험만을 위한 것이 아니라 사회 전반에 적용되는 사회보장제도에 관련되는 법이라는 사실이다.

H.R.3200에서 우리의 관심을 끄는 부분이 "반드시 미국 국민들이 의무적으로 칩을 받을 것을 포함(It absolutely does contain the mandatory chipping of U.S. citizen)"[23]이라는 내용이 명시되어있다. 이 문장에서 '압설루트리(absolutely)'라고 하였는데 이는 피할 수 없는 절대성을 강조하는 단어이다. 또한 '맨더터리(Mandatory)'는 강제성이 따르는 의무조항을 말한다. '칩핑(Chipping)'은 몸에

칩을 넣는다는 뜻이다.

다시 말하면 '사회 전반에서 칩을 받지 않을 수 없는 환경으로 만드는 법'이라는 뜻이다. 이것이 건강보험개혁법에서 그런 제도가 명시되었다는 사실이다. 이 내용이 성경예언에서 말하는 "누구든지 이 표를 가진 자 외에는 매매를 못 하게 하는 표(계13:17)"를 받도록 하는 법률이 되는 것이다.

이와같이 인류를 영원한 지옥으로 떨어뜨리게 하는 칩을 어프라이드 디지탈 솔루션(Applied Digital Solutions)회사에서 만든 제품이 베리칩이라는 사실이다. 그리고 이 칩의 이름을 확실한 신분(Positive-ID)로 바꾸어서 이 용도로 쓰이게 하고 있다. 그렇다면 이 법안에 베리칩이라는 단어가 명시되었는가라는 의문이 생길 것이다.

분명히 그렇다고 말할 수 있는 것은 사람의 몸에 넣고 시중에 판매하도록 허락한 식품의약규정 519에 명시되어있기 때문이다. [24] 그러므로 이제는 베리칩이 아닌 다른 칩을 만들어서 쓰이게 한다는 어처구니없는 망상에서 벗어나야 할 때이다.

다음은 이 법에 명시해서 시행하도록 할 때, 반드시 식품의약규정에 맞추도록 했다는 사실이다. 그리고 두 번째로 알아두어야 할 것은 법 조항에 명시된 '디바이스(DEVICE)'라는 단어이다. device는 여러 의미가 있다. 기기(器機) 또는 기계, 고안 품, 방책, 의도, 계책, 의장(意匠), 도안, 무뇌, 상표, 문장 등이다. device는 컴퓨터로부터 시작하여 모든 기계뿐만 아니라 몸에 넣어지는 베리칩까지 포함된다.

이 중에서 두 번째인 고안 품에 중점을 두어야 한다. 고안 품이라는 단어가 지니는 정의는 '어떤 목적에 맞도록 여러 종류의 부품으로 결합시켜서 완성된 제품'을 device라고 한다. 건강보험법 조항에 명시된 device는 병원이나 다른 곳에서 갖추어진 기구시 설물뿐만 아니라 베리칩에 관한 내용들이 많다.

　베리칩이라는 캡슐 안에는 ①인체의 세포를 검사하고 조율하도록 만들어진 128 DNA-코드, ②위치추적과 확인을 위한 16-코드(Digital Angel™), ③송수신을 유지시키기 위한 콘덴서, ④ GPS로 송신과 수신을 원활하게 연결시키기 위한 안테나 역할로 쓰이는 코일, 넷을 캡슐에 넣어서 만들어진 제품이 베리칩이다. 이처럼 베리칩도 여러 부품을 모아서 하나의 제품으로 만들어졌기 때문에 device가 되는 것이다. 따라서 법안에 명시된 device는 여러 기계들뿐만 아니라 베리칩까지 포함된다는 사실이다.

　건강보험개혁법 제4장 소제목 제1401조는 정밀조사 발효항목 2와 의무조항 E, 두 곳에는 '세베이런스(surveillance)'라고 명시되어 있다. surveillance가 지니는 의미는 '감시 또는 망보기'라는 뜻이다. surveillance에 지니는 의미는 다음에 설명하고, 먼저 같은 항에서 'data networks from electronic health'라는 부분부터 이해가 되어야 한다. 문자대로라면 건강정보는 전자회로선으로 정부와 병원에서 환자를 다루게 된다고 명시하였는데 이는 국민의 건강문제를 정부데이터로서 감시한다는 뜻이지만, 건강 외에도 개인의 신원까지를 포함 시키게 된다.

　이러한 건강법에 따라서 카이저병원은 2013년 1월부터 실시한다고 발표하였고 이 법안을 의회는 '카이저 건강개혁(Kaiser health 또는 Kaiser health reform)'이라고 하였다.[25] 그 뜻은 앞으로 모든 병원은 정부가 카이저병원에서 시범한 케이스대로 운용해야 한다는 것이다. 이러한 법적 통용어가 카이저 건강개혁법이라고 말하게 되었고, 이것이 건강법이다.

앞으로 누구든지 병원에 입원하면 카이저 건강법이 정하는 규정에 따라 검진을 받아야 하고, 처방은 정부에서 지시하는 처방에 따를 뿐이지 의사가 임의로 처방하지 못하도록 한 것은 '의료혜택을 받기 위해 등록된 사람들에 관한 2010년 연금구제법에서 과다지출을 막으려는 보존조항으로 바꾸어진 것이 H.R.3962'이다.

그리고 이 조항에 따라야 하는 'medical device surveillance'라고 되어 있으니 device라는 용어에 포함되는 칩을 넣고 감시한다는 뜻이다. 단락-C. 2521조항에서 규정하는 정부에 의료기기를 등록이라고만 해석하게 된다.

그러나 법리해석은 병원에서 환자에게 칩을 넣고 검진하는 의사는 모니터에 나타난 환자의 건강상태를 컴퓨터에 입력시키면 그 즉시로 정부가 운영하는 정부데이터로 전송된다. 그리고 정부의료센터는 모니터에 나타난 환자의 환부를 조사해서 진료법과 수술 가부와 투약에 관한 모든 지시를 병원으로 송신한다. 이것이 감시,감독(surveillance)이 갖는 첫 번째 의미이다.

따라서 병원은 정부 방침대로 움직여야 하기 때문에 의사는 처방권이 없게 된다. 나아가서 수술문제도 병원이나 의사가 결정하는 것이 아니라 정부에서 결정하게 된다. 이것이 surveillance가 갖는 두 번째 의미이다.

또한 환자에게는 환부를 치유받기 위해 입원하는 즉시로 자신의 몸에 베리칩을 넣어야 한다. 이렇게 넣어진 신원이나 병력은 정부의 데이터베이스로 전송되면 베리메드 훈련을 받은 사람들이

data에 나타난 상황대로 처방하고, 수술하라고 하는 것은 그동안 병원들과 의사들이 입원비와 수술비 등에서 부당한 이득을 취해 왔던 것을 이제는 정부가 직접 칩을 통해서 정부예산지출을 통제하겠다는 새로운 방침이다.

그렇게 되면 환자는 자신의 몸에 넣어진 칩에 의해 항상 정부데이터 센터로부터 감시를 받게 된다. 이것이 surveillance가 갖는 세 번째 의미이다. 이러한 종합적인 것을 "정부에 의료기기 등록(National medical device registry)"이라는 해석이다. 결과적으로 이것은 추적을 의미하는 것이다.

이 법에 관해서 몇몇 지역에서 상소하였으나, 그중에서 2011년 11월 8일, 미국 워싱턴DC 항소법원은 건강보험개혁법에 대해 합헌이라고 결정을 내렸다. 상소한 내용은 본법인 H.R.3200이 아니라, 2014년부터는 모든 국민은 의무적으로 정부건강보험공사에서 실시하는 보험에 가입하지 않으면 2014년은 $95, 2015년 $325, 2016년부터는 $695의 벌금을 징수하도록 한 벌금이 부당하다고 항소했지만 패소하였다.

모든 국민은 법을 준수해야 할 의무와 책임이 있는데도 본법 H.R.3200이 아니라 법을 지키도록 만든 벌금 조항을 상소한 것을 인정할 수 없다면서, 누구든지 법을 위반하고 보험에 가입하지 않을 때는 벌금을 징수하는 것은 합법[26] 이라고 하였다.

이날, 워싱턴 항소법원은 건강보험개혁법이 요구하는 2014년까지 모든 국민의 보험가입을 의무화하고 이를 지키지 않으면 벌금을 부과하는 조항을 포함한 건강보험개혁법에 합법이라고 판결하였다. 그것은 보험에 가입하지 않을 때 매년 추가되는 벌금문제였기 때문에 위법이 아니라고 판결한 것이다.

따라서 건강보험법 시행령은 2014년 발효 예정으로 미국국민의 95%가 건강보험을 갖도록 하는 내용을 포함하고 있다. 이처럼 중대한 내용을 읽지 못하게 하려고 악한 영들은 사람들에게 H.R.3200은 통과되지 않았다고 속이는 것이다.

그 법이 통과되지 않았다면 어째서 미국사람들은 H.R.3200을 갑론을박하는가? 미국사람들이 영어를 몰라서 그러는 것은 결코 아닐 것이다. 그렇다면 영어권이 아닌 한국 사람들이 통과되지 않았다고 주장한다면 그것은 자신이 어디에서 잘못되었는지를 자문자답을 해야 한다.

또한 단락 C에서 "국가의료기기 등록(National Medical Device Registry)" 제2521조항에는 '보건복지부장관은 법이 발효하는 날로부터 36개월을 넘기지 않도록 식품의약규정 519조와 추가된 수술 시행령규정(21)의 미국코드 360i에 맞게 시행령을 만들어서 사람에게 칩을 넣는 것을 명시하고 있다.[27] (If such an identifier is require by section519(g) of the Federal Food and Drug, and Cosmetic Action(21) U.S.C. 360i(g) for the device)' 그리고 다른 부서의 장관들도 모든 사회보장부분은 식품의약청 규정 519조에 맞추도록 하였다.

사람들은 법에 베리칩을 사람 몸에 넣는다고 명시되어있는가? 라고 의문이 생길 것이다. 그렇게 생각하고 말할 수도 있을 것이다. 베리칩이 짐승의 표가 되느냐 안 되느냐 하는 것은 건강법의 각 조항들이 요구하는 식품의약청 규정과 연결해서 보지 않았기 때문이다.

그래서 베리칩이 짐승의 표가 아니라고 생각하는 사람은 자신의 노력으로 여러 법 조항들을 찾아서 해결하기보다는 다른 사람이 수고해서 알려주어도 자신의 고정관념만 고수하는 사고방식을 가진 사람들이다.

이런 사람들이 베리칩이 짐승의 표가 아니라고 반박하는 것이다. 그것은 자신이 현재의 문화에서 실제적으로 적용되도록 한 법을 모르기 때문이다. 또한 현실이 요구하는 법 자체에서 베리칩을 제도화시켜놓은 사실 자체를 모르고 하는 말이다.

식품의약청 규정 519조와 베리칩

식품의약규정 519조에는 사람에게 사용할 수 있는 Device 생산과 수입에 관한 조항도 포함되어 있다. 크라스(class) Ⅱ에는 device 곧 칩을 명시하였고, 크라스(class) Ⅲ에는 칩을 몸에 넣어서 "그것(칩)으로 생명을 유지시키거나 돕게 한다고 되어 있다.(Device that is implantable is supporting or life sustaining)"[28] 여기서 Device that is implantable는 '칩을 몸에 넣는다'는 뜻이다.

이 조항이 요한계시록 13장에서 말하는 현실이 되는 것이다. 그리고 3항 'A'에는 칩을 넣을 수 있는 시설과, 병원과 의사에 관한 규정이다. 그리고 'E'에는 추적에 관하여 명시되어 있다.

또한 식품의약청 규정 519조(g)에는 외과수술문제에 관하여 명시되어 있다. 이 규정이 있기 때문에 병원에서 모든 의사들이 수술할 수 있는 것이다. 사람의 척추에 핀(Pin)을 넣는 것이나, 치아에 임플란트(implant)로 새로운 치아를 심는 것도 이 규정이 있기 때문이다. 장기이식이나 간 이식 또는 심장이식 그리고 골절상을 입은 다리에 쇠(pin)를 넣고 수술하는 등 모든 외과수술도 이 규정이 있기 때문에 할 수 있는 것이다.

따라서 이 규정이 있기 때문에 사람의 몸에 칩을 넣을 수 있다는 것이다. 또한 2521조에서 '유효 날자(Effective date)'가 명시되었다. 그 날짜에 관해 H.R.3200의 단락-C의 2521조 중에서 보건복지부장관은 법이 유효하는 날로부터 36개월을 넘기지 않도록[29] 조항이 요구하는 시행령을 만들어서 운영되도록 하였다.

또한 1632조에서는 정부가 모든 사람의 은행계좌에 연결하여 "칩을 받을 때까지" 금융체계를 통일시키라고 되어 있다. 그 '때'를 NBC 앵커 톰 코스텔로(Tom Costello)는 2017년까지라고 하였다. 이 연도 이전이라도 모든 준비가 완료되면 실시할 수 있는 가능성을 배제해서는 안 된다.

2521조에 국가의료기기등록(National Medical Device Registry)에는 식품의약규정 519조와 미국법 규정 360i에 따르라고 되어 있다. 식품의약규정 519조 B에서 'by inserting after subsection'이라고 되어 있다. 이 뜻은 시행령을 제정한 후에 칩을 넣게 한다는 것이다.[30] 'Inserting'은 '삽입'이라는 뜻이다. 시행령을 만들어서 몸에 칩을 넣게 하라는 뜻이다.

그런데 문제는 단락 C에 명시된 2521조 5에서는 필요하다면 36개월을 소급시켜서 2010년과 2011년에 사용할 수 있는 조항이 있음도 명시되어 있다. H.R.3200에서 ① 의무조항(Mandatory)으로 몸에 넣게(Insert) 하는 칩이 명시되어있는 것과, ② 식품의약규정 519조에 몸에 칩을 넣게 한다는 것과, ③ 수입품 규정과, ④

회사들의 모든 생산제품과, ⑤ 소비자들의 신원과, ⑥ 은행 계좌를 연계시키도록 한 것을 ⑦ 요한계시록 13장 17절과 연관시켜서 살펴보면 베리칩이 666표가 되는지 안 되는지를 입증하게 된다.

  그러므로 지금이 어느 때인지를 알아야 대환난이 어디부터 시작되는지 알게 된다. 나아가서 짐승의 표가 어떤 것이며 언제부터 그것이 실시되는지를 알 수 있으므로 함부로 베리칩이 666표가 아니라고 말하는 사람들의 말에 현혹되지 말아야 한다.

3. 신세계 질서와 그램스 전략(GRAM'S STRATEGY)

　세상의 역사는 항상 반복되는 과정에서 악은 끊임없이 생겨난다. 그것은 인간이 죄를 짓기 쉬운 성향을 가지고 태어났기 때문이다. 그렇기에 세대마다 법제도를 바꾸면서 백성들이 평안하게 살도록 하는 것이다. 그러나 사악한 마귀는 질투와 시기로 인류의 그러한 평안을 보고만 있지 않는다. 그래서 기회만 있으면 사람들을 유혹하여 죄를 짓도록 하는 것이다.

　이러한 일은 오랜 세월을 통하여 지구상에서 일어났던 사실을 역사는 증거하고 있다. 그것이 세상에 흩어져 있는 모든 나라를 하나로 모아서 인간을 죽음으로 몰아넣는 것이 인간을 통치하는 방법이기에 지난날로 거슬러 올라가야 알 수 있는 일이다.

　2000년 6월 26일, 미국 클린턴정부는 40년 동안 에너지자원부가 지원하며 오랜 세월 끝에 드디어 유전자지도(128-DNA 코드)를 완성했다고 발표하던 날을 '세기의 날'로 선포하였다. [1] 내용은 그동안 미국이 연구하고 개발한 인간유전자(Human genome)에 획기적인 발전을 보았기 때문이다.

　미국은 40년이 넘도록 에너지 자원부가 지원했던 회사들이 유전자공학으로 인간의 몸을 형성하는 세포의 유전자지도를 완성시킴으로서 유전공학부문에 공헌을 가져오게 된 것이다. 그날 클린턴 대통령은 과학자들은 이제부터 30억 개의 유전자 글자를 읽어야 할 것이라고 하였다.

인간의 몸에 넣는 베리칩이 만들어지기까지를 이해하려면 반드시 두 사람을 알아야 한다. 한 사람은 이탈리아 사람 '안토니오 그램시(Antonio Gramsci)'라는 사람이다. 다른 한 사람은 덴마크 사람 '한스 크리스천 그람(Hans Christian Gram)'이라는 사람이다. 베리칩 문제는 1,800년대 후반으로 거슬러 올라가야 한다. 일찍이 강대국들이 인간을 지배하기 위해 연구하고 개발한 유전자 어원과 그램스 전략에서 칩의 시발점을 찾게 된다.

그램시(GRAMSCI)와 그람(GRAM)

안토니 그램시(1891.1.22-1937.4.27)
정치평론가, 정치기자,
이탈리아 사회주의당, 마르크스 사상가

Hans Christian Gram
(1850.9.13-1938.11.14)
의사 / 세균 박테리아 양성과 음성 정립

1891년에 이탈리아 반도에서 서쪽 지중해에 있는 섬의 인구 1,600여 명의 작은 '사르데나(Sardinia)'라는 도시에서 태어난 안토니오 그램시(Antonio Gramsci;1891-1937)는[2] 작가로서 정치철학자이다. 그가 발표한 '오도 노브스(Ordo Novus)'[3]라는 정치이론은 당시 세계에 큰 영향을 끼치게 된다.

당시 이탈리아 사회주의자들은 이 이론에 바탕을 두고 대군정책을 실시하여 세계를 지배하는 계기를 제공하게 되었는데 당시에 이 정치이론을 이용한 것이 '그램스 전략(Gram's Strategy)'이라고 하였다.

또 한 사람, 덴마크 사람 한스 크리스천 그람(Hans Christian Gram; 1853-1938)[4]은 세균을 양성과 음성으로 분류하여 식별하는 방법으로 인간 몸의 염색체 조직과 움직임과 명령체제를 병리학으로 이론화시킨 생물학자이다. 한스 그람(Hans Christian Gram)은 독일 베르린에서 미생물을 연구한 사람이다. 그가 박테리아를 연구하여 세포에서 발생되는 세균에서 양성과 음성을 분류시키는 학문이 '그램 방법(Gram Method)'이다.

그램시는 그람의 병리학에서 인간의 움직임은 뇌의 명령체제에 따라 결정됨을 인용하여 발표한 것이 '노브스 오도(Novus ordo)'이다. 그램시의 발표는 이탈리아 사회주의자들에게 관심이 되었다. 제1차 세계대전 직후 '노브스 오도(Novus ordo/ 영어: New Order)'를 알리는 신문기사[5]는 이탈리아에서 사회주의를 출발하게 만들었다. 강대국의 독재자들이 그램시의 보고서에서 얻어낸 전략이 대군정책이었다. 이것을 그램스 전략(Gram's Strategy)이라 하였다.

독재자들에 관하여는 요한계시록 여러 곳에서 언급하고 있다. "내가 보매 바다에서 한 짐승이 나오는데 뿔이 열이요 머리가 일곱이라.(계13:1)"라는 내용이다.

요한계시록에 기록된 짐승에는 두 가지 다른 의미가 있다. 이미 설명한 대로 제도를 바꾸는 세대(Generation)라는 바다(계13:1)와 문화(Culture)를 바꾸는 시대(Period)라는 땅(계13:11)을 구별해야 한다. 짐승이라는 단어는 사회라는 제도(System)와 문화라는 사상(Ideology), 두 가지가 있다. 그러한 사상을 수용하는 무리의 조직을 이끄는 통치자인 사람(Mankind)을 짐승이라고 하는 뜻을 구별해야 한다.

전자는 사람들이 하나님과 구원사역에 방해되는 사회를 만들어 놓고 그것에 얽매여 살게 하는 사상이다. 후자는 그러한 무리들로 세계정부를 이루고 그 조직을 이끌어가는 통치자라고 한다. 성경에는 둘 다 적그리스도라고 하였다. 그러므로 전자는 세계정부 시대의 사회이고, 후자는 그 사회를 주관하는 통치자가 된다.

요한계시록 13장 1절에서 말하는 바다와 11절에서 말하는 땅이라는 짐승은 하나님을 대적하는 신세계질서라는 제도와 문화라는 666은 환경이다. 그러나 17장 8b, 11절에서 말하는 짐승은 적그리스도정부 통치자라는 사람이다.

여기서 다루고자 하는 것은 환경이 아니라 사람으로 구성된 일곱 머리다. 헬라어 원어에서 머리를 케파레($\kappa\epsilon\phi\alpha\lambda\acute{\eta}$)라고 하는데, 뜻은 '머리, 꼭대기, 정상, 두목, 수도' 등 수뇌부라고 설명한다. 이것은 경제 선진 7개국 정상이다. 1945년, 미국의 외교협의회에서 세계정부추진활성화 방안으로 미국, 캐나다, 일본, 영국, 프랑스, 독일, 이탈리아, 일곱 나라가 참여하도록 만들었다.[6]

여기에 구소련이었던 러시아가 여덟 번째로 참석하였는데, 예수님께서 사도 요한에게 알려주신 말씀 중 "전에 있었다가 시방 없어진 짐승은 여덟째 왕이니 일곱 중에 속한 자라"(계17:11)라는 말씀에서 G7에 마지막으로 가입한 나라의 왕을 여덟째라고 하였으므로 G7이 일곱 머리역할을 하는 데는 변동은 없다. 이들 일곱에 속한 자 중에서 하나가 늦게 나타나면 여덟째 왕이 합류된다고 설명하였다.(계17:11)

성경에서 이들은 짐승이라는 몸통과 떨어질 수 없고 또한 뿔과도 그러하다고 하였다. 이들은 몸통인 짐승을 좌지우지하는 집단이다. 이들은 신세계질서라는 정책으로 세계를 자기들이 원하는 방향으로 이끌고 있으므로 성경에 나타나는 짐승에서 두 가지 다른 의미가 있음을 알아야 한다..

첫째는 제도를 만드는 세대라는 바다와(계13:1), 다른 하나는 문화를 만드는 시대라는 땅(계13:11~12)을 구별해야 한다. 또 일곱 왕이라. 다섯은 망하였고, 하나는 있고, 다른 이는 아직 이르지 아니하였으나 이르면 반드시 잠간동안 계속하리라."(계17:10) 그램스 전략을 이해하려면 일곱 머리에 관한 역사의 흐름에서 이해되어야 한다. 그렇게 하는 것은 일찍이 어두움의 세력은 인류가 살아가는 지구사회를 매개체로 활용하여 하나님께 도전하여왔기 때문이다.

그러므로 요한이 계시를 받던 때부터 역사를 보아야 한다. 일곱 머리에 관한 내용을 보면 "일곱 머리는 일곱 산이요, 일곱 왕(계17:9,10, 12)"이라고 기록되어있다. 왕은 개인일 수밖에 없다. 그리고 "일곱 중에서 다섯은 망하였으나 하나는 남아있고 다른 하나는 나타나지 않았다(계17:10)"라고 하였다. 아직 나타나지 않은 하나는 전에 있었다가 시방은 없으나 장차 나타나면 여덟째 왕이라 한다. 이 여덟째는 일곱 중에 속하였던 자라는(계17:11) 근거로 역사의 흐름을 찾으면 일곱 머리를 알게 된다.

일곱 머리의 역사

세계를 움직이는 나라 정상들이 경제 선진 7개국 정상(Great 7-Economic Summit)의 줄인 말이 G7이라 한다. 일곱 머리에 대하여, 일찍이 세계정부를 추진하는 미국외교협의회에서 두 시대 사이를 연결시키는 고리역할로 활용하기 위해 G7을 만들어 놓았다고 한다.

정상이 되는 요구조건은 정치안정, 군사안정, 경제안정, 사회안정, 물가안정, 다섯이 평균이상이 되어야 한다. [7]

G7은 외교협의회와 삼각통치에서 세계정부정책을 작성해서 넘겨주면, 그것을 세계에 알리는 역할이다. 정치는 유엔을 통하고, 경제는 세계은행과 국제통화기금과 증권시장 등의 금융권을 활용해서 세계정부를 만드는 신세계질서에 따르도록 이끈다고 하였다.

"전에 있었다가 시방 없어진 짐승은 여덟째 왕이니 일곱 중에 속한 자라 저가 멸망으로 들어가리라."(계17:11)

요한 시대에는 사도 요한이 계시를 받을 때에, 일곱 머리역할에는 이스라엘을 중심으로 일어났던 주변의 강대국들이었다. 당시에 베벨론, 메대, 앗수르, 이집트, 헬라, 로마, 중에서 다섯은 망하였으나 로마는 남았었다. 그리고 하나는 그때까지 나타나지 않았다. 이때 복음을 로마에서 독일로 건너가서 프랑스와 영국 등, 유럽으로 확산되었다.

Benito Mussolini (1883-1945) Vladimir Lenin (1870~1924) Adolf Hitler (1889-1945) Joseph Stalin (1879~1953) Hirohito(裕仁) (1901-1989) Napoleon Bonaparte (1769-1821)

　근대에는 이탈리아의 국수주의자들은 베니토 무솔리니(Benito Mussolini:1883~1945)를 수상에 선임시켰고 무솔리니가 마르크스사상에 그램스 전략으로 22년 동안 독재통치를 했던 것도 세계를 장악하려는 시도였다.

　러시아의 옛 소련은 개혁주의자 블라디미르 레닌(Vladimir Lenin: 1870~1924)에 의해 마르크스사상으로 소련을 사회주의 나라로 바꾸었고, 그의 뒤를 이은 조셉 스탈린(Joseph Stalin: 1879~1953)도 마르크스사상에 그램스 전략을 접목시켜서 사회주의사회를 조직화 시켰다.

　독일은 개혁주의자 아돌프 히틀러(Adolf Hitler: 1889~1945)가 역시 마르크스사상에 그램스 전략을 접목시켜서 나치제국을 만들고 2차 세계대전으로 유럽과 동구권에서 씻을 수 없는 잔악함을 보였던 것도 세계를 장악하려는 어두움의 손에서 일어났던 사건이었다.

　일본의 히로히토(Hirihoto(裕仁):1901-1989)도 마르크스사상에 그램스 전략을 접목시켜서 독일과 같은 시기에 아시아 태평양전쟁을 일으켰다. 어두움의 힘에 사로잡혔던 일본이 동남아시아는 물론 중국과 러시아와 전쟁했던 것도 세계를 장악하려 했던 전횡이었다.

　프랑스도 나폴레옹(Napoleon Bonaparte: 1769-1821)이 유럽에서 남

쪽으로 그리고 동진한 것도 세계를 장악하려던 것이었다.

영국에서는 제임스 왕 3세가 나타났다. 그들 일곱 중에서 다섯은 망하였으나, 영국은 남아있었고, 하나는 그때까지 나타나지 않았다.

오늘에는 세계를 장악하려고 일어나는 일곱 머리의 역할로 활동하는 나라들의 통치자들 모두는 앞에서 일어났던 독재자들의 나라들이다.

이러한 일곱 머리의 뿌리에서부터 경제 선진 7개국 정상이 나타났다. 선진 7개국 정상회원인 프랑스는 나폴레옹에서 계승되었고, 독일은 히틀러에서 계승되었고, 이탈리아는 무솔리니에서 계승되었고, 일본은 히로히토에서 계승되었고, 영국은 수장제도를 만들었던 제임스 3세 왕으로부터 계승되었다.

그리고 미국과 캐나다의 뿌리는 영국과 프랑스와 독일과 이탈리아의 후예들이다. 이때까지도 전에 있었다가 없어진 하나가 나타나지 않았다.

죽어가던 제도와 힘 받는 문화

"그 일곱 머리는 여자가 앉은 일곱 산이요 또 일곱 왕이라"(계17:9) 아직 나타나지 않은 자는 둘로 보아야 한다.

첫 번째는 소련이 경제 붕괴로 쓰러졌을 때 모든 사회주의 나라들도 함께 붕괴되었다. 이것이 "그의 머리 하나가 상하여 죽게 된 자"(계13:3a)라는 뜻이다. 죽어가던 소련이 러시아로 이름을 바꾸면서 사회주의는 다시 살아났다. 이것이 "죽어가던 자가 다시 살아났다."(계13:3b)라는 뜻이다. 선진 7개국 정상에 러시아가 G-8로 참석하는 것이 "여덟째 왕"(계17:11)이다.

다시 말하면 레닌이 독재자 일곱 중에 속했었으나, 소련이 선진 7개국 정상에 끼어들지 못한 것이 "아직 이르지 않았다"(계17:11)는 뜻이다. 그러나 지금은 러시아가 참석함으로써 G-8이 되었으니 여덟째 왕이 나타난 것이라는 해석이 첫 번째이다.

두 번째는 세계정부주의자들이 일차적으로 실시한 것이 제도사회를 위해 신세계질서라는 정책을 만들었다. 그러나 그것을 국제사회가 수용하지 않으므로 인하여 힘을 잃게 되었고. 이것이 "바다에서 나온 짐승이 칼에 상하여 죽게 됐다"(계13:3)는 뜻이다.

그리고 땅에서 올라오는 짐승은 시대라는 문화이므로 사이버문화에 사는 사람의 몸에 넣는 베리칩은 666표가 되고, 누구든지 받지 않을 수 없도록 명령체제로 시행된다. 이렇게 다루어지는 신세계질서라는 법이 먼저 나온 짐승이다. 이것이 "저가 먼저 나온 짐승의 모든 권세를 그 앞에서 행하고, 처음 짐승에게 경배하게 하니 죽게 되었던 상처(힘을 잃었던 신세계질서 제도)가 나은 자"(계13:12) 라는 두 번째 해석이다.

"먼저 나온 짐승, (곧 신세계질서의) 모든 권세를 받고 그 앞에서 행한다"(계13:12)

이것이 베리칩은 세계정부정책에서 큰 위력을 갖게 된다는 뜻이다. 666 짐승의 표로 말미암아 신세계질서정책은 힘을 얻게 된다. 사람들은 이 신세계질서정책에 굴복하게 될 것인데, 이것이 "저가 권세를 받아 그 짐승의 우상에게 생기를 주어 그 짐승의 우상으로 말하게 하고 또 짐승의 우상에게 경배하지 아니하는 자는 몇이든지 죽이게 한다"(계13;15)는 뜻이다. 여기서 '우상'과 '경배'라는 단어를 정확하게 해석되어야 한다.

요한계시록에서 우상을 '에이도론($εἴδωλον$)'이 아니라 '에이코($εἴκω$)'라고 하였는데 뜻은 '굴복, 항복'이라는 뜻이다. 그리고 요한 계시록에서 경배를 '프로스쿠네오($προσκυνέω$)는 프로스($πρός$)와 쿠네오($κύεω$) 두 단어의 합성어가 $προσκυνέω$ 이다.

'프로스($πρός$)'는 어떤 일을 '할 목적으로' '어떤 것을 갖는다'라는 뜻이다. 그리고 '쿠네오($κύεω$)'라는 뜻은 '배신자'[8]라는 뜻이다. 그러므로 '우상에게 경배하고'라는 뜻은 '자기를 유익하게 할 목적으로 베리칩을 받는 행위는 배신자'라는 뜻의 경배이다.

따라서 요한계시록에 기록된 '우상에게 경배하고'라는 뜻은, 마지막 시대에 자신이 가지고 있는 소유물이나 생활의 편안함을 빼앗기지 않기 위하여 베리칩을 받는 행위는 받지 말라고 명령하신 예수님의 말씀을 어기는 행위임으로 배신이다. 이것이 '경배'한다는 뜻으로 바로 해석해야 할 일이다.

짐승에게 있는 일곱 머리는 1975년에 선진 7개국 정상이 그 역할로 세상에 나타났으므로 지금 우리는 세계정부를 위해 신세계 질서정책이 어느 경점까지 진행되고 있음을 알 수 있다. 전에 일곱 중에 속했던 레닌의 독재가 없어졌고 다시 일어난 러시아가 여덟째로 회원으로 가입됨으로써 그가 전에 있었다가 없어진 자라고 성경은 증거한다.

"전에 있었다가 시방 없어신 짐승은 여덟 왕이니 일곱 중에 속

한 자"(계17:11)

따라서 그가 "이르면 반드시 잠간 동안 계속하리라"(계17:10)고 하였으니 적그리스도라고 일컫는 세계정부통치자에 대하여 언급하였음을 알아야 한다. 신세계질서정책에서 일곱 머리가 행하는 일에 대하여 카터 행정부 안보고문이었던 '지비그뉴 브르제진스키(Zbignew Brzezinski)'는 다음과 같이 미래를 설명하였는데 "사회는 과거 사회주의자들이 반드시 실현시키려던 기본 계획대로 그 실체가 등장 되고 있는 중대한 분기점에서 따르지 않을 수 없게 될 것이다. (A community of developed nations must eventually be former socialist if the world is to respond effectively serious crises)"[9]라고 『두 시대 사이』라는 저서에 설명하였다.

이 뜻은 지난날 사단은 사회주의체제로 세상을 장악하려다가 실패했었고. 지금도 그 계획은 변함이 없다는 것이다. 사단은 다시 세상을 장악하기 위해 세계정부를 추진하고 있는 과정에서 모든 나라는 따르지 않을 수 없다는 뜻이다. 사단은 세계주의자들을 이용하는데 이것이 신세계질서정책이라고 하였다.

세계는 자유주의와 사회주의로 두 갈래로 나누어져 있다. 이 두 사회를 하나로 묶고자 하는 것이 단일정부이고 사단이 원하는 음모이다. 브르제진스키는 "두 시대 사이로 갈라져 있는 세계를 하나로 연결시켜주는 고리역할은 미국과 일본과 서유럽뿐이다. (World initially link between two ages only the United States, Japan and West Europe)"[10]라고 하였다.

미국과 일본이라는 나라는 잘 알려진 문자 그대로이다. 그리고 서유럽이라는 말은 EU의 뿌리인 영국, 프랑스, 독일, 이탈리아.

네 나라를 일컫는 말이다. 이는 G7을 일컫는 말이다. G7이 두 시대 사이를 연결시킨다는 '두 시대'와 '사이'는 다음과 같다.

두 시대라는 뜻은 다국적과 단일정부를 말한다. 그리고 자유주의와 새로운 사회주의를 말한다. 마지막으로 하나님을 향한 경배와 사단을 향한 경배라는 뜻이다. 그리고 사이라는 뜻은 개별국가가 없어지는 사이, 자유주의가 없어지는 사이, 하나님을 향한 예배가 없어지는 사이라는 뜻이다.

성경은 일곱 머리에 대하여, "지혜가 있는 뜻이 여기 있으니"(계17:9)라는 뜻은 G7회원국 나라 통치자들의 머리에서 세계정부를 만드는 지혜가 나온다는 말이다. 이것이 짐승의 일곱 머리라는 G7이다.

이 일곱 머리에 대하여 성경은 "여덟째 왕이니 일곱 중에 속한 자"(계17:11)라고 하였으니 왕은 개인일 수밖에 없다. 그런데 사람들은 일곱 머리를 로마에 있는 일곱 능선, 또는 악했던 일곱 황제 등으로 잘못 해석해 왔었다.

문제는 그러한 잘못으로 인하여 시대를 바로 보지 못하게 만들었고, 항상 로마라는 범주에서 벗어나지 못하였다는 점이다. 그램스 전략에서 세계를 장악하기 위해서 절대적으로 요구되는 것은 대군정책이었다.

이 전략은 1인 독재체제를 구축하기 시작하는데 한몫을 하였다. 이처럼 1인 독재를 위해 독일도 이탈리아도 일본도 소련도 그램스 전략으로 세계를 지배하려 했으나 그 목표를 이루지 못하고 많은 생명만 빼앗았다. 모든 나라들이 세계를 장악하기 위해 몸 밖에서 전략을 찾으려 했으나 모두 실패하였다.

그러나 미국은 한스 그람이 찾았다는 인간의 몸 세포를 연구하고 개발하게 되는데 이것이 유전자의 근본이었다. 선진국들은 이것을 '새 그램스 전략'이라고 부른다. 새 그램스 전략은 신세계질서전략으로 발전하게 하였고, 이 전략은 컴퓨터를 이용하여 인간을 지배하는 가장 손쉬운 방법으로 발전시켰다.

현대과학의 발달은 컴퓨터를 만들어냈고, 컴퓨터를 이용하여 생체측정법으로 염색체에 연결시켜서 인간의 생각과 말과 행동을 지배하는 기법까지 발달했다. 인간의 세포와 피부 사이에 칩을 넣어서 사람의 움직임과 대화, 그리고 생각까지 모니터에 나타내서 조정하는 기법은 오래전부터 열 뿔의 역할을 하는 외교협의회에서 새 그램스 전략(New Gram's Strategy)으로 추진시키고 있다.

여덟째 나타난 짐승

"전에 있었다가 시방 없어진 짐승은 여덟째 왕이니 일곱 중에 속한 자라."(계17:11)

사람들은 세계정부통치자(적그리스도)를 유럽에서 나타난다고 말하지만, 성경은 여덟째 나타나는 짐승은 열뿔에서 나타난다고 말하지 아니하고, 세계정부를 움직이는 일곱 머리에 속하였던 여덟째 왕이라고 명시하고 있다. 일곱에 속한 자는 소련의 레닌이 일곱 독재자에 속했으나 G7에 가입되지 못했기 때문에 나타나지 않은 것이다(계17:11).

그 소련이 경제타격으로 쓰러질(죽어갈) 때 하나님을 대적하는 사회주의 사상도 함께 힘을 잃고 죽게 되었었다가 러시아라는 이름으로 바꾸어서 다시 살아났다.(계13:12). 이것이 나타나면 여덟째 왕인데 일곱에 속했던 자라고 명시하고 있다(계17:11). G7에 참석하지 못했던 러시아가 G7에 참석하므로 G8이 된 것이다. 이것을 여덟째 왕이란 뜻이다.

"천 년이 차매 사단이 그 옥에서 놓여 나와서 땅의 사방 백성, 곧 곡과 마곡을 미혹하고 모아서 싸움을 붙이리니 그 수가 바다 모래 같으리라."(계20:8)

마곡($μαγωγ$)의 원조는 노아의 셋째아들 야벳의 이름에서 유래된다(창10;1). 그리고 곡($Γωγ$)의 원조는 르우벤 지파 사람의 이름에서 유래된다(대상5:4). 그 후에 지명으로 불러지는 곡은 "마곡 땅에 있는 메섹과 두발 왕에게로(겔38:2, 39:2)"에서 두 지명이 나온다. 오늘의 러시아 수도 모스크바(Moscow)는 '마곡($μαγωγ$)'에서 온 말이다.

곡('$Γωγ$)'은 흑해주변에 위치하는 나라들이다. 히브리어 '로스(אראש)'와 헬라어 땅이라는 '게($γή$)'의 합성어가 '로스케'다 이것 이 소련 이전에 불러지던 러시아의 지명이다. 그 후에 다시 소련으로 바꾸었고, 소련에서 러시아로 이름이 바꾸어진 역사를 가지고 있다.

앞에서 독재자들의 뒤를 이은 러시아가 여덟째 나타나는 왕으로서 일곱째에 속한 것과, 마곡과 곡의 전쟁 등으로 미루어 볼 때 흑해 주변에서 세계정부통치자가 나올 가능성이 매우 높다. 이것이 새 사회주의에서 마지막 통치자가 나타날 것으로 성경에 기록되어 있다.

따라서 세계정부통치자가 EU 또는 신흥 로마에서 나온다는 범주에서 벗어나야 이 시대를 볼 수 있을 것이다. 이는 짐승에게 있는 일곱 머리는 60년 전에 세상에 나타났으므로 지금 우리는 세계정부를 위해 신세계질서정책이 어느 정점까지 진행되고 있음을 알 수 있다.

전에 일곱에 속했던 레닌의 독재가 없어진 러시아가 여덟째로 다시 나타나서 잠시 동안 계속할 자라 하였다. 신세계질서정책에서 일곱 머리가 행하는 일에 대하여 카터행정부 안보고문이었던 지비그뉴 브르제진스키는 다음과 같이 미래를 설명하였다.[11]

1. 사회는 과거 사회주의자들이 반드시 실현하려던 기본계획대로 그 실체로 등장 되고 있는 중대한 분기점에서 따르지 않을 수 없게 될 것이다. (A community of developed nations must eventually be former socialist if the world is to respond effectively serious crises.)

지난날 사단은 사회주의체제로 세상을 장악하려다 실패했었지만 지금도 그 계획은 변함없이 진행되고 있고. 사단이 다시 세상을 장악하려는 오늘의 시점에서 모든 나라는 따르지 않을 수 없게 하고 있다. 사단은 세계주의자들을 이용하는데 이것이 신세계질서정책이라고 한다.

2. 세계를 두 시대 사이로 연결시켜주는 고리 역할은 미국과 일본과 서유럽뿐이다. (World initially link between two ages only the United States, Japan and West Europe.)

서유럽(EU)이라는 말은 영국, 프랑스, 독일, 이탈리아. 네 나라를 말한다. 이 네 나라와 미국, 캐나다, 일본 등 일곱 나라를 G7이라 한다. 이들이 세계를 두 시대 사이를 연결시킨다는 '두 시대' 와 '사이' 는 다음과 같다.

1) 두 시대(Two Age)
   다국적(Multinational)과 단일정부(One world government)
   자유주의(Liberalism)와 새로운 사회주의(New Socialism)
   하나님을 향한 경배(Worship to God)와 사단을 향한 경배(Worship to Satan)

2) 사이(Between)
   개별 국가가 없어지는 사이.
   자유주가 없어지는 사이.
   하나님을 향한 예배가 없어지는 사이.

지혜가 있다는 뜻은 G7나라 통치자들의 머리에서 세계정부를 만드는 지혜가 나온다는 말이다. 이것이 짐승의 일곱 머리라는 G7이다. 그런데 지금까지는 로마에 있는 일곱 능선, 또는 악했던 일곱 황제 등으로 잘못 해석해 왔었다. 문제는 그러한 잘못으로 인하여 시대를 바로 보지 못하게 눈이 가리워져서 항상 로마라는 범주에서 떠나지 못한다는 점이다.

열 뿔과 외교협의회

"내가 보니 바다에서 한 짐승이 나오는데 뿔이 열이요. 머리가 일곱이라"(계13:1)

　마지막 성경인 요한계시록에 짐승, 붉은 용, 일곱 머리, 열 뿔, 등은 지난날에는 그때 당시의 정황들로 묘사되었다. 그러나 지금은 시기적으로나 여러 면에서 종말적인 현상들이 나타나고 있으므로 지금 세계정부주의자들이 적 그리스도정부를 만들기 위해 어떤 음모를 꾸미고 있는가를 알아야 된다. 지금 어두움의 세력에 잡혀 있는 세계주의자들이 무엇을 추진시키고 있는가? 세계정부를 만들기 위하여[12]

1) 정치통합을 시킨다.
2) 경제통합을 위해서는 무역관세협정으로서, 금융정책을 활용하고 있다. 지금은 세계무역기구로 바꾸어졌다.
3) 종교통합을 위하여 단일종교를 만들었다.
4) 군사통합을 위하여 유엔평화유지군 정책을 활용하고 있다.

　이러한 종합적인 정책을 원활하게 추진하기 위해 국제형사재판소를 설치하고 법적으로 구속력을 행사하도록 하였다. 이러한 것 중에서 가장 핵심적인 것에서 중요한 부분만이라도 알아두는 것이 좋을 것이다. 열 뿔에 대하여 EU가 10개국이 될 때 EU가 열 뿔이라고 말했으나 지금은 27개국으로 확장되었고 더 늘어날 것이다. 이렇게 말하면 시대주의자라 말할지 모르겠으나 성경은 마지막 때를 알려면 "시대를 분별하라(마16:3. 눅12:56)"하였으므로 시대적인 상황에서 열 뿔이 무엇인가를 찾아야 한다.

세계정부사회의 폭넓은 개념에서 21세기를 뒤돌아 보면, 그 설립의 원조는 미국의 은밀한 조직인 '외교협의회'에 이르게 된다. 협의회의 시작은 1차 세계대전으로 인한 회의에서 자연적으로 발달되었다. 1917년 뉴욕에서 '에드워드 맨델 하우스(Edward Mandel. House)' 대령은 우드로 윌슨 대통령의 핵심 참모였고, 사람들을 만나서 100여 가지 두드러진 전후문제를 함께 논의하였다. [13]

세계주의자들은 나라들 사이에서 자연스럽게 경제장벽을 없애자며, 총체적인 나라들의 연합체가 형성되려면 평등한 무역의 조건이 이루어져야 한다고 하였다. 1919년 5월 30일, 하우스 대령은 미국대표로서 혼자 파리의 화려한 호텔에서 있었던 평화회의에 참석하여 미국에서 '영국의 왕실국제연구소(Royal Institute of International Affair)'의 지부를 만들 것을 결심하였다.

따라서 외교협의회는 영국의 왕실국제연구소 지부로 된 것이다. 세계주의자들은 이 연구소를 단일세계정부 쪽으로 나아가기로 하고 공개적으로 의견을 모았다. 외교협의회는 1921년 7월 29일, 하우스 대령이 우드로 윌슨 대통령을 고문으로 앉히고 시작됐다.

그는 1919년 프랑스 파리회의 후에 작업을 시작하여 1921년에 설립하였다. 하우스의 사상은 독일의 '칼 하인릭 마르크스(Karl Heinrich Mark: 1818-1883)'가 주창했던 사회주의 사상을 이어받은 사람이다. [14] 외교협의회 본부는 58 East 68 Street. New York, New York. 10021에 있다.

1921년에 설립된 CFR의 본부 58 E. 68th Street New York City

Edward M. House (1858.7.26-1938.3.28)

Woodrow Wilson (1856.12.28-1924.2.3)

Barry M. Goldwater (1909.1.2-1998.5.29)

1921년 7월 21일에 영국왕실 국제연구소 미국지부가 시작된 것이 외교협의회이다. 새로 만들어진 외교협의회 설립조항에 명시된 2장에는 외교협의회 회의에 관한 세부내용은 누설치 못하게 했으며, 누구든지 외교협의회 규정을 위반하는 사람을 회원에서 제명시키는 것은 외교협의회의 은밀한 비밀을 유지시키기 위함이라 했다.

밀접하게 일했던 CIA국장들엔 알렌 둘스를 시작으로 외교협의회 회원들에는, 리차드 헬음스(Richard Helms)를 포함하여 윌리엄 콜비(William Colby), 조지 부시(George Bush), 윌리엄 웹스터(William Webster), 제임스 우세이(James Woolsey), 존 도이치(John Deutsch), 그리고 윌리엄 캐이시(William Casey). 등이다.

CIA에 관한 많은 연구자들의 주장은 사실, 그들의 봉사는 무력에 대한 보안으로 미국만의 조직이 아니라 외교협의회 친구들, 친척들과 협동적인 단체들의 형제를 보호한다.

외교협의회를 연구하는 제임스는, '기독교인들은 그리스도의 왕국과 악을 위한 단일정부 사이에서 날카로운 생존적인 전쟁에서 엄청난 싸움을 해야 될 것'으로 전망했다. 주목할 것은 많은

'미국사람들은 기성권력기구와 오래전부터 전해오는 성경, 둘 사이에서 어느 한 편을 택할 것인지 싸워야 할 것'이다.

외교협의회를 설립하는데 적극적이고 재정지원을 아끼지 않았던 사람들은 이 조직에서 중추적인 역할을 담당하게 했다. 그들은 록펠러(Rockefeller), J.P. 몰간(J.P. Morgan), 데이비드 버나드 바루치(David Bernard Baruch), 폴 발부르그(Paul Warburg), 오토 켄(Otto Kehn), 재콥 쉽프(Jacob Shiff), 등이다.

하우스(House)는 영국이 1799년에 조직하여 식민정책으로써 세계를 장악하고 200년 동안 대영제국으로 일어서게 했던 영국왕실 국제연구소 정책의 전례를 표방하여 미국으로 하여금 영국과 함께 세계를 장악하기 위해 설립한 조직체가 외교협의회이다. [15]

세계정부를 위한 신세계질서 작업은 1921년부터 시작되었다. 그렇다면 짐승의 머리에 있는 열 뿔은 이때부터 나타났다고 보아야 된다. 하우스(House)는 프랭크린 루즈벨트 대통령을 앞세우고 1,500여 명의 동조자들과 조직을 확대시켰다.

그 후 31대 대통령이었던 허버트 후버행정부가 시작되던 1929년부터 본격적으로 활동하였다. '데비 키드(Devvy Kidd)'가 쓴 책 "미국은 왜 망하는가?"와 외교협의회 문서와 1998년에 발간한 '4대 행정부 정치와 지배(Political dominance 4-Administration 1998년)' 세 곳에서 외교협의회 설립에 대하여 다음과 같이 기록하고 있다.

외교협의회의 설립목적은 세계를 단일화시키는 데 있다고 외교협의회의 문서에 "이 뜻은 지배를 위하여 미디어를 통하여 설립한다(It means control establishment on media)"라고 했다. [16]

MEDIA는 고대영어에서는 왕국이라는 뜻을 담고 있다. 그러면 어떤 왕국을 설립하여 지배하려 하는가? 외교협의회 설립문서에 따르면 영국의 왕실국제연구소의 미주 태평양지부 격으로 단일세계정부를 만들기 위해 설립했다고 하였다.

1) 1979년 상원의원 베리 골드워터의 '사과할 수 없다(With No Apologies)' 126페이지에서, "미국 외교협의회는 영국왕실 국제연구소 태평양지부 역할로서 나라와 경계선을 없애고 단일정부체제를 위해 설립한 것이다"[17] 라고 하였다.

시작할 때 민주주의와 사회주의방식 중에서 어느 것을 택하느냐는 논쟁이 있었지만 세계를 하나로 만들려면 사람, 물건, 건물, 재산, 사람의 지능까지 장악하기 위한 통제가 따라야 되는 것이다. 사회주의방식 외에는 다른 방법이 없다고 결론을 내렸다. 그렇게 하기 위해서 개인의 소유나 재산을 인정하지 못하도록 하였다. 그리고 세계정부태동을 위해 만든 제도가 신세계질서이다.

"내가 보니 바다에서 한 짐승이 나오는데 뿔이 열이요"(계13:1)

신세계질서정책은 지구를 10 지역으로 나누어서 단일정부를 만들고 있는 외교협의회가 짐승의 열 뿔의 역할이다.

대부분이 EU를 열 뿔로 인식해 왔었다. EU는 한 지역일 뿐이지 지구 전체를 움직이는 조직은 아니다. EU는 세계정부를 만드는 데 요구되는 경제질서를 담당하고 있을 뿐이다.

그리고 지금의 EU는 27개국으로 그 숫자는 늘어났고, 앞으로도 더 많은 나라들이 가입하게 된다. 그렇다면 EU가 열 뿔이라는 인식은 설득을 얻을 수 없다. EU가 아니라면 다른 무엇이 있어야 된다. 외교협의회가 10 지역으로 나누고 책임국가를 정했다.[18]

제 1지역 : 북미주   제 5지역 : 서유럽(구 자유주의 권)
제 2지역 : 중남미(라틴어 권)   제 6지역 : 동유럽 (구 사회주의 권)
제 3지역 : 서태평양과 일본   제 7지역 : 중동(모슬렘, 아랍권)
제 4지역 : 대양주   제 8지역 : 중앙아프리카
제 9지역 : 아시아(히말라야 산맥남부)   제 10지역 : 중앙아시아(히말라야 북)

열 뿔의 분담과 책임국가

"저희가 한 뜻을 가지고 저희의 권력과 권세를 짐승에게 주더라."(계17:13)

제 1지역 = 신세계 정치질서 (New world political order) : 미국
제 2지역 = 신세계 농업질서 (New world agricultural order) : 칠리
제 3지역 = 신세계 교육질서 (New world educational order) : 일본
제 4지역 = 신세계 환경질서 (New world environmental order) : 호주
제 5지역 = 신세계 경제질서 (New world economical order) : EU(영,불,독,이)
제 6지역 = 신세계 노동질서 (New world labor order) : 폴란드
제 7지역 = 신세계 에너지질서 (New world energy order) : 아랍연합(UAE)
제 8지역 = 신세계 사회질서 (New world social order) : 남아공
제 9지역 = 신세계 통신질서 (New world communication order) : 인도
제 10지역 = 신세계 산업질서 (New world industrial order) : 카자흐스탄

성경에서 마지막 징조를 말할 때, 시대를 분별하라 하였다(마 16:3. 눅12:56). 오늘이라는 시대적인 세계정부구조를 볼 때 과거의 해석에 집착할 수 없다. 1921년에 열 뿔이 나타났는데도 지엽적인 EU를 열 뿔로 정해놓은 것은 비진리가 되겠기 때문이다. 그런데도 계속 그것을 주장한다면 거짓 가르침으로 나타나게 될 것이다.

"네가 보던 열 뿔은 열 왕이니 아직 나라를 얻지 못하였으나 다만 짐승으로부터 임금처럼 권세를 1시 동안 받으리라."(계17:12)

열 뿔은 열 왕이라 하였으므로 왕은 개인이므로 지난날 EU 10개국이 열 뿔이라는 해석은 잘못이다. 지구의 10 지역에서 책임국가 통치자는 분할 받은 지역에서 임금처럼 힘을 가진다. 그러나 나라는 얻지 못하고 주님이 오실 때까지 막강한 힘으로 세계정부를 만드는 중추적인 역할을 하는 것이다. 이러한 권력을 받은 것은 외교협의회를 만들 당시에 정했고 또한 일곱 머리인 G7에서 그것을 자기들끼리 나누어 가졌다.

전 연방하원의원 데비 키드의 '왜 미국은 망하는가? 30페이지와 1972년 닉슨 대통령 행정명령 제11,647호[19]와 아메리칸 오피니언이 발행한 "1929~1997년 사이 빛과 어두움 대조"는 - 세계가 새로운 10 지역으로 나누어지는 지역에 미국의 50개 주에서 선거관리인으로 임명하고 임명된 사람들로서 각 지역을 관리하게 한다. - 라고 하였다.

이 뜻은 신세계질서정책에서 지구를 10 지역으로 나누어서 세계정부를 만들고, 지역정부(현재의 나라들 간의 경계선을 없애고 각 나라는 지역정부로 성격으로 바꾸게 됨)[20]의 책임자 등 관리를 선거할 때 미국의 50주에서 파견하여 관리하게 한다는 뜻이다.

지구정부를 만들기 위한 신세계질서정책을 보면 외교협의회에서 활동하는 사람들은 미국에만 4,000여 명이 넘는다. 상하원의원의 입법부 정치인들의 전원과, 사법부의 헌법재판소, 대법원, 고등법원, 법률연구기관의 전 현직 판사들이 참여한다.

금융가에서는 세계은행장 등 27개의 큼직한 은행총수들이 포함되었다. 43개 대형 증권회사, 투자기관 그리고 보험회사 등 80여 금융기관들이 활약한다. 미디어 부문에서는 13개 TV방송사, 라디오 방송사들과 20개의 출판사 총수들이 활약한다.[21]

삼각통치

"큰 성이 세 갈래로 갈라지고 만국의 성들도 무너지니…."(계 16:19)

성경에 근거하면 인류가 있기 전부터 어두움이 하나님을 대적하면서 시작됐다고 일렀으되 "땅이 혼돈하고 공허하며 흑암이 깊음 위에 있고(창1:2)"라는 뜻은 하나님께서 루시퍼를 음부에 가둘 때 일어났던 사건이라고도 한다. 여기에 대하여 예레미야는 "내가 땅을 본즉 혼돈하고 공허했다.(렘4:23)"라고 하였다.

그 결과에 대하여 이사야는 "너 아침의 아들 계명성이여 어찌 그리 하늘에서 떨어졌으며 너 열국을 엎은 자여 어찌 그리 땅에 찍혔는고"(사14:12)라고 저주를 설명하였다. 이러한 말씀에 근거할 때 어두움의 권세에 사로잡힌 인류가 세계를 하나로 만들려는 시도는 신약시대 이전에도 많았다. 이스라엘 주변의 강대국들은 오늘까지 이어지는 가장 중요한 기준이 된다.

강대국들은 '이집트, 바벨론, 메대, 앗수르, 헬라., 로마' 등은 하나님의 백성을 장악하려 했던 역사였다. 예수님 시대에도 하나님의 백성을 장악하기 위해 예수님을 십자가에 달아서 죽였다. 어두움이 그렇게 한 것은 아담 때에 빼앗은 인류를 하나님의 나라인 본향으로 돌아가지 못하게 하려는 것이었다고 성경에서 말한다.

"세계를 황무케 하며, 성읍을 파괴하며, 사로잡힌 자를 그 집으로 놓아 보내지 않던 자가 아니뇨 하리로다."(사14:17)

1. 신세계질서의 변천

신세계질서라는 단어가 주는 의미는 하나님을 대적하기 위해 어두움이 추진하는 일로 보면 된다. 강대국들에 의해 진행되고 있는 신세계질서가 무엇이며 누가 무엇 때문에 진행시키고 있는가? 그들의 조직과 음모에 대하여 하나님께서 어떻게 말씀하셨는지 성경을 조명으로 신세계질서의 시대의 변천(Transition)부터 보아야 한다. 사도 바울이 쓴 에베소서에 보면 하나님께서 인류를 창조하실 때 예수 그리스도 안에서 선한 일, 곧 영혼구원 사업을 위해 만드셨다고 기록하고 있다.

그래서 사람은 예수를 믿으면 구원을 받게 되고, 믿지 않으면 구원을 받을 수 없는 것이다. 그리고 예수를 주구로 믿는 사람은 누구나 다 성령으로 거듭나야 되고 이렇게 거듭난 무리를 거룩한 성도, 곧 교회라 한다. 이 교회가 하나님의 비밀인 영혼구원사업을 위해 경륜이라는 예배모임을 통하여 하나님 뜻을 배우도록 하는 것이다. 그러한 공로를 인정되는 성도들에게 하늘의 신령한 복으로 주시기 위해 하나님의 아들로 삼게 된다.

그런데 이사야는 사단이 인류를 하나님의 아들들이 되지 못하게 하고 나아가서 본향으로 돌아가지 못하게 한다고 하였다. 또한 세계를 황무케 만들고 성읍으로 일컫는 모든 나라를 파괴한다 하였는데, 신세계질서라는 정책으로 세계정부를 만드는 증거가 교회에 박해가 있었던 사도의 시대를 볼 수 있다. 어두움은 사람을 매개체로 사용하여 교회를 박해하는 것이다.

어두움의 세력이 하나님을 대적하기 위해 하나님의 백성들을 장악하려 했던 대표적인 사건들은 사도행전에 기록되어 있다. 교부시대와 중세 때에도 그러한 사건들은 끊임없이 이어졌다. 그 후에 일어난 사건들은 짐승의 일곱 머리의 근원인 독재체제였으며 전략적인 명칭을 그램스 전략이라 한다.[22] 어두움은 아무나 쓰지 않는다.

하나님의 말씀으로 크게 쓰임 받는 종들이나, 가르치는 학자들을 미혹시켜서 자기 도구로 쓴다. 철학, 사회과학, 혁명주의, 개혁에 전념하는 사람들을 미혹시킨다. 그 증거가 독일에서 철학자요 사회과학자요 혁명주의 교수였던 칼 마르크스다.[23] 그는 사도행전을 철학과 개혁으로 바꾸었고, 그의 철학을 받은 레닌이 소련을 사회주의로 만들게 했다. 마귀는 그를 자기도구로 삼은 데 그의 지식을 사용했다는 점이다.

이탈리아, 러시아(구소련), 독일, 일본, 프랑스, 영국, 스페인,

등의 통치자들이 마르크스사상에 그램스 전략을 접목시켜서 세계를 장악하려 했었다. 이러한 나라들에 앞서 유럽에서는 아프리카와 남미, 그리고 아시아지역으로 발판을 넓혔던 시기가 있었다. 스페인, 포르투갈은 남미 쪽으로 힘을 넓힐 때 해적행위를 했었다. 같은 무렵에 덴마크는 북쪽의 거대한 그린란드 섬 하나로 끝냈고, 네덜란드는 아프리카까지 세력을 넓혀갔다.

영국은 아프리카와 아시아까지 세력을 확장시켰는데 이 모든 사건들이 세계를 하나로 만들려던 어두움의 음모였다는 사실이다. 강대국들이 서로 앞 다투면서 영토를 넓일 때, 마르크스 사상에 심취됐던 레닌은 동구권과 중국 그리고 북한에까지 그 세력을 확장시켰던 것도 단일정부정책으로 이루러던 것이다. 1차 세계대전이나 2차 세계대전도 단일정부를 위한 전쟁이었고 3차 전쟁으로 일컫는 아마겟돈 전쟁도 어두움의 세력이 펼치는 마지막 싸움이 될 것이라고 성경은 경고한다.

강대국들이 대군정책인 그램스 전략으로 세계를 장악하려 했으나 모두 실패했다. 이러한 실패를 반복하지 않으려고 영국은 왕실국제연구소와 미국은 외교협의회라는 두 조직체가 연합으로 세계를 장악하기 위해 진행시키는 것이 신세계질서다.[24]

그러나 여기에 포함되지 못하는 다른 강대국들의 반발을 잠재우고 협조를 끌어들이기 위해 경제선진 7개국이나, 북대서양조약기구 같은 조직들이 만들어진 것이다. 어두움은 이것으로도 만족하지 못하자 지역(Bloc)마다 다른 이름의 조직을 형성시켰는데 이러한 모든 조직이 세계를 하나로 만들기 위함이기에 신세계질서라는 단어에는 많은 국제기구들과 그들이 지향하고 있는 정책을 하나로 모아서 그들의 움직임을 보면 지금이 어느 경점인지를 알게 된다.

　강대국들의 횡포에 저항하며 일어나는 군소 국가들도 그들의 나름대로 주변국과 연합해서 지역조직을 확대시키는 것을 관장하기 위해 만들어진 조직이 유엔이다. 그 후로는 모든 조직은 유엔 산하기구로 등록시키면서 유엔이 단일정부를 만드는 일에 몸통 역할을 하도록 했던 것이다. 그래서 유엔이 하나님을 대적하는 짐승의 몸통이 되는 것이다.

　그리고 모든 국제기구들은 유엔에 등록되었기에 참람된 이름들이 짐승에게 가득하다고 성경은 설명하고 있다. 여러 형태로 일어나는 국제기구들이 하나의 목적으로 지향하게 하기 위해 조직된 것이 삼각통치[25]와 우상을 만드는 사람들(Bilderberger)이 나타나게 된 것이다. 외교협의회에서 세계정부를 위한 청사진을 만들고 그것을 모든 나라가 따르도록 삼각통치에서 대륙과 10 지역에 반영시켜서 뜻을 규합한 것을 G7에서 결정하여 유엔에 넘기게 된다.

　그러므로 우리는 유엔, 삼각통치, 외교협의회, 무역관세협정, 단일종교회, 빌더베르그, 국제형사재판소, 같은 국제조직의 움직임을 관찰해야 잠자는 영혼을 일깨울 수 있게 된다.

2. 기독교를 죽이는 정책

David Rockefeller, Sr.
(1915.6.12~)

Zbigniew Brzezinski
(1928.3.28~)

Devvy Kidd

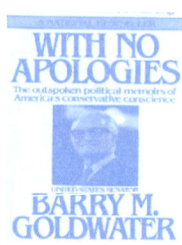
책 With No Apologies
Barry M. Goldwater

1972년 3월, 체이스 맨하탄은행 회장이며 외교협의회 의장 데이비드 록펠러가 지비그뉴 브르제진스키가 쓴 '두 시대 사이'라는 글을 읽고 외교협의회가 추진시키고 있는 세계정부 태동에 힘을 보태기 위해 1973년에 삼각통치를 만들었다.

345 East 46th가, 뉴욕시, 뉴욕 주. 10019. Suit #711에 있는 삼각통치는 세계를 셋으로 분류시켜서 서유럽은 유럽과 아프리카를 전담하게 하고, 일본은 아시아와 대양주를 전담하게 하고, 북미는 남·북미 대륙을 각각 담당하는 셋으로 나누어 놓은 것이 큰 성이 셋으로 갈라짐이다.

데비 키드가 쓴 책 '미국은 왜 망하는가?'의 29페이지에서 신세계질서의 음모를 지적하였다. [26] 상원의원이었던 베리 골드워더의 책 '사과할 수 없다(With No Apologies)' 293페이지에서 삼각통치가 기독교를 말살시키려는 정책에 주목해야 된다.

1) 삼각통치는 유엔과 무역관세협정과 외교협의회 등의 정책을

조정하며 방향설정이 설립목적이다. [27] (TC control overall and advising on UN, GATT and CFR purposes.)

   데이비드 록펠러가 삼각통치를 설립하면서 '설립목적'에 명시된 내용의 첫 번째이다. 여기서 관찰해야 할 내용은 유엔은 국제적으로 절대적인 영향력을 행사하는 최고의 기구라는 것이다. 무역관세협정은 오늘에는 세계무역기구로서 그 누구도 주관할 수 없는 기구다. 그런데 1974년에 나타난 삼각통치를 설립한 목적 중에 하나가 셋의 정책을 조정하고, 그 정책의 방향을 제시하는 것이라 하였다. 정책을 조정한다면 무역문제나 유엔이 진행하는 모든 일들이 세계주의자들이 원하는 방향대로 이끌고 있다는 뜻이다. 그리고 방향을 제시한다면 그 방향은 신세계질서 정책대로 모든 나라들이 따르도록 하는 것이다.

   여기서 우리는 우리가 살고 있는 어떤 지역의 한 부분만을 생각할 것이 아니라 시야를 세계로 넓혀야 앞으로 다가올 환경에서 이길 수 있게 된다. 그 환경은 환난이라는 말로 설명할 수 없는 때를 말하는 것이다. 그것은 앞의 여러 곳에서 설명한 바와 같이 조직적으로 사회의 모든 환경으로 좁혀지고 있기 때문이다. 그것은 당연히 베리칩을 활용하기 때문이다. 그렇다면 데이비드 록펠러의 다음에 한 말에 대하여 좀 더 숙고해 보아야 한다.

   2) 삼각통치는 국제적으로 모든 나라들의 통상과 은행들을 장악하기 위해 미국정부로 하여금 직접 개입하여 합병 또는 조정(퇴출)하도록 한다. 삼각통치 회원들은 기술적으로 정치, 금융, 지능과 기독교의 성직, 능 4가지의 중심권을 장악하기 위해 통폐합의

조정을 해야 한다.[28]

(The Trilateral Commission is international and intended to be the vehicle for multinational consolidation of the commercial and banking interests by seizing control of the political government of the United States. The Trilateral Commission represents a skillful, coordinated effort to seize control and consolidate the four centers of power political, monetary, intellectual and ecclesiastical)

지난 IMF 사건은 금융권 장악에 숨겨진 일이었다. 몸에 넣어지는 짐승의 표는 지능장악에 숨겨진 비밀이다. 그리고 중요한 것은 기독교 지도자들인 목사를 장악한다는 점이다. 장악방법은 단일종교회를 만들고 성직자를 임명할 때 신세계종교질서 정책에 따르도록 하는 것이다. 여기서 기독교를 죽이는 정책은 목사임명을 유엔으로부터 공인을 받게 하는 정책이다. 여기서 교회는 666 짐승의 표를 피할 수 없게 될 것이라고 하였다.

엑클레시아스티칼(Ecclesiastical)은 다른 종교지도자에게 적용되는 단어가 아니라 기독교지도자인 목사와 사제에게 적용되는 단어다.[29] 주의 종들을 장악하려는 무리들이 큰 바벨론이라 하였다. 교회가 단일종교회에 가입함으로 인하여 단일종교회에서 유엔의 이름으로 목사들에게 임명장이 주어지도록 하였기 때문이다.

1995년 4월 3일 자 발행된 뉴 아메리칸(The New American) 43페이지와 '제단 위의 자유(Freedom on the Altar)' 185~188페이지는 유엔으로부터 임명장을 받게 될 때 교회의 지도자는 유엔헌장에 충성할 것을 맹세하고 신세계종교질서 정책에 따라야 한다고 하였다.[30] 그리고 성도들에게는 짐승의 표를 받도록 강요하며, 하나님의 말씀인 성경을 가르치지 못하고 유엔헌장에 명시된 세계정부통치자의 강령만을 가르쳐야 하므로 '종교는 반드시 죽는다 (Religion must die)' [31]고 경고하였다.

"자칭 선지자라 하는 여자 이세벨을 네가 용납함이니 그가 내 종들을 가르쳐 꾀어 음행하게 하고 우상의 제물을 먹게하는도다."(계2:20) 교회가 단일종교회에 가입한 것은 어두움과 짝하는 음행이다. 그리고 우상 제물을 먹음이 사단의 사상을 받아 드림을 말한다. 그렇게 하는 것이 세대의 흐름을 쫓아간다고 하겠지만 그러나 이것은 바다에서 나오는 짐승의 한 사람이 되는 것이다. 성직이 장악당하면 교단이나 신학교가 인정될 것인가? 유엔이 바라는 것은 하나의 종교뿐이다.

따라서 어떤 종파나 교단, 그리고 신학교는 인정되지 않을 것이다. 개인의 소유가 인정받지 못하는 상황에서 교단이 설립해 놓은 신학교는 더더욱 인정할 수 없는 것은 '뉴 아메리칸' 1997년 특별기고 12페이지에서 신세계질서 정책에서 설명하고 있다. 또한 데이비드 록펠러가 지비그뉴 브르제진스키의 사상을 받고 외교협의회가 추진하는 세계정부태동에 힘을 보태기 위해 1973년에 삼각통치를 만들고 공개한 세 가지 전망에서 다음과 같이 말하고 있다.

3. 큰 성 바벨론의 음모

1) 세계번영과 평화를 관장하며 국제적인 조직이 있어야 하고,

(International commission for peace and prosperity,) [32]

세계의 번영과 평화를 주장하며 국제적인 조직이 유엔인데, 무엇 때문에 삼각통치라는 국제적인 조직체가 필요한가? 그것도 최고기구인 유엔의 정책까지 조율하거나 조정하겠다는 의도는 무엇일까? 세계를 하나의 정부로 만들어서 지배하려는 비밀이다.

2) 모든 사조직 단체들이 안고 있는 계획들의 최우선 순위를 해결하기 위해 국제적으로 이 문제들을 처리하고, 새로운 사회로 접근하려면 대내적인 문제와 외국 간의 문제점을 연구해서 배우도록 전달해야 한다.[33]

(Private organization whose prime objective would be the bring the best brains in the world to bear on the problems of the future. This organization would examine the interrelationship between domestic and foreign preoccupations, study new approaches to the transfer of social technologies and hopeful come up with fresh insight on how deal with common problem.)

새롭게 접근하려는 사회라는 의미는 무엇인가? 그 사회는 세계정부사회일 것이고, 기독교를 죽이는 사회가 될 것이다. 그리고 모든 사람들이 세계정부의 통치를 받도록 하는 공산주의방식이 될 것이다. 공산(共産)이란 무엇인가? 모든 재산을 서로 나누어서 평등하게 갖자는 것이다. 이러한 체제는 마르크스 엥겔스가 체계화시키고 레닌, 스탈린 등이 생산수단을 사회적 공유를 만들었던 전례가 있다. 지금 여러 곳에서 대기업을 쪼개거나 재산을 사회에 헌납하라는 소리들이 바로 새로운 사회로 접근하려는 하나일 수도 있다.

3) 대서양국가들과 일본에서 비밀을 지키는 30~40명의 집행위원을 구성하여 신실하고 참신한 두뇌들로 정책의 기초를 만들어서 자국과 이웃나라들이 이 목적에 따르도록 해야 한다.[34]

(A governing board of 30~40 leading private citizens, drawn from the Atlantic Alliance nations and Japan. The objective of this brain trust would be noting less the to rebuild the conceptual frame work of foreign and domestic polices.)

30~40명의 집행위원들과 두뇌들은 G7 국가에서 뽑았다.(이홍구 전 총리도 46명중에 속한다).[35] 그리고 그들이 세계정부정책의 기초를 만들어서 G7에 넘겨준다. 넘겨받은 것을 검토하고 지구상의 모든 나라들이 이 목적에 따르게 한다는 것이다. 그들이 말하는 정책이란 무엇인가? 세계정부, 곧 적그리스도정부를 말한다고 1974년에 윌리엄 노르맨(William Norman)이 '제단 위의 자유(Freedom on the Altar)'에서 공개했다. 삼각통치 사이트에 공개된 현재의 집행위원은 46명이며 그들의 두뇌들로 세계정부정책을 만들고 있다고 한다. 남북 미주위원에는 미국이 8명, 캐나다가 멕시코가 각각 1명, 총 10명이다.

유럽위원에는 영국 3명, 프랑스 2명, 스페인 2명, 독일 3명, 벨기에 2명, 그리고 포르투갈, 아일랜드, 체코, 루마니아, 스웨덴,

헝가리, 핀란드, 노르웨이, 네덜란드, 룩셈브르그, 오스트리아 이탈리아, 덴마크, 불가리아, 에스토니아, 키프로스, 그리스가 각각 1명씩, 총 29명이다. 아시아 태평양위원에는 일본이 4명, 호주, 한국, 인도네시아가 각각 1명씩 총 7명이며 모두 46명이다.

  1973년 7월, 데이비드 록펠러에 의해 삼각통치가 설립되었다. 지금 우리는 합병작업이 어떻게 되는지 다 알 수 있고, 그것이 잠정적으로 어떠한 영향을 주게 되며, 누가 배후에서 관장하는지 알 수 있다. 이 조직(삼각통치)의 배후에는 지구상 모든 나라로부터 모든 사람들로 구성되어있다. 그리고 이 조직에는 많은 전직대통령들이 회원이었으며 여러 정책에서 삼각통치에 관여해 왔었다. 어떤 사람들이 삼각통치에 대하여 알기로는 그것은 비밀정부를 만드는 두뇌집단이라고 인식하고 있을 뿐이지 구체적으로는 알지 못한다.

4. 삼각통치 회원국과 한국인 회원

  삼각통치는 세계를 셋으로 분류시켜서 세계정부를 만드는 조직이다. 서유럽(EU)은 유럽과 아프리카를 전담하게 하고, 일본은 아시아와 대양주를 전담하게 하고, 북미(North America)는 남, 북미 대륙을 각각 담당하는 셋으로 나누어 놓은 것이 큰 성이 세 갈래로 갈라짐이라고 설명하였다. 처음 삼각통치가 시작될 때의 계획은 각 지역에서 같은 비율의 회원을 배당하기로 하였다.

  1980년에 그 수는 빠르게 증가하였고, 회원을 늘려야 했다. 따라서 참석하는 회원국도 증가되었다.

　유럽그룹: 오스트리아, 벨기에, 체친 공화국, 덴마크, 이스토니아, 핀란드, 프랑스, 독일, 그리스, 헝가리, 아일랜드, 이탈리아, 노르웨이, 폴란드, 포르투갈, 싸이프루 공화국, 슬로베니아, 스페인, 네덜란드, 영국, 등에서 180명의 회원이다.

　북미주 그룹: 캐나다 20명, 멕시코 13명, 그리고 미국이 87명, 모두 120명이다.

　아시아 태평양 그룹: 2000년, 일본의 회원은 85명이었으나, 조직을 태평양 아시아 그룹으로 확대시키면서 일본이 57명, 한국이 15명, 호주와 뉴질랜드가 8명, 기존의 5개국(인도네시아, 말레이시아, 필리핀, 싱가포르, 태국)에서 16명, 모두 96명이다. 그리고 새로 포함되는 나라들은 중국, 홍콩, 대만이 포함된다.

　15명의 한국인 회원에는 김경원(전 주 미대사, 전 주 유엔대사), 김기환(골드 싹스 국제고문, 전 주 미대사), 구 John(LS 케이블 회장), 류진로(풍산그룹 회장), 사공일(전 재무장관), 이경숙(숙명여대 총장), 이신화(고대 교수), 이재용(삼성전자 부회장), 이홍구(전 총리, 전 주 미국, 영국대사), 정몽준(국회의원, 국제축구연맹 부회장), 조석래(효성 그룹회장), 한승주(현 삼각통치 태평양 아시아지역 부의장, 전 주 미대사), 현재현(동양그룹 회장) 현홍주(전 미국, 유엔대사), 홍석현(중앙일보 사주, 전 주 미대사) 등이며, 한승주는 태평양 아시아지역 부의장이다.

　그리고 서경배(태평양아모레(화장품)그룹회장), 이인호(명지대 교수, 전 주 핀란드, 러시아 대사), 둘은 빠지고 이신화(고대 교수)가 추가되어 15명은 그대로 유지된다.[36]

2003년 4월 11~14일, 서울 신라호텔에서 "새로운 아시아 태평양지역 전열을 향하여(Toward New Pacific Asia Regional Order)"라는 주제로 삼각통치 서울총회가 있었다. 당시 노무현 대통령은 "정치적인 사회와 경제"를 주제로 메시지를 전달했다. 이 총회에 참석했던 사람은 노무현(당시 대통령), 홍석현(중앙일보 사주), 사공일(전 재무장관), 한승주(전 미국 대사) 등이라고 2003년 삼각통치 서울총회(2003 Plenary in Seoul, Korea) 보고서에 기록되어있다.[37]

2003년 9월 22~27일, 한국에서 두 번째 삼각통치 모임은 삼성동에 있는 인터콘티넨털에서 있었다.

총회모임의 코드 "ISOIEJTCIS36NO523"로 제56회 삼각통치 서울총회는 "지구관리와 위상과 삼각통치의 운영을 위한 지역구조를 높이다.(Global Governance, Enhancing, Trilateral Commission Operation Heave Construction Region)"이었다.[38] 그리고 46명의 상임임원 중에는 이홍구 전 총리라고 2003년 제56회 삼각통치 Seoul Forum Korea 보고에 기록되어있다.

이런 사회가 반드시 온다

세계정부를 태동시키는데 주역을 담당했던 지비뉴 브르제진스키의 논문 '두 시대 사이'는 삼각통치를 만드는데 결정적인 뿌리가 되었다. 록펠러재단의 총수인 데이비드 록펠러의 마음을 움직이는데 큰 영향을 끼친 '두 시대 사이'는 세계의 모든 인류가 주목해야 할 내용들이다.

데이비드 록펠러는 1970년, 콜롬비아대학 교수로 있던 지비뉴 브르제진스키의 글을 읽고 1972년에 삼각통치라는 조직을 만든 지비뉴 브르제진스키의 '두 시대 사이'에 대하여 다음과 같이 말한다.

1) 사회는 과거 반드시 실천하려던 하나의 세계를 이루겠다는 계획대로 점점 그 실체로 등장 되고 있으므로 중대한 위기에서 따르지 않을 수 없게 될 것이다. [39]

(A community of developed nations must eventually be formed it the world is to respond effectively to increasingly serious crises.)

따르지 않을 수 없는 실체란 무엇을 말하는가? 먼저 세계정부를 만들기 위한 신세계질서 정책이다. 이것이 먼저 나온 짐승이다. 그러나 모든 나라들이 이 정책에 따르지 않으므로 인해 정책 자체가 유명무실하게 되었다. 그리고 땅에서 올라오는 다른 짐승은 강한 힘으로 성도들을 제압시키게 되는데 이것이 짐승의 이름이라는 666표다. 이 표가 없으면 살 수 없는 시대가 되는 실체로 등장하게 된다는 뜻이다.

2) 선진국에 의해 만들어지는 지역에서는 어떤 제도적인 표현이 요구될 것이다. [40]

(The emerging community of developed nations would require some institutional expression)

새로 만들어지는 지역은 무엇을 의미하며, 새로 나타나는 제도는 무엇을 의미하는가? 신세계질서로 만들어지는 지역이란 지구

10지역이다. 제도적인 표현에서 제도는 세계정부제도다. 그리고 표현은 국가라는 명칭은 없어지고 총독부 또는 유사한 명칭을 말한다. 그러기에 베리 골드워터는 "나라의 경계선이 흔적도 없어질 것으로 믿는다(believes national boundaries should be obliterated)"라고[41] 설명하였다.

3) 창설하지 않으면 안 되는 기구는 높은 차원이고 독립적이고 세계적인 자문협의체가 될 것이고, 영구적으로 지원할 제도적인 장치가 되는 협의체는 두 시대 사이를 연결시키는 첫 고리 역할에는 미국과 일본과 서유럽이다.[42]

(A high-level consultative council for global cooperation [along with] some permanent supporting machinery to provide to these consultants. Although the council would initially link only the United States, Japan and West Europe.)

어째서 미국, 일본과 서유럽이 두 시대 사이를 연결시켜주는 주역들이라 하는가? 세계를 움직이는 나라들이 G7국가들이다. 미국과 캐나다는 북(North)자만 빼면 아메리카다. 일본은 아시아와 대양주에서 유일하게 G7에 가입된 나라다. 그리고 서유럽이라는 뜻은 영국, 프랑스, 독일, 이탈리아, 네 나라를 일컫는 말이 서유럽이다. 결국은 G7이 두 시대 사이를 연결시키는 역할을 한다는 말이며, 일곱 나라(머리)가 세계정부를 만드는 주역이란 말이다.

4) 마침내 진보적인 유럽 공산국가들도 참여하게 될 것이며, 참여하는 나라들이 늘어나게 될 때에 독립심이 강하거나 마음대로

하려는 나라들도 간접적으로 묶어둘 수 있게 된다. 그들은 벌써 한계점을 인식하고 함께 참여하므로 결과는 새로운 사회의 통치권을 행사하는 것이다. [43]

(Embrace the Atlantic states[and]the more advanced European communist states participating nations would grow increasingly interdependent through variety of indirect ties and already developing limitations on national sovereignty.)

유럽 공산국가들도 세계정부제도에 참여하고 있으며 그 수가 늘어남은 지금 EU에 가입된 숫자가 계속적으로 늘어남을 말한다. 사실 이들 나라들은 공산주의에서 자본주의로 바꾸어졌고 이들을 간접적으로 묶어둘 수 있는 장치는 IMF 등을 통한 금융제재조치였다. 그리고 새로운 사회의 통치권은 세계정부통치권을 말한다.

5) 인간은 성숙한 생명을 유지하려고 창조적인 재연의 활동을 전개하는 것은 인간이 승리했다고 확신하기 위한 것이다. [44]

(Represents a further vital creative stage in the maturing of man's universal vision. A victory of reason over belief.)

성숙된 생명을 무엇으로 연장시킬 수 있는가? 128개 DNA-코드가 들어 있는 베리칩이다. 이 문제는 1997년으로 거슬러 올라간다. 당시에는 인간유전자 코드라고 하였다. 1997년 7월에 대통령 클린턴은 유전자부호 128개를 완성했을 때를 세기의 날로 선포했다. 통산부장관이었던 노르맨 미네타(Norman Mineta)가 대통령에게 보고하였고 대통령은 Applied Digital Solutions회사 최고경영자 리처드 실리반(Richard Sullivan)에게 그것을 베리칩 캡슐에 들어가는 Digital Angel® 고유번호 16-코드와 함께 DNA 128-코드를 포함(Inclusion)시키라고 지시했고 그대로 이루어졌다.

성경에서 경고하는 내용은 지난날의 사건도 아니요, 먼 훗날에 일어날 사건도 아니다. 바로 우리들이 살고 있는 이 세대에서 일어날 사건들이다. 이 내용은 어떤 사람이 만들어 낸 학설도 아니다. 이 내용은 이미 우리들 사회에 나타났고 또 진행되고 공개된 내용을 성경에 조명한 것이다. 미국의회 하원의원이었던 데비 키드(Devvy Kidd)는 '미국은 왜 망하는가?' 와,[45] 1997년 뉴 아메리칸(New American) 특별기고에서[46] 신세계질서 정책으로 세계정부가 실시되면 네 가지를 주목하라 하였다.

"하나님이 자기 뜻대로 할 마음을 저희에게 주사 한 뜻을 이루게 하시고 저희 나라를 짐승에게 주게 하시되 하나님의 말씀이 응하기까지 하심이니라."(계17:17)

1. 생활이 기준치에 미치지 못할 것이고 세계정부는 재물의 재분배를 강요하고, 생활에서 엄격한 제재를 받게 될 것이다.[47]

(Rather than improve the standard of living for other nations, world government will means a forced redistribution of all wealth and a sharp reduction in the standard of living for,)라고 하였다.

이 내용은 요한계시록 13장 17절의 말씀이 이루어지는 부분이다.

그때는 사람들이 아무리 원해도 생활은 누구나 다 균등해 질 것이다. 그렇게 했던 과거 사회주의 나라들에서 이러한 실례를 볼 수 있다. 지금도 북한 같은 나라에서 생활이 엄격한 규제를 받고 있다. 앞으로 세계정부가 실시되면 모든 나라는 배급제와 생활의 모든 면에서 규제를 받게 될 것이다. 근래에 와서 사람들이 외치는 "양극화해소" "평준화"도 여기에 해당된다.

2. "엄격한 규제가 일반화될 것이다. 더 이상 자유로운 이동을 제한시킬 것이며, 예배의 자유가 없으며, 개인의 소유권이 인정되지 않으며, 언론과 출판의 자유가 없게 될 것이다.[48]

(Strict regimentation will become commonplace. There will no longer be any freedom of movement, freedom of worship, private property right, free speech, or the right to publish.)"

"죽임을 당한 어린양의 생명책에 녹명되지 못하고 이 땅에 사는 자들은 다 짐승에게 경배하리라."(계13:8)

요한계시록 13장 8절의 말씀이 이루어지는 부분이다. 예배는 세계정부가 인정하는 장소에서만 가능하다. 그것도 유엔헌장인 세계정부통치자의 강령만을 가르쳐야 된다. 설교하는 지도자도 짐승의 표를 받은 사람만이 강단에 설 수 있다. TV, 라디오, 신문은 물론이고 교회에서 설교하는 것까지 통제를 받아야 된다. 출판을 제한시키게 되므로 언론의 자유가 없다는 뜻이다.

이 문제는 연방비상사태관리청(Federal Emergency Management Agency)법에서 '정부정책에 부정하도록 유도하는 기사로서 시민을 선동하는 일부 언론인과 미디어를 체포하게 된다.'라고 한 것이 이와 무관하지 않다는 것이다.

3. 세계정부가 실시되면, 이 거룩한 나라에는 또 다른 악몽 같은 사회주의 체제로서 개인적인 모든 생산은 인정되지 않으며, 구매관계도 신세계정부 방침에 따라야 할 것이다. [49]

(World government will means that this once glorious land of opportunity will become another socialistic nightmare where no amount of effort will produce just reward.)

"누구든지 이 표를 가진 자 외에는 매매를 못 하게 하니,"(계13:16)
여기에 대하여 월드 넷 데일리(World Net Daily) 저자 줄리 포스터(Julie Foster)는 '기독교인들은 반드시 읽어야 된다' 는 기사에서 ADS 최고경영자 실리반(Sullivan) 박사에게 반문한 내용이다. 이 칩은 사람들로 하여금 '미운 물건'을 받도록 하는 것이다. 이것은 정부가 얽어매는 것과 그것을 받도록 강요하는 것과는 다를 것이다. 그래서 성경에 이른 것처럼 "누구나 이 표가 없이는 살 수도 팔 수도 없다."라고 하였다.

이 세계정부사회의 구성원이 되기 위해 이 칩을 받는 것이 강요된다면 당신은 어떻게 살 수 있는가? 이 칩을 받으라고 강요한다면 당신은 직장을 그만둘 수 있겠는가? 이 칩이 없어서 물건을 살 수 없다면 자신의 먹을 것을 어떻게 구하겠는가? 이 칩이 없으므로 운전면허증을 받을 수 없다면 자전거를 타고 다니겠는가? 만약 집을 살 수 없다면 숲 속에서 살겠는가? 또는 아파트를 얻을 수 없다면 어떻게 하겠는가? 라고 하였다.

4. 세계질서는 누구든지 세계정부가 실시하는 강제적인 다스림을 받아야 되며, 따르지 아니할 때에는 과거 소련의 공산당이 크

렘린광장에서 했던 것처럼 될 것이다. [50]

(World order will be enforced by agents of the world government in the same way that agents of the Kremlin used to enforce their rule throughout the former Soviet Union.)

"저가 권세를 받아 그 짐승의 우상에게 생기를 주어 그 우상에게 경배하지 아니하는 자는 몇이든지 다 죽이게 하더라."(계 13:15)

요한계시록 13장 15절 말씀이 이루어지는 부분이다. 신세계정부는 모든 자를 처벌 하도록 헌장에 명시하고 있다. 1998년 7월 17일 로마에서 120개국이라는 절대다수로 만들어진 국제형사재판소 법이라고 하였다. 그리고 1992년12월1일, 조지 부시(George H. Bush) 대통령이 "내가 볼 때 앞으로 지구에서 평화를 유지시키려면 유엔에서 신세계질서를 담당해야 된다. 그리고 모든 사람들은 마음으로 신에게 맹세하는 원리처럼 유엔헌장에 충성하도록 해야 될 것"이다.[51]라고 유엔에서 설명하였다.

앞으로 사람들이 마음으로 신에게 맹세하는 원리처럼 결국 유엔헌장에 충성하려면 하나님을 떠나야 하고, 그들이 강요하는 칩을 받아야 된다. 또한 교회강단에 유엔기(미운 물건)를 들려놓아야 한다. 목사는 자신부터 짐승의 표를 받고 베리칩 안에 128개 유전자 코드가 있는데도 없다고 신자들에게 속이고 몸에 그것을 넣게 해야 될 환경이 올 것이다.

4. 인간 유전자와 베리칩(VERICHIP)

　강대국들은 '그램스 전략(Gram's Strategy)'으로 세계를 지배하려고 했으나 실패하였다. 그러나 미국은 그들처럼 몸 밖에서 찾으려고 연구한 것이 아니라, 덴마크 사람 '한스 그람'이 체계화시킨 염색체 이론을 1960년대부터 연구하기 시작했다.

　미국은 국가차원으로 에너지자원부가 지원하면서 마지막으로 사업자로 선정된 회사에서 개발한 것이 12자리 바코드에서 16-코드로 발전시킨 바이오 코드이다. 그리고 다른 한 가지는 사람의 세포를 조율하는 128□DNA 코드이다.

　유전자정보지에 따르면 이제까지 수 만개의 유전자가 발견되었으며 각 유전자의 성격이 규명되었다고 한다. 인간이란 바로 유전자의 상호작용에 의해서 형성된 존재라 한다. 인간은 '디옥시리보핵산(Deoxyribo nucleic acid-DNA)'으로 되어 있다. DNA는 한 개의 단백질이 수천 개씩 합쳐서 세포의 조직과 기관을 이루어서 마침내 인간이란 몸 전체의 조직을 이룬다고 한다.

　사람의 몸은 30억 개의 세포(Cell)로 이루어져 있다. 세포 안에는 세포핵(細胞核)이 있고, 그 안에는 유전정보를 담은 염색체(Chromosome)가 있다. 염색체 속에 일정한 순서로 배열되어 실 모양으로 꼬여진 염색사(染色 絲)를 유전자(Deoxyribonucleic acid)라고 하였다.[1] 이러한 유전자 하나하나에 핵산이 있고, 핵산이 모여진 것을 염색체라 하는데 염색체는 유전자의 염기배열에 의해 결정된다고 한다.

인간 유전자(DNA)

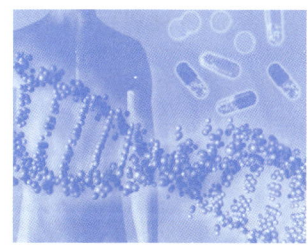

Human Genome

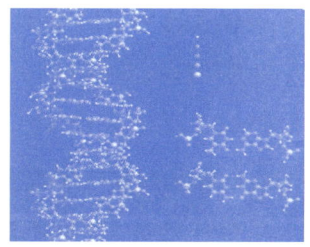

Deoxyribo nucleic acid(DNA)

인간의 DNA를 구성하는 DNA 염기는 아데닌(Adenine A), 시토신(Cytosine C), 구아닌 (Guanine G), 티민(Thymine T) 등 네 종류로 분류된다. 단일염기변이(Single nucleotide polymorphisms-SNP) 300만 개는 각기 그 형성에 따라 A, C, G, T로 분류되고, 매개마다 번호를 붙였다. 이렇게 붙여진 번호가 A, C, G, T 중에서 각기 짝을 찾는 것을 인간유전자부호(Human Genome 코드 또는 DNA-코드)라고 하였다.[2] DNA 300만 개를 확인하고 조율하는 128개 DNA

코드가 일련번호(16자리 코드)와 함께 캡슐에 들어 있다.

그러므로 칩이라는 캡슐 자체가 코드가 아니다. 캡슐에는 128개 DNA 코드와 위치추적을 하는 16자리 디지털엔젤 코드이다. 따라서 128-DNA 코드는 세포 코드를 바꾸어줌으로 병을 고치는 데 쓰인다. 16-Code는 위성과 연결하여 추적하는 역할이다. 그렇다면 어느 것으로 사람의 병을 치료하는가? 16자리 코드인가? 아니다. 128개 DNA 코드로 병을 치료한다. 베리칩은 사람의 육신을 총괄하도록 만들어진 것이다. 그런데 사람들은 베리칩이라는 캡슐에 사람의 모든 정보가 들어 있는 줄로 알고 있다. 베리칩이라는 캡슐에는 16Code와 128 DNA code 만이 들어 있다. 사람의 모든 건강정보나 신원정보 등의 정보는 데이터베이스에 들어있을 뿐이다.

염색체의 1조(Trillion)에 해당되는 DNA는 인간 몸에서 분열되는 세포핵산의 염색체이상(異狀)으로 일어나는 매 유전자의 성분을 코드화시킨 것을 '인간유전자지도'라고 하였다. 인간유전자 속에 있는 유전자 대부분은 다른 유전자의 작용을 조절하여주는 일을 하는 것으로 밝혀졌다. 이렇게 연구된 유전자는 앞으로 몸에 대하여 혁명적 지식을 갖게 되며, 획기적인 유전공학의 산업화가 이루어질 것이라는 점이다.

세포의 DNA는 99.9%가 동물과 모든 사람의 것과 똑같다고 한다. 그리고 0.1%가 동물과 코드는 다르고 사람 간에도 서로 다른데 이것이 개개인의 특성을 결정한다고 한다. 30억 개의 유전 가운데서 3백만 개의 암호가 개성, 재능, 병, 등에 대한 반응을 나타낸다는 것이다. 발표된 내용은 3백만 개의 유전자의 매 유전자 하나하나를 코드화시킨 것이 '인간유전자지도'[3]라고 발표하였다.

그러므로 인간이 어떠한 병이 발병하더라도 이 코드에 의하여 치료하게 된다. 따라서 인간의 수명연장은 물론이고 임신 중에 있는 태아의 개성이나, 성별 등 자신이 원하는 대로 바꿀 수도 있다는 것이다. 나아가서 노쇠현상을 가져다주는 유전자를 바꾸어서 젊게도 할 수 있게 된다는 것이다. 물론 이러한 과정까지는 시간이 필요하겠지만 획기적인 유전자공학의 개가라고 하였다.

그러나 이러한 유전자공학으로만 볼 때는 인간에게 유익만 주는 것이 아니라는 점에 주목해야 한다. 선한 목적에서는 앞의 말대로 사회와 인류에게 획기적인 변화와 아울러서 좋은 면이 많다고 하게 된다. 그러나 세계주의자들은 이것을 역으로 악한 방법으로 이용한다는 사실이다. 일찍이 미국은 에너지자원부의 지원으로 그램스 전략으로 수십 년 동안 연구하고 개발한 결과가 유전자지도이다. 인간유전자에 대하여 이해하려면 그램스 전략에 기초하여 대군정책으로 마르크스의 역사, 경제, 사회, 철학에 그램스 방법을 접목시켜서 추진하였던 새그램스 전략을 알아야 한다.

디지털 엔젤(DIGITAL ANGEL™)

에너지 자원부의 지원을 받은 여러 회사 중에서 마지막으로 선정된 회사가 디스트론 히어링(Destron Fearing Corp)[4]이다. 이 회사는 1945년에 설립되었으며 샌 파울 미네소다에서 1960년 후반부터 60여 명의 연구원들이 동물과 사람에게 임상실험을 거쳐서 완성한 제품이 캡슐에 넣어진 16-Digital 코드이다.

그런데 디지털 엔젤회사가 디스트론 히어링 회사를 합병시키고 1995년 1월 10일에 베리칩 특허신청서를 접수시켜서 1997년 5월 13일에 베리칩은 특허 제5,629,678번[5]을 받았다. 특허신청을 접수시키고 특허를 받을 때 서류에는 칩을 베리칩으로 신청했을 뿐만 아니라 식약청에서 허가서를 발행할 때 이것(베리칩)을 사람의 몸에 넣고 시중에 팔도록(Implantable human body and sell to) 허가하였다.

특허를 받을 때 신청서에 명시된 내용은 베리칩을 사람의 몸에 넣고 모니터로 탐지하기 위함(The device also can monitor certain biological functions of the human body and send a distress signal to monitoring facility when it detects a medical emergence.)이라고 기록에 남겨져 있다.

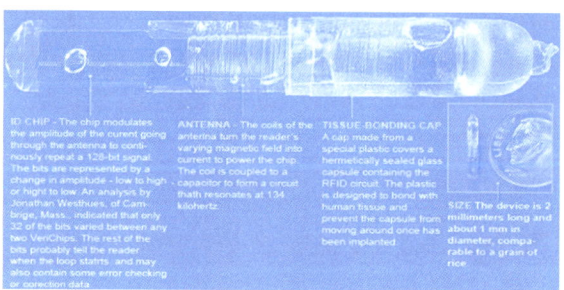

16-Digital Angel(고유번호)와
128-DNA-Code가 들어있는 베리칩

1999년 12월 10일에 플로리다 팜 비치(Florida Palm beach)에 있는 어프라이드 디지탈 솔루션(Applied Digital Solution)이라는 회사

는 디지털 엔젤회사의 생산제품인 16-Digital Angel 독점사용 계약을 체결하였다. 베리칩이 완성되던 2000년 6월 26일, 선진국에서 연구하여 왔던 프로젝트 중에서 미국은 지난 수십 년 동안 에너지자원부가 지원하면서 이 부분에 상당한 투자로 사람 몸에 있는 인간유전자의 근본 뿌리에서 찾아낸 것이 인간유전자코드라고 하였다. 베리칩은 사람의 몸에 넣어서 추적하는 것과, 사물에 붙여서 추적하는 것으로 나누어진다. 크기는 다섯 종류가 있다.

TXRB00 Rumen Bolus 65mm x 21mm 80g : 최초로 동물에게 실험한 것
TXUM00 Umbilical Implant 65mm x 9.8mm 8.65g : 두 번째로 동물에게 실험한 것
TX-1415-B 23mm x 3.83mm 0.68g : 사람에게 실험한 것(128 DNA-Code가 없음)
TX-1410-B 18mm x 3.00mm 0.35g : 사람에게 실험한 것(128 DNA-Code가 없음)
TX-1400-B 12mm x 2mm 023g : 사람에게 넣는 것(128 DNA-Code가 들어 있음)

전류 : 134.2 kHz
온도 유지 : -25c ~ +50c

앞의 네 종류는 추적을 위한 16-코드만 들어 있고 DNA-코드는 없다. 그러나 마지막에 나온 제일 작은 제품인 TX-1400-B 12mm x 2mm 023g는 16-코드와 함께 캡슐에 넣어져서 추적과 아울러 사람의 병을 치유하는 칩이다.

그러므로 유전자 코드가 없다고 말하는 사람들은 앞의 네 가지를 말하고, DNA-코드가 들어 있다고 말하는 것은 제일 작은 것이기 때문에 유전자 코드가 들어 있느냐 없느냐 하는 논쟁이 생기는 것이다. 그러나 캠브리지 대학 칩 분석자 요나단 웨스튜[6]는

베리칩을 분석한 결과를 다음과 같이 발표하였다.

크기에서 외형의 길이는 12mm이고 둘레의 직경은 2mm로서 전체가 쌀알보다 약간 길다고 하였다. 캡슐은 특수플라스틱으로 만들어진 캡슐 안에는 사람의 몸에 넣었을 때 근육에서 움직이지 않도록 밀폐시켜서 막혔다. 안테나는 아주 가느다란 자석철로 열전류를 감아서 한 쌍이 되도록 하였다.

이렇게 감겨진 코일은 울러 퍼지는 소리를 전파하기 위해 전기용량을 134.2 킬로헤르츠(1000 사이클과 같은 kHz)으로 구성되어 있다. 신분 칩은 끊임없는 변화를 계속하여 안테나로 발사거리를 연결해서 움직임을 주는 16-코드 사이에서 함께 있는 DNA-128개 코드 중 32개만이 다른 변화를 보여주고 있다. 그리고 나머지 코드들은 회로가 시작될 때 리더(reader)에게 알릴 것이고, 또한 어떤 결점이나 조사와 날짜를 조정하고 있다고 분석하였다. 분석가의 검증결과는 베리칩이라는 캡슐에는 안테나와 열전류와 16-코드와 DNA--128개의 코드로 이뤄진 칩을 Device라고 하였다.

캡슐 안에 들어 있는 16-디지털 엔젤은 칩의 고유번호로서 위치확인위성을 통해서 지상통제소, 그리고 스캐너로서 확인하고 추적하는 역할을 한다. 128-DNA 코드는 염기 활동을 확인하고 조율해서 병을 치유하는 역할을 함으로 베리칩으로 사람의 유전자를 바꾸게 한다. 생산회사 부사장 발톤(Balton)박사는 2002년 3월 11일 Times와 인터뷰에서 '베리칩은 조작이 불가능하므로 인체에 넣어지면 그(사람)는 칩에 의존해야 된다.'라고 하였다. 여기서 '전자기술에 의존해야 된다.'라는 문맥을 살펴보면 인간이

로봇이 된다는 결론이다. 그래서 칩이 짐승의 표라는 것을 분명하게 알리는 내용이라는 결론을 얻게 되는 것이다.

썰모 라이프(THERMO LIFE)

2001년 11월 12일, 어프라이드 디지탈 솔루션(Applied Digital Solutions)회사는 '썰모 라이프'를 캡슐에 넣어서 열전류를 유지시키기 위해 설립한 회사이다. 자회사로 어드밴스 파워 솔루션(Advanced Power Solution)[7]으로 붙였다. 썰모 라이프를 캡슐에 넣어서 사람 몸의 열로 작동되는 열전류(然電流)를 개발한 제품이며 가장 작으면서도 큰 에너지 원천 전류로 피부 속에 넣어서 그 사람의 생명이 유지되는 동안까지 영구히 작동하게 하는 축전지전류를 공급하는 제품이다.

어드밴스 파워 솔루션(Advanced Power Solutions)는 꾸준한 연구와 개발로 마이크로기술 장치로서 축전지 썰모 라이프(Thermo Life)를 만들었다. 그것은 새롭고 독특하면서 아주 작은 저전력(底電力) 열전발전기(LPTG)와 같은 마이크로센서 시스템과 Zig Bee 칩 세트를 이용하는 제품이다. 이것은 몸에 넣는 칩이나 RFID 태그와 같은 낮은 전력장치에 에너지를 공급하는 근원이다. 이 기술은 온도 차이나 환경에 상관없이 항상 출력전력을 만들어냈다. 아주 낮은 온도 차이로 온도의 에너지소스를 제공하는 기술이다. 캡슐에 들어 있는 이 축전지가 어드밴스 파워 솔루션(Advanced Power Solutions)회사가 공급하는 썰모 라이프(Thermo Life)이다.

어프라이드 디지털 솔루션(APPLIED DIGITAL SOLUTIONS)

썰모 라이프(Thermo Life)는[8] 미동하는 힘의 원천과 강한 감지기 장치로서 조기경보 작동에 중점을 두고 있고, 그것들을 지원할 수 있는 포괄적인 정보처리 자료기술을 다루고 있다. 최첨단 무선의 각 개체를 통해서 이 회사는 안전에 관한 자료수집과 가치가 있는 정보의 추가, 지능 등 복잡한 자료배분 체제를 연구하고 개발했다.

그것이 40년간 연구하고 개발한 128-DNA 코드이다. 128-DNA 코드를 16-코드와 함께 캡슐에 넣도록 클린턴 대통령에게 건의한 사람이 통상부장관 노르맨 미네타였다. [9] 그는 14살 때 미국으로 귀화한 일본사람이다. 미네타는 부시 행정부에서는 교통부장관과, 클린턴행정부에서는 통상장관을 역임한 사람이다. 그의 건의를 받고 ADS사의 최고경영자 리처드 실리반(Richard J. Sullivan)박사에게 베리칩 캡슐에 128-DNA 코드를 넣으라고 지시해서 넣게 되었는데 이것을 미네타 인클루션(Mineta inclusion)이라 하였다. [10]

1999년 12월 15일에 어프라이드 디지탈 솔루션(Applied Digital Solutions)에서 "세계에서 처음으로 사람에게 칩을 넣어서(Acquires Right to World's First Digital Device Implantable Humans)" 전자사업과 사업의 보안, 건강문제와 위치확인과 재판의 공정성 등을 가져오게 만들었다고 발표하였다. ADS사는 인터넷을 통하여 사람의 몸에 넣어서 신원과 함께 의료와 보안, 그리고 응급상황 등 여러 용도로 쓰이도록 아주 작게 만들어진 제품을 소개하였다.

어프라이드 디지탈 솔루션(Applied Digital Solutions)이 개발한 아주 작은 제품으로 이것을 베리칩이라고 하였다. 이 제품은 의료와 응급과 보안, 그리고 추적에 사용된다고 하였다.

2001년 12월 19일, 미국의 남쪽 플로리다 팜비치에 있는 어프라이드 디지탈 솔루션(Applied Digital Solutions)회사가 나스닥 주식에 상장시키면서 베리칩을 공개하였다. 발표에 앞서 9·11사건이 (2001년 9월 11일, 테러공격으로 무역센터 건물이 무너지던 날) 일어난 즉시 연방코드 규칙을 실행하기로 한 것이다.[11]

다시 말하면 정부가 베리칩에 대한 정보를 공개한 것이 되는데 그 이유는 인간의 몸에 넣어지는 베리칩이 미국정부 에너지자원부가 40년간 지원해서 만든 제품이기 때문이다.

2002년 4월 4일에 식품의약청은 몸에 넣는 칩에 대하여 "칩을 넣음을 밝힘(Clears Implantable Chip)"때, 회사는 컴퓨터 ID칩을 팔아도 된다(to begin selling a chip)라고 하였고, 사람의 피부 속에 넣어도 된다[12](that can be embedded beneath people's skin)라고 하였다. 베리칩을 시중에 팔고 몸에 넣도록 허가한 식품의약청은 '베리칩만이 사람에게 넣도록 인가하였다.[13] (VeriChip was the only Food and Drug Administration approved Human-implantable microchip)'

그리고 이후에 ADS(어플라이드 디지탈 솔루션 약자)회사는 '이것을 시장에서 확실한 증명(It was marketed by Positive-ID)이라고 상표의 이름을 바꾸었다.[14] 또한 이 칩을 몸에 넣을 부위를 오른팔 어깨관절 아래에서부터 팔꿈치 중간[15](the shoulder and elbow area of an individual's right arm)에 넣도록 하였다.

안테나 코일(ANTENNA COIL)

캡슐에 넣어서 GPS로 연결해서 송수신을 원활하게 연결시켜주는 코일을 개발해서 캡슐에 넣도록 한 회사가 장거리 통신사 'AT&T'에서 만든 제품이다.

이렇게 위치추적과 확인을 위한 디지털 엔젤(Digital Angel™)이라는 16-코드와, 에너지 원천 전류로 피부 속에 넣어서 영구토록 작동하게 하는 썰모 라이프(Thermo Life)라는 축전지와, 사람의 세포를 조율하는 128-DNA 코드와, 안테나 역할인 코일, 4가지 제품을 캡슐에 넣어서 완성시킨 것이 베리칩이다.[16] 그리고 총괄회사인 어프라이드 디지탈 솔루션(Applied Digital Solutions)회사가 베리칩을 사람 몸에 넣어서 세포를 조율하며 추적하고 감시할 수 있다고 발표하는 내용들은 다음과 같은 근거가 있기 때문이다.

첫째 근거는, 1933년 5월 27일에 제정한 정보보호법 시행령 27A와, 1934년 6월 6일에 수정한 시행령 21E에서 모든 정보를 공유하도록 했다. 따라서 1995년 9월 30일에 수정한 기업커뮤니케이션의 수정규정에 따라 개인의 몸에 칩을 넣어서 그 사람의 신상정보를 공유할 수 있도록 했기 때문이다.[17]

둘째 근거는. 2004년 10월 13일에 식품의약청은 사람의 몸에 베리칩을 넣고 판매해도 된다고 허가하였다. 그리고 식품의약규정 519조에서는 사람의 몸에 칩을 넣도록 된 조항과, 시술조항 시행령 21에 있는 미국코드 360i이 수술규정에 따라 사람의 몸에 넣어도 된다[18]는 법적 근거가 있기 때문이다.

베리칩이라는 캡슐에 넣어진 16자리 코드는 사용자가 링크를 이용하여 데이터베이스에 입력되어있는 개인신상정보와 의료기록과 다른 정보에 접근하게 된다. 칩을 넣는 진행과정은 의사 사무실에서 부분만 마취하고 시행하도록(insertion procedure is performed under local anesthetic in a physician's office) 하였다. 2004년 10월 13일, 식약청에서 베리칩을 사람 몸에 넣고 시중에 판매해도 된다고 허락했고 또한 2005년 12월 30일, 어프라이드 디지탈 솔루션(Applied Digital Solutions)사는 본사에서 직접 판매하는 것에서 플로리다 딜레이 비치(Florida Delay beach)에 베리칩 유통회사를 설립하여 2006년 1월 10일부터 '판매시장 확장'[19]을 시작한다고 설명하였다.

2009년 11월 10일, 어프라이드 디지탈 솔루션(Applied Digital Solutions)본사가 베리칩 북미주유통회사와 IBM 자회사인 스틸 볼트(Steel Vault)회사와 합병하여 설립한 회사의 이름을 확실한 신분(Positive-ID)이라고 하였다. [20] 지난날 베리칩 유통회사는 유통시장을 북미주에만 국한하였다.

그러나 식품의약청으로부터 사람의 몸에 넣어도 된다는 베리칩의 이름을 '확실한 신분' 으로 바꾸어서 유통시장을 세계로 넓힌 것이 합병한 Positive-ID(확실한 신분) 회사이다. 합병된 Positive-ID 회사와 소비자 서비스청(Agency)은 소비자의 소비지출에 초점을 두라고 합병목적을 설명하였다. 이 뜻은 누구든지 확실한 신분이 있어야 가계에서 물건을 살 수 있다는 뜻이다.

5. 디지털 통합(digital Inclusion)의 비밀

Norman Yoshio Mineta

2000년 9월 26일, 미국연방통상부사이트(www.doc.gov)에 따르면 미국통상부장관 노르맨 미네타(Norman Yoshio Mineta)가 디지탈 인클류션(Digital Inclusion) 훈련프로그램을 [1] 시찰하기 위해 마이애미를 방문했다는 제목으로 다음과 같이 설명하고 있다.

워싱턴 DC의 고위자들에게 eBay 온라인 양성프로그램의 다리역할을 하는 통상부장관 미네타의 디지털 인클류션(Digital Inclusion) 훈련프로그램은 미국 전역에서 이루어지고 있다.

마이애미(Miami) 북쪽에 있는 고위지도자인터넷 수강센터에서 미네타는 인터넷접속의 중요성과 그들이 이 첨단기술을 배우는 것에 대하여 격려하는 연설을 하였다. 미네타는 고위자들이 인터넷을 가까이하므로 많은 유익이 있다고 하였다. 그가 부언하기를 가족들이나 친구들과 더 빠르고 쉬운 방법으로 대화가 가능하다고 했다.

사람들은 프로그램센터를 둘러보면서 미네타 장관과 eBay의 CEO 메그 화이트맨(Meg Whitman)은 컴퓨터교실을 방문했고, 수련생들과 디지털 디바이스(Device-칩을 말함) 프로그램에 대해 알려주었다. 이 아이디어는 누구나 쉽게 접근할 수 있도록 만든 것이 디지털 디바이스(Digital device)이다. 후일에 이 프로그램을 클린턴 장관에게 제안한 사람이 미네타의 아이디어라고 하여 미네타 인클류션(Mineta Inclusion)라 부르게 된 것[2]이라고 하였다.

통상부장관 노르맨 미네타가 마이애미 방문으로부터 돌아와서 베리칩 캡슐에 16자리 코드와 새로 개발한 128-DNA 코드를 함께 넣을 것을 클린턴 대통령에게 건의했다. 클린턴은 그것을 베리칩회사의 최고경영자 리처드 실리반(Richard Sullivan) 박사에게 지시해서 128-DNA 코드가 16-코드와 함께 캡슐에 넣어지게 되었다. 이것을 미네타 인크류션(Mineta inclusion)이라고 한다. 미네타 인크류션이라는 말의 숨은 뜻은 128-DNA 코드를 16-코드와 함께 넣어짐이라는 뜻이라 한다.

베리칩회사의 최고경영자 리처드 실리반(Richard Shullivan)은 미래에 대하여 미네타 장관의 역할을 강조하였다. 미네타 장관은 공적-사적영역 사이에서 베리칩회사는 아주 효과적인 회사일뿐만 아니라, 한 걸음 더 나아갈 수 있는 동기를 부여했다고 하였다. 그 동기에 대하여 실리반은 미네타장관이 베리칩회사에 방문한 것은 중요한 원인 중의 하나가 공동이익을 위함이라고 하였다.

또한 실리반은 128-DNA 코드를 16-코드와 함께 넣어지는 중요한 부분에 ADS와 연방정부가 새로운 파트너십을 가지게 된 것이다. 그것은 128-DNA 코드를 베리칩 캡슐에 16-코드와 함께 넣음으로써 이 기술로 미국은 세계의 모든 사람의 정보를 얻게 되고 이로 인해 얻어지는 이익은 미국경제에 엄청날 것으로 내다본 사람이 노르맨 미네타 장관이라 하였다.

미네타와 인크류션(MINETA INCLUSION)

2000년 9월 26. 통상부장관 미네타는 122페이지에 달하는 보고서의 표제를 만들게 되는데 그 표제가 '디지털 인클류션에 대하여(Toward Digital Inclusion)' 이다. 그 중심내용은 '미국인들이 접근하는 과학기술 사용보고(A Report on American's Access to Technology Tolls)'라고 명시되어있다. 따라서 미네타 인클류션은 어떤 사람이 말하는 미네타 안건(Case)이 아니라 '미네타 보고서(Report)'이다. 이 보고서를 작성한 프로젝트팀에 참여한 기관은 전자통신정보관리청과 경제통계청으로 이들이 합동으로 작성한 보고서를 미네타 인클류션이라고 하였다. [3]

미네타의 보고서는 '더 큰 번영을 향하여 미국은 전자경제로 움직여야 한다' 라고 명시하고 있다. 통상부의 목표는 '모든 국민들, 즉 나이, 수입, 혈통, 인종, 지체장애, 또는 지역에 상관없이 새로운 경제에 필요한 전자도구와 기술에 접근시키는 것' 이라고 명시하고 있다.

이것은 표제에서처럼 '디지털 인크류션을 위해 그물망처럼 형성된 인터넷을 활용해야 한다.'라는 것이다. 통상부의 핵심노력은 디지털 경제에 적극적으로 참여시키는 일이다. 그것은 '디지털 인크류션이 시민들에게 어떠한 영향을 미칠 것인지를 측정하는 분석이 통상부에는 매우 중요하기 때문'이라고 명시하고 있다.

미네타 장관은 이 보고서 표제의 글에서 '나는 보고서에서 보여주는 데이터에 관하여 기뻐한다.'라면서 '그것은 전반적으로 국민이 완전하게 디지털 인크류션으로 향하고 움직이고 있기 때문'이라 하였다. 이 말에서 함축된 의미는 '전반적으로 사회는 device(칩) 시스템으로 나아가고 있다'는 문장으로 읽혀져야 한다.

그리고 '여러 분야에서 전자기술을 사용하는 많은 국민들은 그들의 삶이 빠르게 향상되고 있지만, 디지털 device는 아직 미흡한 상태라고 하였다. 보고서는 모든 사람이 똑같은 속도로 움직이지 않으며, 어떤 그룹은 더 천천히 진행시키고 있다고 하였다. 이 말에서 함축된 의미는 사회의 모든 기능이 빨리 디지털 환경으로 진전시키지 않는다'라고 읽혀져야 한다.

또한 보고서는 '미국인들이 전자기본기술에 어떻게 접근하는지 그리고 어떻게 그 기기(Device)들을 사용하는지에 대한 강한 통찰력'도 보인다고 하였고, '이 정보로 더불어 우리는 더 나은 목표를 정할 수 있고, 프로그램 규정을 법(enact policies program)으로 만들어서 모든 사람들이 경험하고 있는 컴퓨터와 인터넷에 접근하게 해야 한다.'라고 하였다. 여기서 미네타 장관이 말하는 규정에 관심을 가졌던 클린턴행정부가 1993년에 힐러리 캐어(Hillary care:1993)를 법제화시키지 못한 것을[4] 오바마 행정부에서 건강보험개혁법 H.R.3200으로 법제화시키는 계기를 제공하게 된 것이다.

2000년 10월 30일, 뉴욕시 110 E.42가에 있는 '42가 치프리아니(Cipriani) 회관(House of Cipriani 42nd Street)'에서 처음으로 베리칩에 관한 베일이 벗겨지게 되었다. 이날 저녁회의에는 비공개로 초대를 받은 사람들은 주로 정부요원들로서 국방부, 투자가들, 월스트리트 분석가들과 미디어만이 참석하는 모임이었다. 참석한 사람들 중에서 놀랄만한 사람은 통상부장관 노르맨 미네타였다.

그는 이날 저녁에 핵심연설자로 등장하였는데 미네타 주위에는 무장경호원 6명이 둥글게 둘러쌓고 삼엄하게 입장하였다. 그 이유는 미국 위스콘신 주지사와 복지부장관을 역임했다가 지금은 미국 베리칩위원회 위원장이 된 토마스 조지 톰슨(Thomas George Thompson)이 지난 조지 W. 부시 행정부에서 사회복지부장관으로 재직했을 때 그가 스스로 베리칩을 몸에 넣은 사실 때문에 미국의 보수기독교 목사 200여 명으로부터 질문을 받고 어려움을 겪은 전래와[5] 법무부장관 존 글로버 로버트 주니어(John Glover Roberts Jr.)[6]도 같은 어려움을 당한 지난날을 미루어볼 때 혹이라도 불미스러운 일이 일어날 것을 방지하기 위해 미네타 장관의 참석에 무장경호원이 경호했던 것으로 알려졌다.

정부가 베리칩을 시행하고 있는가?

2000년 10월 30일 밤, 통상부장관 미네타의 연설시간표에는 베리칩의 베일을 벗기는 최고경영자 리처드 설리반의 환영인사가 있었다. 미래를 위한 이날 밤의 특별한 모임의 이유에 대하여 설리반은 '우리는 아주 중요한 몇몇 정부공무원들과 함께 노르맨 미네타의 역활을 강조하면서 미네타 역활은 기술을 돕고 개발하고 전자통상을 추진하면서 개인적으로 미네타 장관을 클린턴 대통령에게 미국의 통상과 경제를 위해 128-DNA 코드를 디지털 엔젤(16코드)과 함께 캡슐에 포함시킬 것을 건의'한 사람이라고 소개하였다.

리처드 설리반은 계속된 환영인사 말 후 미네타 장관은 미래(the future)를 언급하면서 두 가지 충격적인 내용을 말하였다. '우리는 베리칩회사에서 당신과 더불어 새로운 파트너십을 가지고 일을 추진하는 것에 흥분하며 얼마나 기쁜지에 대해 나는 정말 말하고 싶다.'라고 하였다.

그는 사람들이 팀을 구성하여 일하는 것에 대한 것과 회사들과 더불어 파트너로서 일하는 중요성과 높은 가치관에 관한 핵심연설을 하였다. 그것은 나이 많은 사람들과 형편이 안 좋은 사람들에게 이 위대한 기술혁명은 이익을 주게 될 것이라고 하였다. 그는 이 사회에 사는 모든 사람들에게 전자기술에 관한 정보를 알림으로 어떤 유익에 있는지를 알리기 위하여 역사적인 좋은 기회로 삼으라고 강조하였다. 미네타는 덧붙이기를 이번 방문을 성공케 하고 베리칩회사의 방향을 이끌어온 딕 실리반(Dick Shullivan)에게 박수갈채를 보낸다고 하며 국가로서 우리는 이 전자기술을 절대로 놓칠 수 없다고 했다.

100조 달러 베리칩 시장 (MARKETPLACE)

　미국경제에 대한 디지털 전자기술의 중요성이 그날 밤에 알려졌다. 경제적으로 무엇이 디지털 엔젤에 대한 100조(兆) 달러라는 구상의 말뚝이 될 것인가? 비평가들은 이런 계산은 정부정책으로 온 세상에 강제적으로 칩을 넣지 않는 한 불가능한 일이라고 하였다. 보수주의 사람들은 미국에서 사용이 70조 달러쯤이라고 예측하고 26조 달러는 잠정적인 수직적 시장성이라고 하였다. 이름을 밝히지 않는 이 회사의 대변인은 70조 달러 계획은 맥킨지(McKinsey)회사 경영진의 고문에 의해 공급될 것으로 보고 있다. 여기서 우리는 두 가지를 볼 수 있다.

　첫 번째는 미국은 베리칩을 수출하여 엄청난 이익을 얻게 되는데, 그 수입이 100조 달러라고 베리칩회사가 발표하였다.

　두 번째는 128-DNA 코드가 들어 있는 베리칩을 세계의 모든 사람의 몸에 넣어서 인류를 지배하게 된다는 것이 '미네타 인크류션'의 비밀이다. 미네타 통상부장관의 조언을 받은 베리칩회사 최고경영자 리처드 실리반(Richard J. Sullivan)은 100조 달러 판매시장 프로젝트(A projected $100 billion marketplace)'라고 발표하였다. 이 뜻은 모든 병원에서 모든 부문에서 베리칩을 넣는 사람을 소비자로 보았기 때문이다. [7] 그리고 판매가격은 200달러 이하이다. 당시에 ADS에서 선착순으로 10만 명까지는 50달러를 공제해 준다고 홍보하였다.

　그렇다면 유통회사, 병원, 메디컬센터, 의사, 등에서 마진을 제하면 대략 순이익을 개당 $20로 잡을 수 있다.

$100에서 $20를 나누면 50억 인구에게 칩을 넣게 된다는 결론이다. 달리 표현한다면 시장이라는 뜻은 사람의 몸이 된다. 현재 지구상에 살고 있는 인구는 70억이라고 통계를 발표하였다. 그렇다면 대략 인구 2/3가 칩을 받게 된다는 계산이 나온다. 이것이 계시록에서 세계정부가 실시되면 모든 "사람의 영혼을 상품(계 18:13)"이라고 하였는데, 그 시장이 사람의 몸에 베리칩을 넣게 된다는 경고와 일치한다.

2005년까지 베리칩 판매 자료에 따르면 베리칩을 사람의 몸에 넣는 나라들은 아시아에서 한국, 태국, 일본, 터키, 중국, 대만, 말레이시아, 인도네시아. 유럽에서 영국, 독일, 러시아, 폴란드, 스위스, 스페인, 이스라엘, 네덜란드, 포르투갈 등이다.

중동에서 아랍연합, 사우디아라비아, 쿠웨이트, 두바이 등이다.

북중미에서 캐나다, 멕시코, 중앙아메리카, 캐리비안 도서 국가, 도미니카공화국, 중미의 모든 나라 등이다.

남미에서 브라질, 콜롬비아, 베네수엘라, 에콰도르, 아르헨티나, 칠레, 푸에르토리코, 파라과이, 우루과이 등이다.

아프리카에서 케냐, 나이지리아, 남아프리카공화국 등이다.

대양주에서는 호주, 뉴질랜드 등 세계의 모든 나라들로 수출되고 있다.

한국은 2005년에 베리칩 회사로부터 2004년도 우수판매상장을 받았다. 이 말은 베리칩을 한국 사람에게 제일 많이 넣었다는 것을 말한다.

일찍이 미국 하원과 상원을 통과한 법들 중에서 모든 물건에 전자태그(RFID)를 붙이도록 입법했는데, 그 시행령제목이 Act of

2003이다. 총 6장으로 상정된 시행령 2조는 상원의 수정안 1453에 따르면, 물건 개체에 '태그'를 사용하게 했다. Act of 2003에는 한 가지 법만 있는 것이 아니다. 2003년에 제정된 규정들은 다 Act of 2003이라고 하였다. 거기에는 이식하기 위한 처방, 스팸 전화 방지규제, 천 년간 도전을 위한 시행령, 군사발전 시행령, 교도소에서의 강간과 약탈방지규제, 등 많다.

또 Act of 2003은 미국의 상원에서 제정한 21의 수정안 321, 343, 352, 362조에서는 모든 물건에 마이크로칩으로 인쇄된 태그(tag)를 넣어서 소비시장에 내어놓도록 하였다. 같은 Act of 2003에는 미국 상원에서 제정한 제8장 27조에는 누구든지 마이크로칩 레벨을 붙이지 않을 때는 생산할 수 없고, 수입과 유통, 그리고 소매시장에서 판매할 수 없도록 했다. 또 제15장 36조와 수정 1333조에는 정부에서 그 사람의 신원을 추적하고 세포까지 지배할 수 있는 베리칩이 요구된다는 뜻이 포함된다.

제6장에는 누구든지 개인의 신상문제를 공개하지 못하게 하였으나, Sec.835-D에서는 정부(국토안보부)의 데이터센터에 저장된 개인신상정보일지라도 교육 또는 정부가 요구할 때는 최소한의 정보인 이름, 주소, 사회연금번호, 그리고 재정정보 등을 제공하도록 되어 있다. 이 법에 따라 소비자와 쇼핑카트에 실은 물품확인과 위치추적을 하도록 법으로 규정하고 있다.[8]

2003의 밀레니엄 챌린지 시행령은 '원칙을 기반으로 세계를 좋은 지배, 경제자유와 사람들에 대한 투자를 강화, 등을 가장 효과적으로 수행하기 위한 시행령이다. 밀레니엄 챌린지 시행령의 임무는 지속할 수 있는 경제성장홍보를 통해 지구에서 빈곤을 줄이기 위한다고 하였다.

그것이 Act of 2003 Corp.601에 밀레니엄을 통해 글로벌개발에 미국이 지원을 제공하기 위한 챌린지코퍼레이션 604이다. Corp.602에 경제성장을 촉진하는 방식으로 이러한 지원을 제공하고 극단적인 빈곤을 철폐하고 경제자유를 강화하려는 것이라고 되어 있다. 지원을 받을 후보지역의 자격이 국가라 하였고, 지원을 받을 나라의 수와 대상지역도 이 안에 명시되어있다.

매년 환자에게 베리칩을 넣는 병원과 보건소와 의사들의 수가 증가하고 있다. 베리칩회사는 베리메드(VeriMed) 방식을 병원과 보건소에서 환자에게 넣기로 하였다. 이렇게 해서 시설을 갖추는 병원과 보건소와 의사들의 수는 날로 증가하여서 지금은 대부분의 도시에 있는 대형병원이나 대학병원은 다 등록되어 있다.

이처럼 대부분의 병원이나 메디컬센터에 시설을 갖추도록 재정지원까지 하는 이유가 무엇이겠는가? 앞으로 모든 사람들에게 베리칩을 제공하고 극단적인 빈곤을 철폐하고 경제자유를 강화하여 세계를 좋은 지배에 넣기 위함이다. 또한 정부지원을 받아가면서 병원과 의사들에게 베리메드 세미나를 개최하면서 그 수를 늘리는 이유가 무엇이겠는가? 헤아릴 수 없는 사람들에게 칩을 넣으려면 지역마다 시설을 갖춘 의사와 병원이 있어야 하겠기 때문이다.

한편으로는 미국은 400여 명의 정부직원에게 베리칩 훈련을 시켰다. 훈련목적에 따르면 번호와 건강정보에 적용할 때는 베리메드(VeriMed)로 부르고, 보안용으로 적용할 때는 베리가드(VeriGuard)로 부르고, 추적용으로 적용할 때는 베리트레이스(VeriTrace) 등의 분류법 때문이라 했다. 나아가서 뉴저지 주에 있는 호라이

존 블루 크로스 블루 쉴드(Horizon Blue Cross Blue Shield)보험회사는 320만 명의 보험가입자들 중에서 우선적으로 만성질환자부터 해컨색(Hackensack)대학병원에 보내서 칩을 넣도록 계약을 맺었다고 한다. [9] 이 모든 것들이 식약청 Sec.519라는 법이 뒷받침하기 때문이다. 이 법에는 사람에게 칩을 이식하도록 허락되어 있기 때문에 H.R.3200에서 식약청 규정에 따르도록 한 것이다.

2012년 1월 4일, 미국의회는 2012년 건강보험법을 적용하여 자동으로 의료비지출을 줄이기 위해 의사들을 카이저 건강법에 매이게 한다(Congress' Full 2012 plate; 'The Doc. Fix,' The health law and automaticcuts Kaiser health)고 발표하였다. [10]

카이저 건강법이라는 뜻은 그동안 카이저 병원이 환자들을 상대로 14개 병원에서 베리메드 시스템으로 전자의료기록(Electronic Medical Recording-EMR) 실험에 성공했기 때문에 의회에서 카이저 건강(Kaiser Health)이라고 부르게 된 것이다. 그동안 모든 병원이나 의사들이 환자의 기록을 종이로 남기기 때문에 종이와 인건비에 연 $27조를 정부가 부담해왔다.

이러한 지출을 줄이기 위해 2009년 4월부터 카이저가 자체적으로 전자기록 의료 시스템으로 전환해왔다. 2011년 2월 22일, 캘리포니아 주 오클랜드 카이저 연례총회에서 병원의 모든 기록은 전자기록으로 전환하기로 결정하고 2013년부터 환자들에게 칩을 넣기로 했다고 한다. [11]

미국에서 전국적으로 가장 큰 병원그룹을 형성하고 있는 카이저(Kaiser) 병원은 당뇨환자부터 베리칩을 넣기로 결정했다고 발표했다. 그렇다면 당뇨병이 아닌 다른 환자에게는 칩을 넣지 않겠는가? 누구든지 병원에 들어가면 칩을 넣어야 검진으로부터 치료까지의 혜택을 받게 될 것이다. 이렇게 하는 것은 H.R.3200의 2521조에 명시된 의료법에 사람의 몸에 칩을 넣도록(Inserting) 규정된 법에 따르는 것이다. 카이저의 발표는 앞으로 14개월 후면 실시할 것이라고 하였다. 따라서 카이저뿐만 아니라 모든 병원과 의사들은 의사직을 완전히 포기하던가 아니면 병원에 남아서 칩을 넣는 역할을 담당해야 할 것이다.

지금까지는 모든 병원에서 의사, 간호원, 사무직원까지 종이에 환자의 기록을 남겨두는 모든 시스템을 완전히 없애고 14개월 후면 전자기록 의료 시스템으로 바꾸게 된다.

이 시스템은 컴퓨터 스캐닝으로 환자의 몸 안에 있는 베리칩으로 읽어서 환자의 모든 정보를 보게 된다. 정부, 곧 나라에서 국민에게 주는 나라보험이나 개인적으로 회사에서 주는 보험이든 병원이 시스템을 바꾸기 때문에 이제는 베리칩이 아니면 병원 혜택을 받지 못하게 된다. 건강보험법이 드디어 시작되는 것이다. 먼저 당뇨병 환자들에게 실시한다고 하였다.

미국에는 현재 3,000만 명의 당뇨 환자가 있다고 한다. 그리고 병원에서 의사가 환자를 진찰한 후에 데이터에 입력시키면 정부에서 그 환자의 약을 처방한다고 한다. 의사는 권한이 없어지는 것이다. 정부가 그 사람에게 하라는 처방대로 의사가 해야 된다는 것이다. 이러한 사실을 깨닫게 되는 의사들은 의사직을 포기하려 할 것이다. 따라서 앞으로 의사와 간호사들이 일찍 은퇴 하던가 포기함으로 인하여 의사를 구하지 못하는 어려움을 겪게 될 것이다.

6. 교회가 교회를 죽이는 시대

교회가 교회를 죽이는 시대

 세계정부통치를 갈망하는 사람들은 세계를 단일정부로 만들려고 몸부림치고 있다. 그들은 삼각통치의 대표자들이 기술적으로 정치와 금융과 지적과 성직(Ecclesiastical) 등 네 가지 중심권을 장악하려면 미국정부로 하여금 직접적으로 개입하여야 한다고 하였다.
 그들은 국가와 민족 등 다른 종교 등을 통합시키기 위해서는 인간을 통제해야 하며 통제방법은 오래전부터 연구하고 실험해 온 베리칩이라는 신분제도뿐이라고 하였다. 성경은 이 시대를 향하여, "내 백성아 거기서 나와 그의 죄에 참여하지 말고 그의 받을 재앙들을 받지 말라"(계18:4)라는 말씀을 생각해 보아야 한다.
 그렇게 생각해야 하는 것은 각 지역(나라)의 종교책임자인 목사는 강단을, 신학교 교수는 교단을 떠나지 아니하는 한, 자신부터 짐승의 표를 받아야 한다. 받지 않으면 유엔의 이름으로 단일종교회로부터 성직자의 자격증을 받지 못하게 되기 때문에 목자직을 떠나지 아니하는 한 교회와 성도들에게 짐승의 표를 받도록 하고, 하나님 대신에 세계정부통치자를 찬양하며 경배하는 지침을 따라야 한다.

그리하지 않으면 목사 자신은 물론이요 성도들도 세계정부정책에 반대한다는 이유로 육신과 생명을 빼앗기게 된다. 그리고 교회라는 여자가 탄 짐승을 이해하려면 앞에서 설명했던 세계정부의 몸통 역할인 유엔이 만들어진 비밀을 알아두어야 한다. [1] 따라서 하나님을 대적하는 유엔이 짐승의 몸통 역할이며 교회가 여기에 가입되었으니 여자가 짐승을 탄 것이다.

교회가 받아들이는 미운 물건

1994년 9월, 인도 델리(Delhi)에서 10만여 명의 영적 지도자들이 모인 가운데 제7회 세계종교회가 있었다. 여기에는 52개국의 기독교, 정교회, 가톨릭, 모슬렘, 힌두교, 유대교 등 1,200여 명의 종교지도자들과 정치인들이 참가하였다. [2] 여기엔 한국기독교 목사 세 사람과 국회의원 두 사람이 참석하여 우리들의 의사와는 상관없이 한국기독교를 단일종교회(United Religion Organization)에 가입시켜버렸다.

기독교가 여러 종교와 연합하고 유엔에 가입된 것이 여자가 일곱 머리(G7)와 열 뿔(외교협의) 가진 짐승(유엔)을 탔다는 말이다. 단일종교회는 유엔 산하기구로 등록시켰고 유엔이 종교를 단일화시키려는 것은 우상숭배를 위한 것이다. 그들은 성경에서 말하는 신앙과는 모순되는 견해를 보이며, 유엔이 얻을 수 있는 것은 범신론자들이 바라는 우상을 신으로 섬기도록 하려는 것뿐이다. 이것이 다원화 종교이다. 멀지 않아서 세계주민들은 그것에게 예배하고 그것의 도구가 되어서 그 우상에게 헌신하는 꼴이 될 것이라고 하였는데 이는 요한계시록 13장 8절의 말씀대로 이뤄지는 것이다.

단일종교회는 남아프리카 캡 타운(Cape Town)에서 1999년도 세계종교총회에서 결의된 종교문제를 유엔에 넘겼다.[3] 유엔은 단일정부를 만들기 위한 신세계질서에서 '새 비법(New mystic)'으로 교회를 활용해야 된다면서 추천한 전직 유엔부사무총장 '로버트 뮬러(Robert Müller)'는 "세계의 모든 사람들이 예배하는 교회 안에 유엔기를 세우게 하고, 유엔기를 세우는 교회는 유엔이 공인하는 그리스도의 몸으로 인정한다. 만일 그리스도가 지구에 다시 온다면, 먼저 유엔을 방문할 것이다.

그것은 그리스도의 소원이 인류가 하나 되는 것이기에 유엔에서 그 일을 지향하고 있기 때문이다."[4]

(That people the world over should display the UN flag in all houses of worship, that the UN represents the body of Christ. If Christ came back to earth, his first visit would be to United Nations to see if his dream of human oneness and brotherhood had came true.)라고 하였다.

여기에 대하여 다니엘은 "또 잔포하여 미운 물건이 날개를 의지하여 설 것이며,(단9:27)" 또한 예수님께서도 "너희가 선지자 다니엘의 말 한바 멸망의 가증한 것이 거룩한 곳에 선 것을 보거든 읽는 자는 깨달을지어다."(마24: 15, 막13:14, 눅21:20) 라고 하셨다. 이것을 세분하면 주의 양무리들을 인도하는 목사들 중에서 땅에서 올라오는 짐승의 사상, 곧 사이버 문화에서 적용되는 베리칩을 받고 유엔기를 강단에 받아들이게 된다는 것을 알게 될 것이다.

뮐러가 말하는 "세계의 모든 사람들이 예배하는 교회 안에 유엔기를 세우도록 하고"라는 문맥에서 'Worship' 단어 앞에 'Houses'는 일반가정이나 집이 아니라, 예배를 드리는 장소가 되므로 '교회'라는 의미를 갖게 된다.

그리고 단수가 아니라 복수로 되었기에 세계의 모든 곳에서 예배하는 장소에는 가정이든 직장이든 어떤 형태로든 하나님께 예배하는 장소에 유엔기를 세우겠다는 의도다. 그리고 중요한 것은 교회 안이라고 명시하였기 때문에 교회의 지성소란 의미를 갖는 강단에 유엔기를 세우는 것이 "멸망의 가증한 것이 거룩한 곳에 선다."라는 뜻으로 해석된다.

어째서 유엔기가 미운 물건이며 가증한 것인가? 이미 널리 알려졌듯이 세계주의자들이 단일정부를 만드는 모체로 유엔을 활용하고 있으므로 하나님을 대적하는 행위라는 점이다. 많은 국제기구들을 유엔 산하에 두고서 하나님의 간섭을 받지 않으려고 신세계질서를 진행하게 하는 것이다.

"그가 장차 많은 사람으로 더불어 한 이레 동안의 언약을 굳게 정하겠고 그가 그 이레의 절반에 제사와 예물을 금지할 것이며 또 잔포하여 미운 물건이 날개를 의지하여 설 것이며,"(단9:27)

"그러므로 너희가 선지자 다니엘의 말 한바 멸망의 가증한 것이 거룩한 곳에 선 것을 보거든(읽는 자는 깨달을진저)"(마24:15)

"그 여자는 자주 빛과 붉은 빛 옷을 입고 금과 보석과 진주로 꾸미고 손에 금잔을 가졌는데, 가증한 물건과 그의 음행의 더러운 것들이 가득하더라."(계17:4)

다니엘은 거룩한 곳에서 제사(חבז-제박)와 예물(מנחה-민차흐)을 금지한다고 기록하였다. 마태와 요한은 '거룩한 곳(장소)'이 아니라 '거룩한 성도들(ἐν τόπω ἁγίω-엔 토포 하기온)'이라고 복수로 기록하였다. 가증한 물건에 대하여 마태는 몹시 미운 것(βδέλυγμα-브데루그마)으로 시록하고, 요한은 βδέλυγμα의 소유격 복수 브데루그마톤(βδέλυγμάτων)으로 기록하였다. 두 가지에서 뜻은 이러하다.

첫째는 성소인 강단에 유엔기라는 미운 물건이 세워진다는 의미이고, [5] 둘째는 성도들(ἅγιος)이 베리칩이라는 미운 물건을 받게 된다는 의미이다. [6]

"그 이마에 이름이 기록되었으니 비밀이라 큰 바벨론이라."(계17:5)

이마에 기록되는 이름이 사단의 것이란 표시다. 기록되는 이름은 비밀이므로 눈에는 보이지 않는 영적 표시다. 표를 주는 주체는 큰 바벨론이요 음녀들과 가증한 것들의 어미라 하였다.

UN 기

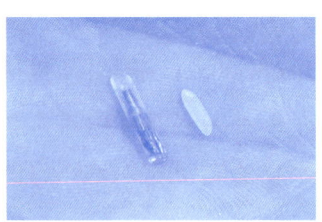

손바닥에 올려진 VeriChip의 크기를 확인하기 위해 쌀알과 비교하였다.

가증한 것에 대하여는 앞에서 강단에 세워지는 유엔기라 하였고 또 사람에게 주어지는 세계신분번호가 되는 베리칩을 유엔의 이름으로 줄 것이고, 유엔이 세계정부집권부가 되기 때문에 유엔이 가증한 것들의 어미(모체)가 되는 것이다.

요한은 계시록 17장 4절에서 여자로 묘사되는 교회가 자주 빛과 붉은 빛 옷을 입혀진다고 하였는데 이는 사단이 주는 옷이다. 성도들이 거듭나면 흰 세마포 옷을 입히듯이, 거듭나지 못하고 벌거벗고 있었던 신자들이 짐승의 표를 받음으로 인하여 자기를 사단에게 굴복시키는 행위이며 경배라는 프로스쿠네오($προσκυνέω$)이다. 이런 사람에게 사단이 붉은 옷을 입혀준다. 그리고 자주 빛 옷을 입었다는 뜻은 성도들과 예수의 증인들을 죽는 데 넘겨준 피의 마름이다.(계17:6)

교회가 미운 물건을 수용할 때 목사는 UN 산하단체인 단일종교회로부터 성직자격증을 받아야 목회를 할 수 있게 된다.[7] 누구나 짐승의 표를 몸에 받으면 그 순간에 자신의 의지를 사단에게 넘겨주는 것이다. 이때 사단은 그 사람에게 붉은 빛 옷을 입히고 이마에 사단의 것이라는 표시를 하는데 그것이 이마에 표를 받는다는 말이다. 이것은 돌이킬 수 없는 길이 되므로 죽는 한이 있더라도 짐승의 표만은 받지 말아야 한다.

1. UN기를 세우는 교회는 유엔이 공인하는 그리스도의 몸으로 인정하고, (That the UN represents the 'body of Christ,)[8]

Represents는 여러 뜻이 있으나 여기서는 '나타낸다.' 라는 뜻이므로 유엔이 교회를 장악한다는 의미다. 따라서 유엔기를 강단에 세우는 교회는 유엔이 공인하는 그리스도의 몸으로 인정한다고 했다. 교회를 그리스도의 몸으로 인정할 권한은 십자가에 못박히시고 죽은 예수 외에 그 누구에게도 권한이 없다. 유엔기를 세우는 교회의 목사는 유엔에서 성직자에게 임명장 같은 인가서나 자격증 같은 것을 주어서 '유엔을 위해 봉사하는 목사'로 인정하며, 따라서 그런 교회는 유엔이 공인하는 교회라는 뜻으로 해석된다.

여기에 대하여 1993년, 종교지도자들이 단일종교최고의회(1993 Religions Parliament)를 만들 때, '성직자의 수임(受任)에는 유인의 공인을 피할 수 없이 받아야 된다.'라고 했다.[9] 세계의 모든 교회는 목사이든 사제이든 유엔으로부터 성직에 관한 임명장 같은 조치가 취해질 것으로 보인다. 따라서 임명장을 받는 성직자는 교회의 강단에 유엔기를 세워서 유엔이 공인하는 교회임을 나타내게 하는 것이다. 유엔이 인정하는 교회를 '그리스도의 몸(Body of Christ)이라고 명시한 것을 보아서 다른 종교가 아니라 기독교를 박해하려는 의도이다.

그때가 되면 얼마나 많은 교회가 유엔으로부터 인정받으려 할까? 유엔으로부터 인정받고자 얼마나 많은 신자를 미혹시킬까? 지금도 짐승의 표를 상징이라고 고집하는 사람들이 그때가 되면 유엔으로부터 인정받고자 베리칩이 짐승의 표가 아니라고 속이지 않는다고 누가 보장하겠는가? 또한 자신을 위대한 목사라는 것을 알리기 위해 가짜 박사학위까지 받고 행세하는 사람들이 유엔의 이름으로 주는 임명장을 받지 않을 것이라고 누가 장담하겠는가?

"또 내가 보매 이 여자(교회)가 성도들의 피와 예수 증인들의 피에 취한지라."(계17:6)

얼마나 많은 교회가 유엔으로부터 임명장을 받으려 할까? 유엔으로부터 인가받은 교회라고 얼마나 자랑할 것인가? 유엔 제0000호 목사, 유엔 제0000호 교회라며 명함이나 광고로 자랑하지 않겠는가? 거짓교회가 되어서 얼마나 많은 성도들과 대환난 사역자들을 죽이겠기에 피에 취한다고 경고하였겠는가? 무엇인가 자신을 알리려는 심리에서 그러는지는 모르겠으나 명함에 빼곡히 적힌 것을 보면 전부가 과거에 무엇을 했다는 내용들이다. 이처럼 자신의 위대함을 과시하기 좋아하는 사람들이 그때 그렇게 하지 않을 것이라고 누구도 장담하지 못하다.

2. 만일 그리스도가 지구에 다시 온다면, 먼저 유엔을 방문할 것이다. 그것은 그리스도의 소원이 인류가 하나 되는 것이기에 유엔에서 그 일을 지향하고 있기 때문이다.(If Christ came back to earth, his first visit would be to the United Nations to see if his dream of human oneness and brotherhood had came true)[10]

그들은 '만일 그리스도가 재림한다면, 먼저 유엔으로 올 것이라'고 하였다. 이 말에는 중대한 음모가 담겨진 표현이다. 그 음모란 무엇인가? 그리스도께서 재림하시기 이전에 세상은 일차적으로 대격변이 있어야 된다고 성경은 교훈한다. 이러한 큰 격변 후에 그리스도께서 강림하시게 된다. 그러므로 세계가 혼돈(Chaos)된 상황 중에 적그리스도정부 통치자가 나타나서 자신이 그리스도라고 속여야 된다. 그리스도는 시공간을 초월하지만, 인간인 지구통치자는 시공간을 초월할 수 없으므로 세계의 이목이 집중되고 또한 실제로 유엔이 세계의 중심기구로 되어 있기 때문이다. 따라서 적그리스도정부 통치자가 유엔에서 자신이 메시아라고 거짓을 행세하기 위해서는 지금부터 사람들로 하여금 그리스도가 유엔에 온다고 인식시켜야 하겠기 때문이다.

그렇게 되면 더는 교단이나 신학교라는 의미는 없어진다. 나아가서 하나님의 말씀인 성경을 가르치는 것이 아니라 지구정부 통치자의 강령만을 강론해야 한다는 결론이다. 따라서 그러한 교회의 지도자나 성도들은 적그리스도정부가 강요하는 짐승의 표를 피할 수 없게 된다는 점이다. 앞날을 내다본 '제랄드 바니(Gerald Barney)'는 단일종교회가 시작될 때, '종교는 반드시 죽는다(Religion must die)'면서,[11] 종교가 멸망될 때, '두 갈래 길에서의 선택은 ⓐ,하나님이 만드신 대로 정통신앙을 입증시키며 사람다운 도리에 맞게 올바로 견디는 길과. ⓑ,앞으로 나타나게 될 음녀의 사람이 되어 그것을 따르는 길뿐이라.' 하였다.[12]

성직은 유엔(UN)에서 임명한다

그들은 유엔 산하에 단일종교단체를 만들 때, 인도 사람 데이비드 라마지(David Ramage)에 의해 작성된 종교윤리문서는 "이 규범은 절대적이며 전체지역의 생존가족과 사회나 인종과 나라 그리고 종교에까지 재물의 개인적인 자유를 인정할 수 없고, 지구정책에 개인적인 결정이나 종교나 인류문제의 정당성으로 이 정책에서 분리시킬 수 없다" (An irrevocable, unconditional home for all areas of life, for families and communities, for races, nation as and religions) 라고 하였다. [13]

조지 부시는 "앞으로 지구에서 평화를 유지시키기 위해 유엔은 신세계질서를 전담해야 한다. 모두가 마음으로 신에게 맹세하는 원리처럼 앞으로는 신세계헌장(New world charter)에 충성하는 것이다." (My vision of a New World Order foresees a U.N. with a revitalized peace-keeping function. It is the sacred principles enshrined in the U.N. charter to which we henceforth pledge our allegiance.)[14] 라는 유엔담화에 초점을 두어야 한다.

결과적으로는 단일종교단체를 유엔 산하에 두겠다는 뜻과 맥락을 같이하고 있다. 그러므로 그들이 종교를 장악하고 선포하는 날이 머지않았음을 보게 된다. 결국은 유엔을 위하여 종교 활동을 할 봉사자(목사, 사제)를 요구하게 되는 것이다. 인간의 운명을 좌우하는 새로운 규약을 단일종교단체를 자연법칙으로 식별할 때 그 규약으로 인류의 시민권이 이 세상에서 박탈될 게 뻔한 이치이다.

결과적으로는 모든 성직은 유엔 산하 조직인 환경주의 프로그램에서처럼 성직자의 임명에 유엔의 공인을 피하지 못하게 된다. 앞으로 모든 종교에서 유엔의 인가를 받지 않으면 그의 자격을 인정하지 않는다는 것이다. 여기에는 기독교는 물론이며 불교, 유교, 힌두교, 유대교, 모슬렘, 정교회, 가톨릭, 등 모든 종교지도자들에게 유엔에서 자격증을 준다는 것인데 이것은 단일다원화 종교를 만들기 위한 것이다.

그러므로 앞으로는 신학교나 교단 같은 것은 인정되지 않는다. 이 뜻은 신학교는 단일종교회가 요구하는 제도만을 가르쳐야 되며, 통치자를 찬양하고 경배할 뿐이지 하나님을 찬양하거나 경배하는 교리는 가르칠 수 없고 강단에 서야 할 목사는 세계정부 방침에 따르고 통치자의 강령만을 강론해야 하므로 요한계시록 13장 8절의 말씀대로 될 것이다.

이것은 세계주의신학자 한스 쿵(Hans Kung)을 1991년에 유네스코 위원장에 임명한 후에 임무를 부여하고 자리에 앉게 한 것처럼, 그들은 반드시 구속력이 있는 위임으로 종교지도자로 임명하게 될 것이다. 따라서 정통주의 기독교가 지니는 도덕상의 임무는 있을 수 없다는 것이다. 그것은 한스 쿵이 "세계의 책임 있는 종교지도자 모임에서 신세계종교질서(New world religion order) 대표자로 참석한(개신교, 가톨릭) 사람들 중에서 어느 출신도 교회의 정통을 보호하기 위한 반대나 거부하는 사람은 한 사람도 없었다."라는 증거는 이런 것을 말한다. [15]

1993년 1월 25일, 유엔 신전으로 부르는 '평화제단(Peace Altar)' 모임에서[16] 집례를 맡았던 다니엘 고멜즈-이반즈(Daniel Gomez Ibanz)를 세계종교회 의장으로 선임하였다. 그는 힌두교 천년기 연구소(Millennium Institute-MI)를 설립한 사람이다. 이반즈는 천년기 연구소에서 집행력을 행사하는 제랄드 반니(Gerald Barney)의 도움으로 단일종교회 의장이 되었다. 따라서 창립과 아울러 세계종교윤리를 세계정부(유엔) 산하에 예속하도록 참석자들 전원이 서명한 후에 선포한 사람이다. 여기에 관해서 성경은 이렇게 기록하고 있다.

"여자가 붉은 빛 짐승을 탔는데, 그 짐승의 몸에 참람된 이름들이 가득하고 일곱 머리와 열 뿔이 있으며 그 여자는 자주 빛과 붉은 빛 옷을 입고,"(계17:3~4)

이처럼 교회는 지구정부를 만드는 빌더버그(Bilderberg: 우상을 만드는 사람들) 그룹의 삼각통치와 그들의 조정을 받는 G7(일곱 머리)과 세계정부를 추진시키는 외교협의회의 10-지역(열 뿔)이 신세계 △△△ 질서, 신세계 ××× 질서, 신세계 ○○○ 질서. 등 모든 조직체들이 유엔산하(참람된 이름들이 가득함)에서 만들어지는 지구정부에 신앙을 넘겨주고 그들의 지배를 받게 될 것이다.

1. 종교는 반드시 죽는다

1994년 12월, 단일종교총회가 결정한 지구윤리선언문(Declaration of a Global Ethic)은 단일종교회에 참석한 모든 종교지도자들이 서명하고 유엔에 가입되면서 자동으로 넘겨진 중요한 또 다른 내용은 다음과 같다.

1) 이 선언은 절대적이며, 조건이 성립될 수 없는 전체지역의 생활과 가족과 사회나 인종과 나라, 그리고 종교에까지 포함시키고, (The declaration presumes to dictate an irrevocable, unconditional home for all areas of life, for families and communities, for race, nations and religions)[17]

단일종교회가 선언하는 종교, 곧 기독교는 이 규범에서 자유로울 수 있겠는가? 단일종교회가 유엔의 이름으로 성직자에게 임명장을 주게 된다. 그리고 신자들에게 짐승의 표를 받도록 강요하게 될 것인데 이것이 여자라는 교회가 가증한 물건을 받아들이는 첫 번째 행위이다.

2) 재물의 개인적인 자유를 인정할 수 없는 것은 지구의 책무를 개인적인 결정이나 개인의 종교나 인류문제의 정당성을 이유로 이 정책에서 분리시킬 수 없다. [18] (Self-determination and self-realization are thoroughly legitimate so long as they are not separate from responsibility for fellow human and for the planet Earth).

분리시킬 수 없는 단일종교회의 정책은 어떤 것인가? 교회라는 조직과 개인의 자유를 인정하지 않는다고 하였다. 그렇다면 오늘의 교단이나 신학교는 이 정책에서 자유로울 수 있겠는가? 깊이 생각해야 할 문제다. 이 내용이 삼각통치에서 구상하는 세계정부에서 실시되면 첫째와 셋째 부분에 해당한다.

그리고 무역관세협정에서 하원의원 로날드 폴(Ronald Paul)이 개인의 생산이 인정되지 않는다고 했던 부분이다. 지난날 록펠러재단에서 인재교육을 담당했던 제날드 반니(Gerald Barney)가 1994년 12월, 인도 델리 단일종교총회에 참석했다가 단일종교총회에서 있었던 그들의 음모를 털어놓은 책인 '종교는 반드시 죽는다'의 내용과 일치되는 부분이다.

3) 세계 단일종교는 무리수를 써서라도 사람의 운명에 좌우되는 새로운 신경을 만들 것이고, 결국에는 유엔을 위한 종교적인 성직의 수임이 요구될 것이다. (The URO would be given the task of creating a new covenant for the planet Ultimately this would require and acceptance a UN ministry religion.)[19]

   뉴 커버넌트(New Covenant)라는[20] 신경(神經)은 유엔헌장이나 세계정부통치자의 강령이 될 것이다. 종교적인 수임(임명)에서 목사직은 누구를 위한 봉사자가 될 것인가? 교회는 유엔기를 받아들이지 않아 설교를 못하게 할 때, 과연 몇 명의 목사들이 이것을 거부하고 이길 것인가? 유엔으로부터 공인받은 교회요 목사라고 명함을 만들어서 자랑할 것이고, 또한 신문에 대문짝만큼 크게 광고하지 않는다고 누가 장담하겠는가? 거짓교회로 전락한 신자들이 가슴에 유엔 뱃지를 달고서 얼마나 많은 진실한 교회를 박해하고 체포하는데 앞장설까? 여기에 대하여 성경은 거짓신자들로 인하여 헤아릴 수 없는 생명이 죽게 된다고 기록하고 있다.
   "또 내가 보매 여자가 성도들의 피와 예수 증인들의 피에 취한지라 내가 그 여자를 보고 기이히 여기고 크게 기이히 여기니,"(계 17:6)
   많은 거짓선지자가 세상에 나왔음이니라(마7:17, 24:11, 24. 막13:22. 눅6:26. 벧후2:1. 요일4:1). 적그리스도는 단수가 아니라 복수이듯이, 거짓선지자도 "많다" "들" 복수로 기록되어있다. 따라서 거짓선지자는 로마교황이 아니다. 그렇다면 누구일까? 잘못 가르치는 종들이다. 거짓선자들은 할 수만 있으면 택한 백성들을 미혹하려 할 것인데 어찌할 것인가? 그때가 되면 거짓선지자로 나타나는 사람들은 유엔으로부터 공인받겠다고 성도들에게 666 표는 상징이라면서 자신부터 칩을 받고 성도들에게도 받아도 좋다고 미혹시키는 존재들을 거짓선지자라 한다.

 4) 종교는 반드시 죽는다고 말한 반니(Barney)는 이 뜻을 직접 설명하기를, 거부와 수용이라는 두 갈래 길에서, 하나님이 만드신 대로 정통신앙을 입증시키며 [표를 받지 않고] 사람다운 도리에 맞게 올바로 견디는 길과, 앞으로 나타나게 될 [표를 받고] 음녀의 사람이 되어서 그것을 따르는 길 중에서 누구든지 택일해야 된다고 하였다.(Religions must die….and is the reinterpretation and even rejection of ancient traditions and assumptions….and the creation a sustainable faith traditions an earth…a faith such that if everyone adopted and followed it)[21]

 그렇다면 정통종교와 비 정통종교에서 유엔은 어느 것을 받아들이겠는가? 유엔은 하나의 종교단체를 허용하기를 바랄 것이다. 이것이 세계종교단체를 만들게 했던 세계주의자들이 추진하는 신 세계종교질서 차원에서 이루어진 것이다. 이 내용이 데이비드 록펠러가 말하는 삼각통치에서 4가지 중심권 중에 있는 '종교에 관계되는 성직'이다.

 결론은 성경에 근거할 때 누구든지 세계정부가 요구하는 신분제도를 피하지 못한다. 특히 교회라는 신자들이 여기에서 하나님의 나라를 포기하고 짐승의 표(666)를 받게 되는 수는 $\frac{1}{3}$이고, $\frac{1}{3}$

은 대환난을 통하여 부끄럽게 구원되고(계7:7에서 말하는 숫자), $\frac{1}{3}$은 대격변으로 죽는다고 성경은 경고하였다. 그래서 예수께서 성도들의 인내를 강조하셨던 것이다. (계13:10,14:12)

2. 타락한 교회

"여자가 붉은 빛 짐승을 탔는데, 그 짐승의 몸에 참람된 이름들이 가득하고 일곱 머리와 열 뿔이 있으며 그 여자는 자주 빛과 붉은 빛 옷을 입고,"(계17:13~14)

교회는 우상을 만드는 빌더버그(Bilderberg: 지구정부를 만드는 사람) 그룹의 삼각통치와 그들의 조정을 받는 G7(일곱 머리)와 지구정부를 10지역으로 나누어서 단일정부를 추진시키는 외교협의회(열 뿔) 등, 모든 조직들이 유엔 산하(참람된 이름들이 가득한)에서 만들어지는 세계정부에 신앙을 넘겨주고 그들의 지배를 받도록 해 놓았다. 다음 내용은 영국의 BBC 뉴스가 빌더버그(Bilderberg) 설립자 벤하드(Bernhard)의 지구정부계획 중에서 교회와 성경을 말살시키고 예수 그리스도의 자리에 적그리스도를 앉히겠다는 내용이다.

1. 세계의 모든 교회가 가지고 있는 종교의 뿌리인 교리를 파멸시키고, 그 자리에 세계종교의 수병좌(적그리스도)로 바꾸게 한다. [22] (A world religion where all doctrine will be destroyed at the roots of be replaced by the new world religion of the age of Aquarius.)

프래니트(Planet)는 '떠돌이별'이고, 어쿼리어스(Aquarius)는 '별자리'를 말한다. 두 단어가 지니는 의미는 이사야 14장 12~14절에 기록된 타락한 별이라는 뜻이다. 이는 예수 그리스도의 자리에 사단의 대리자가 되는 적그리스도로 바꾼다는 의미일 것이다.

2. 그들의 계획은 성경을 믿는 사람들과 예수 그리스도에게 예배하는 모든 사람들을 파멸시킬 것이고, 완전히 보이지 않게 기독교 신앙을 없애려 할 것이다. (They plan on the destructing of all people who believe in the Bible or worship Jesus Christ, and the complete disappearance of Christianity.)[23]

그들은 성경을 없애고 적그리스도를 위해 새로운 신경을 만들게 된다. 새로운 신경은 적그리스도의 강령이 될 것이고, 그것을 사용하게 하려고 하나님의 말씀인 성경을 강제적으로 몰수시킬 것이다. 그리고 성삼위 하나님이 받는 예배를 적그리스도가 받게 된다는 말이다.

이와 같은 말은 2006년 3월, 60주년 유엔총회에서 코피 아난(Annan Kofi) 유엔사무총장이 한 말과 연결된다.

그는 "지금 세계는 종교와 신앙적인 대립이 점점 더 악화되어가고 있으므로 다원화종교(Inter-Religion)와 다원화신앙(Inter-Faith)으로 바꾸어야 된다."[24]라고 하였다.

정리하면 모든 종교를 하나로 통합시키려면 세계정부통치자의 강령인 새로운 신경을 만들어내고, 성경을 없애야 한다. 그러기 위해서는 성삼위 하나님께 드리는 예배를 세계정부 통치자숭배로 바꾸면 기독교의 뿌리 자체가 없어지면서 기독교는 죽는 것이다.

7. 세계정부를 향해 달려가는 현실

요한계시록에 짐승, 붉은 용, 일곱 머리, 열 뿔, 등은 지난날에는 그때 당시의 정황들로 묘사되었었다. 그러나 지금은 시기적으로 여러 면에서 종말적인 현상들이 나타나고 있으므로 지금 세계주의자들이 단일정부, 곧 적그리스도 정부를 만들기 위해 어떤 음모를 꾸미고 있는가를 알아야 한다. 어두움의 세력에 잡혀 있는 세계주의자들은 세계정부를 만들고 있는데, 이런 것들이 대환난 전부터 나타나게 된다.

지금 세계주의자들이 무엇을 추진시키고 있는가? 세계정부를 만들기 위하여 첫째는 정치를 통합시킨다..

둘째는 경제통합을 위해서는 무역관세를 없애기 위해 금융정책을 활용하고 있는 때다.

셋째는 종교통합을 위하여 단일종교회를 만들어진 지 오래되었다.

넷째는 군사통합을 위하여 유엔평화유지군 정책을 활용하고 있다. 그러한 종합적인 정책을 원활하게 추진하기 위해 국제형사재판소를 설치하고 법적으로 구속력을 행사하도록 하였다. 이러한 것들 중에서 가장 핵심적인 것에서 중요한 부분만이라도 알아야 한다. 이러한 내용은 요한계시록에서 해석되어야 한다.

빌더버그와 세계정부 구상

사람들은 빌더버그(Bilderberg)라는 조직을 잘 모르고 있을 것이다. 그래서 프리메이슨에 관한 말은 익숙하지만 우상을 만드는 사람들의 조직의 명칭은 생소하게 느낄 수도 있을 것이다. 나타나지 않으면서 지구정부, 곧 세계정부를 만드는 사람들이 있다. 이런 사람을 가리키는 말이 '빌더베르거'라 한다. 이 단어는 더치(Dutch)의 '빌더(Bilder)'와 '베르거(Berger)' 두 단어를 합한 합성어다. 빌더(Bilder)는 그림, 어떤 모습, 형상이란 뜻이요, 베르거(Berger)는 광물이 땅속에 있으나 보이지 아니하듯 숨겨졌다는 뜻이다. 세계정부를 만드는 사람, 곧 하나님의 구원사업을 훼방하고 방해하는 사람들을 '빌더버걸(Bilderberger)'라고 한다.[1]

빌더버그(Bilderberg)라는 낱말은 벨기에와 서부 게르만과 수리남 등 대부분의 네덜란드(Dutch) 사람들이 쓰는 낱말이다. 이들은 삼각통치나 외교협의회 회원으로서 지구주의에 적극적으로 활동하지만 회원제도는 아니다. 그들 중에는 재력이 있는 사람들과 그렇지 않은 사람들도 있다. 돈 있는 사람은 돈으로, 돈 없는 사람일지라도 세계정부를 만드는 일에 도움이 되는 정치인, 관료들, 언론인, 기업인, 교수, 군장성, 주재국 대사, G7국가 수뇌부 등 다양하다.[2]

Bilderberg 첫 모임의 장소
"Hotel de Bilderberg"

Bill Donavard
(1911.6.29~2004.12.1)

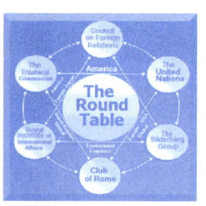
세계정부를 만드는 조직표
3각통치 컨넥션

　1945년 5월 29일~31일, 3일간 네덜란드 군주 벤하드(Bernhard)에 의해 재편성된 '빌더베르그'는 세계정부를 구축하기 위해 모든 나라의 조직을 움직이는 무리들이다. 빌더베르그는 1941-1942년까지 네덜란드 사람 '빌 도나바드(Bill Donavard)에 의해 시작되었다. 그 후 조직을 확대시키기 위해 1945년에 네덜란드 군주 '벤하드'를 중심으로 조직을 재편해서 오늘에 이르게 된다. 이 조직을 빌더베르그로 이름이 붙여진 것은 은밀한 모임의 장소를 선택한 곳이 독일국경에서 가까운 네덜란드 Arnhem 근교에 있는 호텔이름에서 유래된다. 'Hotel de Bilderberg'에서 조직을 위한 첫 모임을 가졌다 하여 조직의 이름은 Bilderberg이로 명명하고 회원을 'er'를 붙여서 Bilderberger라 부르게 된 것이다. 1954년 5월 29~31일, 네덜란드 군주 벤하드에 의해 재편된 빌더베르거는 모든 국제조직을 움직이면서 단일정부를 만들려는 '청사진의 골격(Project Blue Beam)'이 다음과 같이 알려지고 있다.[3]

　① 국제군대 (An international army)
　② 국제경찰의 공권력 (An international police force)
　③ 경제를 위한 세계은행 (A world bank for the economy)

④ 유엔 산하에 두는 세계정부 (A world government under the United Nation)
⑤ 세계보호 은행은 세상에 메마른 은행들을 보관한다. 그 방법은 모든 돈이 새 국제은행으로 혼입되든지 아니면 전부 안보이게 없어지게 한다. (A world conservatory bank wilderness preservation around the world. That means all 'green' movement will be melded into the new inter-national bank or disappear altogether)
⑥ 모든 교회의 교리가 있는 세계에서 종교의 뿌리를 파멸시키고, 그자리에 신세계종교회는 수병좌(적그리스도를 의미함)에 의해 바꿀 것이다. (A world religion where all church doctrine will be destroyedat the roots of be replaced by the new world religion of the age of Aquarius)
⑦ 세계의 7인종 분류는 그들이 동의하든 안 하든 맡겨진 업을 수행하도록 사전에 인간 노예들로 결정지을 것이다. (The world seven races classification for all human slaves who will fulfill predetermined work tasks whether they agree with it or not)
⑧ 유엔 산하에 본부가 있는 세계정부는 다른 새로운 조직(지구정부)을 받아들이지 않을 것이다(The world concentration headquarters at the United Nations for those who will not accept the new system)
⑨ 신세계농업과 식량 조달은 전 세계에 식량과 비타민 공급을 조절(배급)할 것이다 (The world agriculture and food supply control which will control food and vitamin supplies around the world)

세계의 모든 교회가 가지고 있는 종교의 뿌리인 교리를 파멸시키고, 그 자리에 신세계종교의 수병좌(적그리스도를 의미함)로 바꾸게 한다. 그들의 계획은 성경을 믿는 사람들과 예수그리스도에게 예배하는 모든 사람들을 파멸시킬 것이고, 완전히 보이지 않게 기독교 신앙을 없애려 할 것이다.

이는 예수 그리스도의 자리에 사탄의 대리자가 되는 적그리스도로 바꾼다는 의미일 것이다. 그들은 성경을 없애고, 적그리스도를 위해 새로운 신경을 만들게 된다. 새로운 신경은 적그리스도의 강령이 될 것이다. 그것을 사용하게 하기 위해 영생의 말씀인 성경은 강제적으로 몰수시킬 것이다. 그리고 성삼위 하나님이 받는 예배를 적그리스도가 받게 된다는 말이다. 그리고 지구상에서 기독교인을 완전히 없앤다고 말한다.

이러한 일을 하기 위해 어둠의 권세는 유엔을 앞세우고 이미 유엔에 등록시킨 단일종교회를 활용하여 하나의 종교와 하나의 신앙으로 바꾸기 위해 종교를 통합시키게 된다.[4] 신앙을 하나로 통합시키는 걸림돌이 되는 성경을 몰수하고 대신 세계정부 통치자의 강령으로 대체시키는 것이 '새로운 신경'을 만드는 것이다. 아울러 병행적으로 성삼위 하나님이 경배받는 자리에 적그리스도 통치자가 앉게 될 것이다. 이러한 상황은 기독교의 뿌리 자체가 없어지고 기독교는 사라지게 되는 것이다.

"외식하는 자여 너희가 천지의 기상은 분변할 줄 알면서 어찌 이 시대를 분별치 못하느냐? 또 어찌하여 옳은 것을 스스로 판단치 아니하느냐?"(눅12:56-57)

요한계시록 13장과 14장에서는 예수를 믿던 믿지 않던 호흡하는 모든 인류에게 적용되는 짐승의 표라는 666에 관하여 쓰여 있다. 이것은 어떤 신을 섬기든지 다 해당되는 내용이다. 짐승의 이름이라는 표에 대하여 이해하려면 그것을 시행하는 주체가 무엇인지부터 알아야 된다. 그것을 알기 위해서는 하나님께서 경고하신 성경에 근거해야 옳을 것이다. 그러면 그것을 경고하신 하나님의 말씀은 무어라 하셨는가?

데비 키드(Devvy Kidd)는 자신의 책 "미국은 왜 망하는가? 에서 미국의 빌더베르그가 시작될 때는 구성원들은 제럭스(Xerox)사 회장 폴 알라이어(Paul Allaire), 아쳐 대니얼 미드랜드(Archer Daniel & Midland)회사 회장 다우니 앤드리아(Dawyne Andreas), 상원의원(RI) 존 채피(John Chafee), 브리스톨 메이어 스퀴비(Bristol Meyer Squib) 회사 회장 리처드 흘랜드(Richard Furland), 다우 존스(Dow-Johns) 증권회사 국제부 부사장 케런 하우스(Karen E. House), 닉슨(Nixon) 행정부당시 국무장관 헨리 키싱저(Henry Kissinger), 록펠러재단 회장 대이비드 록펠러(David Rockefeller), 미국제철회사 회장 린 윌리암스(Lynn Williams), 미국산업노조 의장 잭 쇠인크맨(Jack Scheinkman) 등이라 하였다. [5]

지금은 오바마 대통령을 비롯하여 행정부, 입법부, 대학교교수, 투자회사, TV와, 출판사, 명문일간지의 미디어, 큼직한 금융기관, 전 현직 상하원의원, 재벌기업 총수, G7국가와 세계 각국에서 300여 명 이상으로 집계된다. 이들 중에는 대부분이 삼각통치나 외교협의회 회원들이다. 빌더베르거의 주역은 경제 선진 7개국(G7) 정상들이다. 그들은 세계단일정부 구상을 외교협의회와 삼각통치에서 정책하도록 하고, 그 정책을 결정해서 유엔과 세계무역기구에서 실행하도록 한다.

이러한 작업은 국제적인 기구회의에서 통과될 때까지는 공개되지 않도록 안건 없이 커피나 나누고 헤어졌다는 보도처럼 절대비밀로 한다. 모임에서 다루어지는 사안들은 네 가지다. 첫째는 국제정치문제, 둘째는 금융통합을 위한 경제문제, 셋째는 세계안보를 위한 군사문제, 넷째가 단일정부를 만드는데 절대적으로 사상문제와 직결되어지는 종교문제다. 이러한 사안들이 진척되는 것은 세계무역기구와 삼각통치를 통하여 모든 나라들이 따르도록 하고, 수정이나 필요한 보강 등을 외교협의회와 삼각통치에서 재검토하게 한다. [6]

외교협의회에서 세계정부를 위하여 1929년부터 활동하고 있는 점을 감안하면 "불법의 비밀이 이미 활동하였다"(살후2:7)는 말씀은 맞다 할 것이다. 그러나 때가 아직은 이르지 않아서 짐승 정부가 나타나지 못하고 있으나, 숨겨진 빌더베르거는 계속하여 하나님의 기름 부음을 받은 자를 대적하기 위해서 추진하는 것이 "세상의 군왕들이 나서며 관원들이 서로 꾀를 낸다. (시2:1~3)"는 경고로 볼 때, 이들이 세계단일정부를 만드는 주역이기에 짐승으로 나타나는 사상으로 나타나는 것이다. 이러한 배경을 알지 못하는 사람들은 빌더베르그와 프리메이슨을 혼동하고 있으므로 바른 이해가 필요하리라 본다.

1. 빌더버그(Bilderberg)

세계백과사전에 따르면 빌더베르그는 1941~1942년 네덜란드 사람 빌 도나바드(Bill Dobavard)에 의해 시작되었다가 1945년에 네덜란드 군주 벤하드(Prince Bernhard)를 중심으로 조직을 확대시켰다고 되어 있다. 이들 조직이 빌더베르그로 이름이 붙여진 것은 은밀한 모임의 장소를 선택한 곳이 독일국경에 가까운 곳에 있는 호텔이름에서 유래한다. 'Hotel de Bilderberg'에서 조직이 시작되었다고 하여 조직의 이름은 빌더베르그라고 회원을 'er'를 붙여서 빌더베르거라 한다.[7]

이들은 외교협의회와 삼각통치와 영국의 왕실 국제연구소와 캐나다최고경영협의회(Canadian Council of Chief Executives)와 멕시코 국립협의회(National Council of La Raza aids the Mexican Government)와 유럽의 여러 국가가 세계정부주의자들의 집결체이지만 회원은 아니지만, 그들이 G7에 포함됨에 따라 자연스럽게 형성된 무리로서 각 나라별로 사무실을 두고 있다. 빌더베르그 모임은 네덜란드에 사무실을 두고 의장에는 마야 방크 폴데맨(Maja Banck Polderman)이다. 미국에는 미국 빌더베르그 친구회라는 조직으로 New York에 사무실을 두고 의장에는 찰스 뮐러(Charles W. Muller)이다. 빌더베르그는 모든 국제조직을 움직이면서도 세계정부를 만드는 조직이지만 프리메이슨은 이들과는 전혀 관계가 없다.[8]

2. 프리메이슨(Freemason)

프리메이슨의 공식 명칭은 '엔씨엔트 프리 앤드 억셉티드 메이슨(Ancient Free and Accepted Masons)'라고 한다. 이 명칭의 뜻은 '고대석공의 허용과 자유' 라는 뜻이다. 그들은 서민층인 노동자들의 모임이다. 900년대부터[9] 1600년까지 아스팔트나 시멘트가 없었을 당시에 집을 지을 때 필요로 하는 돌과 도로에 쓰이는 돌을 깨던 석공들의 모임이었다.

이들은 세상에서 가장 오래된 형제 우애 조합의 이름 중 하나이다. 이 단체는 형제 우애와 회원들 간의 도덕성을 더 양육하는 것에 목적을 두었다. 이들은 자연스럽게 모임이 형성되면서 선한 사업을 시작하게 되었다. 이들의 소원은 각기 자기 집을 소유하는 것과 지주층으로부터 해방(Free)되는 것이었다. 이러한 소원을 이루기 위해 비밀리 매일 한 장의 돌을 모아서 돌아가며 형제간(Brotherhood)의 집을 지어주기 위해 모임을 가진 것이 Ancient Free and Accepted Masons이라고 세계백과사전에 명시되어 있다.[10]

그들은 회원 간의 도덕성을 가르치는데 목표를 두고 있다. 1600년 이후부터 지금까지 이들의 사업은 병원, 과부들의 가정, 고아들, 양로원, 고통 중에 있는 사람들을 위로하고 구하는 일과, 학생들에게 장학금지원 등으로 연간 수백만 달러를 지출하고 있다. 회원들은 모두 종교 안에서 일치하여 더 나아지기를 노력함으로 좋은 사람, 진실한 사람이 되기를 노력하는 모임이다. 영성을 통하여 이들은 각양의 신앙과 의견을 가진 남자들이 같이하게 되었다.

어떤 특정한 신앙의 교파를 가진 종교는 아니다. 누구든지 한 하나님 안에서 공공연하게 인정할 수 있는 독실한 신자이면 이 단체에 가입할 수 있다. 그러나 어떤 믿음을 가진 사람은 회원이 되는 것을 금하고 있다. 석공들은 900년부터 1600년 사이에 대성당건축의 근간이 되었다.

그때에는 이 석공들이 유럽의 각 도시와 마을에서 "길드(동업조

합)"으로 불리는 조직체를 형성했다. 1600년대에 와서 대성당 건축양식이 사양길에 들어서면서 많은 석공들 조직은 순수한 사회적인 사회단체가 되었다. 그들은 좋은 사람과 진실한 사람이 되도록 도우며 믿음을 향상시켜주는 목적일 뿐이지 정치에는 관심을 두지 않는다.[11]

그러면서 회원들은 유럽의 여러 나라로 확대되면서 부르라지(Blue Lodge)., 32도 메이슨(32nd Degree Mason), 33도 메이슨(33rd Degree Mason), 펠로우 크라프트(Fellow craft), 나이트 템프라스(Knights Templars), 마스터 메이슨(Master Mason), 등으로 지역적으로 계급의 차등을 나타내며, 지역으로 각기 명칭을 달리하고 있다. 그러나 개인에게는 어떤 등급이 부여되지 않으며 어떤 정치적인 의도는 없는 조직이다.[12]

그러면 왜 사람들이 세계정부를 만드는 집단을 프리메이슨이라 하는가? 그것은 세상에 빌더베르그가 알려지지 않았던 시대의 사람들이 추론으로 만들어낸 데서 시작되었다고 보인다.

이유는 한영사전에 보면 프리메이슨이라는 뜻에 관한 해석을 "회원 상호 간의 보조와 우애를 목적 삼은 비밀결사 프리메이슨단(Free and Accepted Masons)"[13]으로 잘못된 편집을 보고 만들어낸 말에서 시작되었을 것이다.

그런데 조직의 역사나 세계백과사전이나 현재 그들의 조직 어디에도 "비밀결사"라는 단어는 없다. 그리고 사이트에 올려진 자료들도 애당초부터 틀린 내용을 그대로 따르기 때문에 항상 옳지 않은 인식을 심어주게 된 것이다. 프리메이슨의 공식명칭은 "Ancient Free and Accepted Masons"인데, 어느 때부터 사람들은 "Ancient Free"에서 Free와 "Accepted Masons"에서 mason, 두 단어만 합하여 Freemason으로 부르게 된 것이다. 그래서 인터넷에서 'Wikpedia'에서는 "프리메이슨"에 대하여 "17세기 후반부터 애매한 기원에서 나타났다."라고 잘못된 기원을 설명하고 있다.

잘못된 기원에 대하여 "캘리포니아의 귀신들이 사는 마을 (Masonic redirects here. For the ghost town in California)"라고 되어 있고 시작연도를 1,390년부터라고 잘못 알려지고 있다. [14]

한국에도 빌더베르그 회원인 삼각통치 태평양아시아 회원 15명과 국제상임위원 1명이 있다. 그들은 빌더베르거이지 프리메이슨 회원은 아니다. 또한 일본에도 삼각통치 태평양아시아 회원 85명, 호주와 뉴질랜드가 8명, 인도네시아, 말레이시아, 필리핀, 싱가포르, 태국에서 각각 1명씩 있다. 유럽에서 오스트리아, 벨기에, 체친 공화국, 덴마크, 에스토니아, 핀란드, 프랑스, 독일, 그리스, 헝가리, 아일랜드, 이탈리아, 노르웨이, 폴란드, 포르투갈, 싸이프루 공화국, 슬로베니아, 스페인, 스웨덴, 네덜란드, 영국, 등에서 160명이 있다. 북미주에서는 캐나다 20명, 멕시코 13명 미국이 87명이 있다. [15] 또한 미국에만 외교협의회 회원이 4,000명이 넘으나 이들은 빌더베르그 회원일 뿐이지 프리메이슨 회원이 아니므로 잘못된 인식을 바꾸어야 한다.

국제형사재판소(ICC)

국제형사재판소 휘장

가입한 나라 (록색-120개국)

국제형사재판소(International criminal court)는 1998년 7월 17일에 이탈리아 로마에서 148개국 대표들이 참석한 가운데서 7개국의 반대와 21개국이 기권하였으나 120개국이란 절대다수로서 만들어졌다. [16]

반대한 나라들은 미국, 이스라엘, 중국, 리비아, 과타말라, 이라크, 예멘, 등이나 미국에서 발족을 서두르고서도 반대한 것은 미국이 원하는 대로 되지 않았기 때문이었다. 국제형사재판소는 누구든지 대량학살, 전쟁범, 인종차별 범, 그리고 침략자 등은 물론이고 개인까지도 국제형사재판소 법으로 다루게 될 지구촌 어디서나 해당하지 않는 곳이 없게 되었다. 이것은 유엔이 가장 높은 법정으로 올라서면서 모든 나라 국민은 세계법(Global law) 통치를 받게 되며, 때로는 개별국가 안에서 발생되어지는 문제까지도 해당한다고 하였다.

그러므로 국제형사재판소는 60개국으로 만들어 놓았던 헤이그(Hague)조약[17]이 존재하고 있기는 하나 앞으로는 모든 사람의 삶을 좌우하는 국제사법부가 된다는 것이다. 헤이그 법 보다 로마 법이 강한 법으로 성립될 때, '모든 나라는 자율적인 자국법도 국제형사재판소 법정의 통치권에 협조해야 된다.

그러므로 어느 나라일지라도 여기에 반대하거나 대항할 때에는 제한을 받게 된다. 당초부터 국제형사재판소 설치법은 나치 당시 때처럼 악한 전범이나, 대량화학 살상범, 인종차별범, 국가 간의 침범 등 국제적으로 골칫거리가 되는 사안들을 다룬다는 취지에서 시작되었다.

1998년 6월 15일에 유엔의 공개회의에서 코피 아난(Kofi Annan) 사무총장은 7월 중순, 이탈리아 로마에서 국제형사재판소가 시작된다고 발표하는 자리에서 "시작은 어수선하게 세계주의자들로 출발하겠지만 인류에게 있어야만 될 법정이 될 것이며, 법의 방패로서 사악함을 막아야 된다"했다. 유엔의 시각에서는 국제형사재판소는 뉴렘버그[18] 재판소처럼 영구적으로 개인의 고소와 실형들을 재판할 법정이 된다. 아직 완전하게 시행단계까지는 아니더라도, 남겨놓은 법 조항 부분은 캄보디아 폴 포드(Pol Pot)와 이라크의 사담 후세인까지도 포함될 것이며, 어느 누구도 유엔법을 어기고 도망할 수 없도록 법으로 묶겠다는 것이다. 표면적으로는 보스니아(Bosnia) 전쟁 때, 전범자를 체포하고 인계문제로 고민했던 북대서양조약 상임위원회가 유엔에서 이 문제를 다루어야 된다고 했던 것이 국제형사재판소가 생기도록 보장하여준 결과라 한다.

그러므로 대량학살무기생산과, 살상화학무기, 무역관세협정, 국제통화기금, 북대서양조약, 자유무역협정문제 등으로 국제형사재판소가 설립되어야 했다. 그러나 내면 깊숙이 들여다보면 그렇지 않았다. 세계주의자들인 외교협의회와 삼각통치에서는 세계정부가 탄생된 이후의 주도권문제 때문에 G7 덴버(Denver)모임에서 러시아를 옵서버로 참석시키고 다른 각도로 돌려놓은 것이다.

미국에 있는 세계주의자들은 미국이 국제형사재판소에서 주권을 상실하지 않아야 하고, 새로운 힘을 행사하기 위해 미국의회가 적극적으로 도왔다고 한다. 그러나 반대 입장에서는 전범자와 인류 죄의 대립문제로 볼 때, 나아가서는 공안당국에 의해 개인의 자유에 속하는 신앙적인 문제로 육신까지 빼앗기게(Deprive)[19] 되기에, 국제형사재판소 탄생은 위험한 것이라고 말한다.

'Deprive'는 인간의 생명이나 재산이나, 신앙까지 모든 인간의 삶에서 필요한 것은 다 포함된다는 말이다. 그러므로 국제형사재판소가 단순하게 나쁜 것이 아니라 아주 위험하다고 한다. 결과적으로는 국제형사재판소는 무서운 괴물로 등장하게 되었다. 국제형사재판소 설치는 단순히 인종차별로 대량학살이나, 살상무기생산 등 국제적인 범법자만 다루려는 것은 결코 아니다.

앞으로 국제형사재판소는 어떤 목적과 역할을 하게 될 것인가? (삼각통치)TC의 의도가 미국이 정치적으로 금융권을 통하여서 경제와 지적과 종교를 위한 성직자까지 장악한다 하였다. 또는 CFR은 모든 나라의 경계선을 없애버리고, 지구에서 단일정부를 만들기 위해 입법을 추진시켜 왔다. 한편으로는 국제적인 두뇌들과 재력가들로 구성하고 은밀히 세계정부를 만드는 사람들은 세계경제계획과 정치정책을 장악하고 세계단일정부를 만들기 위하여서 정부는 대강령정책을 만든 후에 각본대로 진행시켜 왔었다.

국제형사재판소를 설치한 목적은 앞으로 지구촌의 모든 사람들을 신세계정부에서 강제적인제도(Under the enforcing rule)로서 다스리려는 술책이다. 국제형사재판소는 누구든지 세계정부가 요구하는 정책에 반대나 거부하게 될 때, 개인의 육신까지 구속하게 될 것이다. 4일간의 회의에 참석했던 사람들은 앞으로 세계적인 명령이 내려질 규정은 곧 법이기 때문에 지구촌의 모든 인류는 국제형사재판소의 의사봉 앞에서 생명을 잃게 될 것이란 내용은 다음과 같다.[20]

회의에 참석했던 사람들 중에서 첫 번째로 네덜란드 대표 갬 스트리야(Gam Strijards)는 "모든 나라는 자율적인 자국법도 국제형사재판소의 법정통치에 협조하지 아니하고 반대하거나 대항할 때는 죽음의 무릎을 꿇도록 제한을 받게 된다."라고 하였다. 이 뜻은 모든 나라는 자국국민을 보호할 의무가 있기 때문에 자국민들의 인권이나 자유가 빼앗기지 않도록 세계법정이 요구하는 부당한 사항에는 당연히 반대하고 거부하게 될 것이다. 그럴 때 국제형사재판소는 세계법 위반범으로 지목하고 강압적인 심판권을 행사한다는 것이다.

국제형사재판소가 포학한 세계법정이라는 것에 대하여서 성경은 이렇게 말한다. "저희가 한 뜻을 가지고 자기의 능력과 권세를 짐승에게 주더라"(계17:13) 하였고 계속해서 "하나님이 자기 뜻대로 할 마음을 저희에게 주시사 한 뜻을 이루게 하시고 저의 나라를 그 짐승에게 주게 하시되 하나님 말씀이 응하기 까지 하심이니라."(계17:17) 라고 명시하고 있다.

두 번째는 미국대표로 상원외교분과위원장 로드 그램(Rod

Grams)는 "지구촌의 모든 인류는 국제형사재판소의 의사봉 앞에서 생명을 잃게 된다."라고 하였다. 그리고 세 번째는 미국 인디애나 주에 있는 로트르 담(Nortre Dame)대학 법대교수 찰스 라이스(Charles Rice)는 "공안당국에 의하여 개인의 자유에 속하는 신앙적인 문제로 육신까지 빼앗기게 될 것이다."라고 하였다. 두 번째와 세 번째 내용에서 '생명을 잃게 될 것'과 '신앙적인 문제로 육신까지 빼앗기게 될 것'이란 두 문맥은 마지막 때가 되면, 모든 인류는 세계정부로부터 짐승의 표 666을 요구받게 된다는 것이다.

이유는 상정된 법 조항들 중에는 재판(공판)에서 배심원들을 안다는 것은 보증할 수 없고, 고발자가 누구인지 알려고 마주 보는 주권이 없으며, 결백을 가정할 수 없으며, 호송에서 안전보호를 받지 못한다고 되어 있으므로 여기에 대하여 성경은 이렇게 증거한다.

"어린양의 생명책에 창세 이후로 녹명되지 못하고 이 땅에 사는 자는 다 짐승에게 경배하리라."(계13:8)

참석자 중의 네 번째는 뉴 아메리칸(New American) 기자 윌리암 재스퍼(William F. Jasfer)는 "국제형사재판소는 누구든지 세계정부가 요구하는 정책에 반대하거나 거부하게 될 때는 개인의 육신까지 구속하게 될 것이다."라고 하였다 그들이 말하는 정책들이 주는 의미는 앞으로 세계정부가 목표로 정하고 추진시키는 모든 제도와 질서 등이 포함되는 통치자의 강령에 대하여 성경은 이렇게 증거 한다.

"또 짐승의 우상에게 경배하지 아니하는 자는 몇이든지 다 죽이게 하더라."(계13:15)

성경의 경고는 누구든지 666 짐승의 표를 받지 아니하거나, 짐승과 그의 우상에게 경배하지 아니하는 사람은 다 죽임을 당한다는 말씀과 일치된다는 점이다. 문제는 그것뿐만이 아니다. 사람의 몸에 칩을 넣어서 인간을 통제한다는 데에 문제가 있는 것이다. 베리칩 생산회사 어프라이드 디지탈 솔루션(Applied Digital Solutions)는 판매시장을 세계로 넓히기 위해 2005년 12월 30일에 베리칩 유통회사를 설립하고 2006년 1월 10일부터 플로리다 디래이 비치에서 업무를 시작하였다.[21] 그 후 판매시장을 전 세계로 넓히기 위해 2009년 11월 10일에 IBM으로부터 '스틸 바울트(Steel Vault)회사'를 끌어들여서 베리칩 유통회사와 스틸 바울트, 두 회사를 합병시켰다.[22]

이렇게 합병시킨 회사 이름을 Positive-ID(포지티브 아이디)이라고 하였다.[23] Positive-ID 회사는 수요자들과 사업들을 보호하기 위해 건강과 신분안전을 특이한 방법으로 제공하게 된다. 포지티브-ID(Positive-ID) 회사는 개인기록을 한 곳으로 집약시키는데 선구자적 역할을 맡고 있다. 그리고 처음으로 식품의약청으로부터 허가를 받아 환자신원을 확인하기 위해 몸에 넣는 것이 가능하도록 만들어진 베리칩이다.

POSITIVE-ID라는 회사는 어떤 회사인가?

Positive-ID 회사는 IBM회사가 세운 스틸 볼트(Steel Vault) 회사로서 제2차 세계대전 당시 악명 높았던 나치제국의 아우슈비츠(Auschwitz) 대량학살 사건으로 기억에 떠오르는 회사이다. 헤르만 홀레리취(Herman Hollerith) 기계는 1924년 설립된 IBM에서 만들어졌고 미국 인구조사 때 처음으로 자동화되었는데 이 기계는 IBM의 키 역할을 하는 토마스 왈슨(Thomas J. Watson)과 함께 살인기계를 조종한 회사이다. 왈슨은 나중에 나치독일로부터 영웅적인 노력의 대가로 공로메달과 십자기장을 받았다.

IBM의 회장인 왈슨은 보헤미안 그로브의 회원이었고 나치정부의 지도자 아돌프 히틀러라는 국가사회주의자와 가까운 친구에 의하여 그러한 일을 하는 위치를 부여받게 되었다. 독일에 있는 IBM은 총체적으로 완전히 나치전쟁의 하수인 역할에 빠져들었다. 나치강제수용소마다 홀레리취 압타이룽(Hollerith Abteilung)라고 불리는 펀치부서가 운영되었다.

1930대 홀레리취(주: 카드에 구멍을 뚫는 것이나 데이터 프로세싱 프로그램 등으로 쓰이는) 펀치시스템에 관한 포스터를 보면, 포스터에 그려진 로고는 모든 사람을 볼 수 있는 눈이 번쩍이며 그 도시를 내려다보고 있다. 그 로고가 말하기를-펀치카드로 모든 것을 볼 수 있다. 5자리 수 홀레리취번호와 고안된 펀치카드시스템은 초창기에 IBM에 의해 소프트 프로그램으로 고안된 것이다.

이 홀레리취 기계는 시민들과 노동자들이 능률적으로 일할 수 있게 하기 위한 방책으로 전산화된 것이다. IBM회사는 홀레리취 기계에 알맞은 기술자와 나치의 전쟁 동안 죄수들의 관리에 필요한 기계를 둘 장소와 건물이 있어야 했다.

죄수들은 지칠 때까지 일하고도 가스나 총살에 의하여 죽임을 당했다. 그런데 할당된 5자리 수 번호를 피할 수 있는 길은 IBM 시스템에 잘못으로 6자리 수가 매겨졌을 때이다. 6자리 수를 가진 사람은 감옥에서 해방될 수 있었다. 이같은 인간 멸망의 자동조작은 IBM회사에 수익을 돕는 것 외에 다른 이유는 없었다. 그런데 놀라운 것은 이러한 일들이 오늘날 더 빨리 진전되고 있다는 것이다. 베리칩을 생산하는 어프라이드 디지탈 솔루션(Applied Digital Solutions)회사는 IBM의 '스틸 바울트' 회사를 인수해서 기존의 유통회사와 합병해서 포지티브-ID(Positive-ID) 회사라고 이름을 바꾸었고 베리칩도 Positive-ID(포지티브 아이디)라는 이름으로 세계에 유통시키는 회사가 되었다.

Positive-ID(포지티브 아이디) 회사는 중점적으로 두 가지를 분류해서 운영한다. 그것은 건강 ID와 신분 ID이다. 회사의 건강 ID 사업은 앞으로는 사람의 건강분야와 동물의 건강분야로 구별된다. 건강 ID는 수요자들, 짐승들, 사업상의 혁신적인 건강문제에 중점을 두고 있으며 인간의 두뇌작용에 기준을 두었다. 신분부호 부분의 ID를 통하여 회사는 도난방지신분증을 제공하고 신원의 모니터링과 신원조회 등을 통하여 서비스와 연관된다. Positive-ID(포지티브 아이디) 회사설립의 필수적인 부분은 환자신분을 위하여 몸에 넣는 베리칩이다. 회사의 RFID 마이크로칩은 2001년 9월 11일로 거슬러 올라간다. 무역센터빌딩이 타면서 무너질 때 죽은 소방대원의 신원을 알 수 없었으나 그들의 가슴에 있는 빼지를 보고 누군지를 확인하였다.

뉴욕의 소방대원들은 그들의 신분번호 명패로 자신들이 부상 또는 의식불명일 때를 위해 그들의 가슴에 달도록 하였는데, 응급상황에서 개인적인 정보를 위해 매우 필요한 것이었다. 그 후에 상품(베리칩)은 비슷한 마이크로 칩이 애완동물에게 쓰이는 데서부터 발전한 것이다. 회사는 2004년 10월 말에 마이크로 칩에 대한 식약청의 승인을 받았다.

2005년 5월 11일(수) H.R.1268에 부시 대통령이 서명한 리얼-ID 법은 미국 국토안보부의 최종규정(Final rule)이라고 하였다. 그 내용에는 1964년 이후에 출생한 사람은 2014년 12월 1일까지 리얼-ID로 받아야 하며, 1964년 12월 1일 이전에 출생한 사람은 2017년 12월 1일까지 리얼-ID를 받도록 되어 있다[24]

그러나 2011년 3월에 국토안보부는 플라스틱으로 된 리얼-ID에서 Positive-ID(포지티브 아이디)로 전환시키면서 앞에서 발표한 리얼-ID 시행날자를 앞당겨서 2013년 1월 15일까지로 바꾼다(The effective date the real ID Act implementation deadline until January 15, 2013)라고 발표하였다.[25]

2010년 2월 2일, 합병한 베리칩 회사는 이날로부터 '베리칩'을 '포지티브 ID'이라고 하면서 회사이름도 바꾸었다. 이것은 베리칩 생산회사가 개발하고 생산하는 베리칩을 'Positive-ID(포지티브 아이디)'로 제품명을 바꾼 것이다. 이는 지난번에 미국의회가 통과하고 오바마 대통령의 서명까지 거친 의료보험개혁법으로 2013년부터 실시하게 될 의료혜택도 이 Positive-ID(포지티브 아이디)가 있어야 혜택을 받게 되겠기에 다음 내용은 아주 중요함으로 꼭 숙지해야 한다.

"첫째 천사가 가서 그 대접을 땅에 쏟으매 악하고 독한 헌데가 짐승의 표를 받은 사람들과 그 우상에게 경배하는 자들에게 나더라"(계16:2)

태양이 틀림없이 떠오르는 것처럼 베리칩도 여전히 대량생산으로 세계에 떠오르고 있다. 전 세계를 하나로 묶기 위해 사람들에게 칩을 넣게 하려고 다른 방법으로 시장점유에 접근하고 있다.

그리고 IBM의 자금지원을 받는 포지티브-ID(Positive-ID) 회사가 사람 몸에 넣는 베리칩으로 세계시장을 점유하고 지구촌 사람들에게 넣을 베리칩을 유통하게 된다. 워싱턴포스트에 따르면 이 칩을 넣은 동물 중에서 암(Cancer)과 종양(Tumor)이 발병했다고 보도하였다.[26]

아직은 공개적으로 밝혀지지 않고 있는 것처럼 이 칩으로 인하여 종양과 암이 발병되었을 때 발병의 원인이 확실히 두드려진 증거로 말미암아 비난받게 될 것이다. 이유는 베리칩은 분명히 긍정적인 것은 아니라고 속여야 하겠기 때문이다. 그들은 속을 감추고 최고 경영진에서 강행하기로 했다고 한다.

'알 수 없는 보호'라는 이름으로 그들은 주저 없이 동의를 얻지 않고 치매환자들에게 '확실한 신분증'이라는 칩을 넣는 것을 강행하기로 결정했다는 것이다. 치매환자들에게 물어보라. 환자들에게 넣는 것이 주사냐? 아니냐! 치매환자들은 칩을 넣는 순간을 모기에게 물렸다고 착각할 것이라 하였다.

무엇이 변했나?

2006년 8월 23일, 미 국방부에서 군인들에게 목에 거는 군번 대신 베리칩을 몸에 넣기를 원한다고 밝혔다.[27] 베리칩 회사는 칩에 대한 신빙성과 사생활문제가 염려되는데도 불구하고 군인들의 몸에 베리칩을 넣을 계획을 점진적으로 진행시키기로 했다고 밝혔다. 뉴스에 따르면 칩을 생산하는 회사는 목걸이 군번 대신 칩으로 바꾼다는 것이다. 베리칩 생산회사는 군인들에게 베리칩을 넣으려고 국방부에 로비했다고 한다.

목걸이 대체용은 베리칩이라고 부르며 그것은 목걸이 군번보다 군인들에게는 어떠한 상황 가운데서도 베리칩은 없앨 수가 없을 뿐만 아니라 어떤 강한 힘으로도 빼거나 버릴 수도 없는 강점을 가지고 있고, 또 다른 유익은 베리칩은 군인들의 의료정보를 확인할 수 있다는 것이다. 만일 전쟁에서 군인들이 부상을 당하여 죽고 사는 생사의 기로에서 매우 큰 차이를 얻게 되기 때문이다.

하지만 이런 아이디어에 반대하는 사람들은 베리칩을 읽는 어느 누구의 손에든지 병사들의 신분을 노출시키기를 원치 않으며 군인들의 몸에 이 베리칩을 넣도록 군인들에게 강요하는 것을 원치 않는다. 현재 미군은 총 1백4십만이라는 병력을 가지고 있고, 그 많은 수가 받아들인다면 베리칩은 굉장히 큰 보증이 될 것이며 모든 국민들이 이 칩을 받아들이는데 첫째로 큰 도움이 될 것이라 하였다.

2011년 10월 11일 동부시간 오전 8시 30분에 Positive-ID(포지티브 아이디) 회사가 글로벌뉴스를 이용하여 발표한 내용에 따르면 이스라엘정부가 이스라엘 군인들에게 넣을 베리칩 주문을 받았다 (PoisitiveID Corporation Receives VeriChip Order for Use With Israeli Military)라고 발표하였다. [28] 플로리다 디래이 비치(Florida Delay Beach)에 있는 회사는 글로벌 뉴스를 이용하여 이 사실을 공개하였는다.

이스라엘정부가 자국의 군인들에게 넣기 위해 수입회사를 통하여 베리칩을 주문한 것은 단순히 군인들의 병을 치유하기 위한 것만은 아니라는 것이다.

이스라엘정부는 자국에서 재앙 같은 사건이 발생된것과 관련하여 대비책과 긴급관리를 위해 이스라엘의 수입회사로부터 베리칩을 주문을 한다고 알렸다. 이스라엘정부가 Positive-ID(포지티브 아이디) 회사에 주문한 바이오칩은 2004년 사람의 신원을 확인하기 위해 몸에 넣고 시중에 판매하도록 미국식약청으로부터 승인을 받은 베리칩이라고 하였다.

이스라엘의 수입유통 회사는 베리칩을 수입하는 것은 이스라엘 국방력 강화를 위해 이스라엘군 병력에 마이크로 칩을 공급하기 위한 것이라고 하였다. Positive-ID(포지티브 아이디) 부사장 마크 파우라혹(Marc Poulahock)은 베리칩이 많은 곳에서 중요하게 적용되고 있음을 안다고 하였다. 그리고 그것과 관계되는 지능재산은 차세대의 생체감각과 확인능력을 포함하는 것이라 하였다. 이스라엘과 수입유통회사는 포지티브-ID(Positive-ID)회사가 이스라엘

국방병력을 포함한 군인들과 재앙을 예방하는 대응에 필요를 돕기 위함이라고 하였다.

무역법과 개인번호 법

1947년 4월 제네바에서 23개국이 참가하여 국가 간의 무역장벽을 해결하기 위하여 국제무역기구 성격으로 무역관세협정(General agreement on tariffs & trade-GATT)이 만들어졌다. 스위스 제네바(Geneva Switzerland)에 본부를 두는 무역관세협정은 1970년대 초기에는 80여 개 회원국이었으나, 지금은 모든 나라가 가입된 상태다.[29]

1994년 12월 1일, 미국은 왜 망하는가?(Why A Bankrupt America?) 23페이지에서[30] 저자 데비 키드(Devvy Kidd)는 자유무역은 '1848년에 칼 마르크가 해묵은 나라들의 제도를 깨뜨리는 것'이라고 하였는데 이 뜻은 자본주의 제도를 허물어버리고 모두가 평등하게 나누는 제도를 의미하는 것이다.

그리고 '세상은 자유무역제도가 사회를 새롭게 바꾸게 될 것'이라고 하였는데 이는 세계의 통상을 하나로 묶어서 각 나라라는 경계선을 허물어버린다는 의미라고 하였다. 같은 페이지에서 주요한 세 가지 계획을 요약하기를 '모든 나라가 하나로 통합된 세계단일정부, 은행경영을 하나로 통합시키는 금융제도와 종교를 하나로 통합시키는 코드'라고 설명하였다.

세계주의자들이 단일징부를 추진히기 위한 두 번째로 통합시켜야 할 정책이 금융권을 장악해야 한다는 것이다. 1973년에 설립된 삼각통치에 대하여 「사과하지 않는다.」라는 책 293페이지에서 저자 베리 골드워터(Barry Goldwater)는 -삼각통치의 대표자들은 기술적으로 정치, 금융, 지능, 종교에 관계되는 성직(Ecclesiastical)- 등. 네 가지 중심권한을 장악하기 위하여 통폐합의 조정을 해야 한다."[31] 에서 두 번째가 되는 금융정책에 경제통합을 위해 무역관세협정을 활용하고 있다고 하였다.

미국은 왜 망하는가? 책에는 저자 데비 키디는 첫 번째 근거는 삼각통치 설립목적을 삼각통치는 국제조직으로서 "유엔과, 무역관세협정과, 외교협의회의 정책을 조정하며 방향설정"(Control overall and advising on UN, GATT and CFR purposes)이 설립목적이라고 명시한 점이라고 하였다. [32]

두 번째 근거는, 우루과이회의를 앞두고 1994년 9월 18일에 무역관세협정 안건을 의회에 상정시켰던 당시 상무장관 미키 켄토(Mickey Kentor)가 의회에서 '무역관세협정을 관철시켜야만이 미국이 세계정부를 이끄는데 절대적으로 힘을 갖는다. 이것만이 정치와, 경제와, 금융까지 장악할 수 있다.' 라고 하였다. 우루과이 협상에서도 다른 협상 때처럼 각 나라에서 여러 가지 안건을 상정시키지 아니하고 미국이 작성한 안건만 다루어졌다.

그렇다면 왜 항상 미국이 법 초안을 작성하게 되고 다른 나라들은 못하는 것일까? 그것은 세계주의자들인 G7의 구상을 넘겨받은 외교협의회는 지구의 10지역에서 제1지역인 북미주에서 '신세계정치질서'라는 정치문제를 전담하도록 되어 있기 때문에 모든 법안을 미국이 작성하게 된다.

다른 나라에서는 참석해서 자구수정 정도와 가부의 표결만 하기 때문에 항상 세계주의자들이 원하는 방향대로 끌려갈 수밖에 없는 것이다. 미국은 무역관세협정을 타결시키고, 모든 나라들이 준수하도록 유엔으로 넘겨줌으로써 세계정부를 만드는 데 힘을 얻게 되었다.

여기에 따라서 모든 나라들은 납세자들로 하여금 세금을 포탈하고 도망하거나, 불법이민이나, 개인세금이나, 무역과 관세 등의 납세자의 정보를 위해서 개인번호를 부여하도록 하였다. 협정서에는 '모든 납세자에게 개인번호를 부여하고, 동시에 출생하는 신생아도 등록해야 한다.'라고 명시하고 있다. 이 조항에서 모든 나라들은 출생되는 아이는 물론이고 이미 출생된 모든 사람에게 개인번호를 부여하는 실마리를 제공하게 된다.

이러한 방법은 새로 태어나는 아이의 부모까지 정확하게 파악된다. 그리고 동시에 사람의 이동이나 활동에 관한 추적과 위치를 정확히 찾아내는 직접적인 수단이 되었다. 여기에 따라서 미국도 우루과이 조약을 준수한다는 미명으로 국민에게 이것을 시행하였고 앞으로 사람들에게 신원을 확인하는 표를 넣게 한다는 것이다.

협정서에는 1995년부터 모든 출생되는 어린아이에게 개인번호를 주어서 추적을 위한 위치까지 확인하도록 한다.[33] 라고 명시하고 있다. 모든 나라는 시행일정에는 차이점이 있었으나 이때부터 자국국민에게 신분번호를 부여하게 되었다. 신분증에 사진이 들어가고 지문이 들어가게 된 것도 무역관세협정에서 이루어진 국제협약에 근거하게 된 것이다.

또한 이때부터 세계의 모든 사람에게 주어진 번호는 국가번호를 분류시켜서 디지털파일로 글로벌번호가 진행되는 동기를 만들게 한 것이다. 협정서에는 개인의 채무책임과 취업조정과 화해정책조항이 개인의 신분제도에 결정적인 영향력을 끼치게 된 것이라 하였다. 따라서 모든 나라들도 자국 국민들의 신분증에 사진과 지문을 넣는 시행은 그 나라들의 정책상 시행기간에서 차이는 있을 수가 있겠지만, 언젠가 하나님의 때가 되면, 세계주의자들이 추진시키는 세계정부 준비작업이 끝나는 일치점에 이르게 될 것이다. 그러나 가장 중요한 것은 이러한 입법이 단순히 신분제도만이 아니라 사람의 몸에 넣어지는 베리칩에 들어 있는 16-자리 고유번호와 함께 DNA 128코드가 여기에 해당된다는 점이다. 현재 몸에 넣어지는 베리칩은 단순히 치료에만 국한되는 의료용만은 아니라는 점이다.

더 넓은 범위에서 볼 때 그것은 개인의 신분번호이면서도 세계정부가 지구촌에 있는 모든 사람을 장악하고 파악하려는 세계주민번호가 된다는 것이다. 병원에서 사람의 몸에 베리칩을 넣고 병을 치유하는 것은 그 사람의 DNA를 조정하여 바꾸는 방법이라 한다.

그렇다면 1994년에 사람의 몸에 바이오칩을 넣도록 모든 나라가 무역관세협정에서 동의했다는 결론을 가져다준다. 조약에 따르면 '국가의 구성원으로서 조직을 규정하는 등록 법'이 있다고 하였다.

이러한 조항들을 볼 때, 신분증이 없는 사람은 그 국가의 구성원이 될 수 없다는 결론으로 해석된다. 지금까지 각 개인은 출생한 나라에서 의무를 충실하게 수행했던 하지 않았던 그 나라의 국민이다. 그러나 정부에서 정하는 표를 거부하고 받지 않으면 국민으로서 권리를 박탈당한다. 그러한 정부는 과연 어떤 정부인가는 너무도 자명하다.

이것이 세계를 하나로 만들고 통치하려는 신세계정부가 아니고 무엇이겠는가? 미국 연방하원(텍사스-공화당) 론 폴(Ron Paul) 의원은, '그날, 미국 사람들은 연방정부 시행령에 따라서 주 정부가 발급하는 개인의 신분증명을 제시하지 않고서는 직업을 얻을 수 없으며, 은행계좌 개설이나, 사회보장연금 또는 의료보험 신청이나, 헌법 개정을 주장할 권리가 없고, 나아가서 비행기 탑승도 할 수 없으며, 생산도 하지 못한다.' 라고 하였다.[34]

여기서 말하는 것들이 2010년 3월 21일에 상원에서 통과시킨 H.R.3200에 규정되어 있다. '개인신분증'은 몸에 넣는 베리칩으로 판명되었다. '직업을 얻을 수 없다'는 것 역시 제조업과 종업원으로 판명되었다. '은행계좌개설' 문제도 2014년 중에 시작하여 2017년까지(in 2014 by 2017) 은행들은 마이크로칩 금융거래를 끝낸다고 밝혀졌다.[35] '사회보장연금' 문제도 H.R.3200으로 완벽하게 법으로 규정해 놓았다. 마지막으로 '비행기 탑승' 문제도 H.R.3200에서 공항검색의 요구가 몸에 넣는 칩(Device)이라고 명시해 놓았다. '생산하지 못한다'는 것도 H.R.3200에서 제조업 조항에 명시되었다.

여기서 무역관세협정이 왜 만들어졌는지를 알게 된다. 이 제도를 통해 사람에게 직접 실시하게 될 개인번호는 베리칩으로 신분을 뒷받침하게 되나. 이런 진행으로 볼 때, 무역관세협정을 만든 것은 경제통합이라는 명분으로서 인간의 지적부분을 장악하려는 음모를 말한다. '인티럭츠얼(Intellectual)'이 지니는 의미는 인간에게 있는 지능이라는 정보를 말한다. 결과적으로는 인간의 정신, 육신, 생명까지 장악하게 될 것이다.

이것이 세계주의자들이 무역관세협정을 활용하여 지구에서 인간을 장악하려고 만든 것이며, 무역장벽을 헐어버리고 자기들이 원하는 방향대로 무기로 삼는 마법(魔法)이 곧 무역관세협정이라고 데비 키드(Devvy Kidd)의 책에서 설명하였고 결과적으로는 건강보험개혁법으로 연결되었다. 건강법에 따라서 카이저병원은 2013년 1월부터 실시한다고 발표할 때[36] 미국의회는 카이저 건강개혁(Kaiser health 또는 Kaiser health reform)이라고 하였다. 그 뜻은 앞으로 모든 병원은 정부가 카이저병원이 시범한 케이스대로 운용해야 하는 것이다.

이러한 법적 통용어가 카이저 건강개혁(Kaiser health reform)이라고 말하게 된다. 이것이 건강법(Health law)이다.

8. 베리메드(VERIMED) 교육과 시행령(ACT)

　하나님이 인간에게 허락하신 존재는 양식(良識) 안에서의 사랑을 공유하면서 영원한 행복을 찾도록 하였다. 그러나 세상은 좋은 식견이라는 양식 안에서 사람의 행복은 다른 사람에 대한 우위, 힘, 그리고 정복하고 빼앗고 죽이는 악한 길로 달려가고 있다. 그러기에 인간은 자기에게 주어진 여건에서 하나님이 허락하신 사랑을 추구하고 생각하게 되는 것이다. 사랑할 수밖에 없고 감사할 수밖에 없는 일들은 우리들의 주변에는 너무도 많다. 인간의 의식은 객관적인 대상에서보다 주관적인 인식 여하에 달렸다.
　어느 분의 말을 빌리자면 '아름다운 장미꽃에 하필이면 사나운 가시가 있는가?'라고 생각하면 짜증이 나서 부정적인 마음이 바탕으로 깔려있는 사람이 된다고 하였다. 그러나 바꾸어 생각하면 '아무짝에도 쓸모없는 가시나무에 저토록 아름다운 장미꽃이 피어났다' 라고 생각하면 오히려 감사하고 감동스러워서 긍정적인 사람이 된다고 하였다.
　인간의 본성은 선한 사람이든 악한 사람이든 죽기를 싫어한다.

인간이 죽는다는 일은 자기의 본질적 인간성을 상실한다는 말을 의미하기 때문이다. 인간의 죽음이란 것은 어떠한 추상적 개념보다 인간은 고귀한 존재이기 때문이다. 그러면서도 그것이 자신에 관한 개인의 관념으로 인하여 본래의 자기 뜻을 관철시키기 위해 상대의 외형적인 아름다움보다 대상을 아름답게 볼 줄 아는 마음가짐이 없을 때가 많다.

그것은 왜일까? 세상에서 인간의 사랑처럼 아름답고 귀한 것은 없다. 사람의 너그럽지 못한 성품이 변화되어 직접 영원세계로 들어가는 정점에 도달되는 사랑만이 어떤 규범이나 가치보다도 높고 위대한 것이다. 그 사랑은 하나님의 본체요 인간에게 주신 사랑은 바로 하나님의 사랑이기 때문이다. 그래서 사랑은 어떠한 환경이라도 거짓이나 편견으로 상대를 모함하거나 노여워해서는 안 된다. 이유는 누구든지 자기가 살아가는 삶에서부터 눈물에 젖은 빵을 먹어본 사람이 아니면 인생을 사랑하지 못하는 자기결핍으로 말미암은 것을 진리라고 운운하고 있다.

진리란 세상의 일반적인 개념으로는 여러 가지 주장이 따르겠지만 성경에서는 진리란 곧 예수님의 말씀(요14:6)이라고 정의하고 있다. 그런데도 사람들은 성경을 들고 교회에 다닌다고 해서 신자라고 착각하고 있다. 그러나 그렇다고 다 신자가 아니듯이 교회들이라 해서 모두 진리에 사는 것은 결코 아니다. 하나님은 모든 사람이 다 그에게 나아오기를 원하시지만 저마다 다 나아가지는 않는다.

그래서 성경은 '너는 지금 어디서 무얼 하고 있느냐?' 라고 물으시는 것이다. 이 물음에 인간은 그 질문이 싫든 좋든 반드시 대답

해야 한다. 이 물음에서 '어디'는 단순한 공간의 위치를 뜻하는 것이 아니라 삶의 상황에 대한 구체적인 물음이다. 인간에게 주어진 가치척도는 얼마나 살았느냐가 아니라 어떻게 살았느냐에 있기 때문이다. 그러므로 자기 비위에 거슬린다고 귀를 막을 것이 아니라 누구의 말에나 겸허하게 귀를 기울이는 마음이 필요한 현실이다.

 이유는 죽음 앞에 선 인간에게는 일체의 자기 합리화나 거짓 따위는 전혀 통하지 않기 때문이다. 오로지 진실만이 있을 뿐이다. 그 진실 앞에 선 자신을 볼 줄 알아야 한다. 자신이 얼마나 초라하고 보잘것없는 존재인가를 생각해 보아야 한다. 도대체 이게 자신이란 말인가를 말이다. 하지만 그 초라한 자기의 실상이 제아무리 밉고 싫어도 결코 기피하거나 거부할 수는 없기 때문이다. 그것이 죽음이라는 마지막 길에 섰을 때, 그렇게 되면 싫든 좋든 다음 물음에 직면하지 않을 수 없다.

 그렇다면 '나는 도대체 무엇인가? 그리고 나는 어디서 와 어디로 가는 것일까?'라는 궁극적인 물음에서이다. 따라서 어떤 고정관념의 포로가 되어서는 안 된다. 편견이나 자기 중심의 사고방식으로 자기를 호도하거나 기만해서도 안 된다.

 인간이란 자기가 부정하고 싫어하는 그것이 불의한 것임을 잘 알면서도 그 늪에서 헤어나지 못한다. 그것은 양심이 반딧불처럼 약하고 무력하기 때문에 그 연약한 지팡이를 짚고 일어설 용기가 없기 때문에 이런저런 이유를 들면서 성경에 있는 말씀이나 실제로 전개되고 있는 현실을 부정하는 것이다.

 그래서 지구촌 모든 인류에게 임할 재앙을 보고 들으면서도 인정하기보다는 이런저런 변명과 변증을 토해내는 것이다. 그것은 인간의 지정의에서 긍정과 부정, 찬성과 반대, 칭찬과 비방, 협조와 방해 또는 훼방하게 되는 것이다.

특히 인간을 인간답게 이루는 부분이 지정의이다. 이러한 원인은 사람의 인격문제와 심리적인 문제와 윤리적인 문제에 기인한다고 한다. 지성(知性)이란 심리적인 측면에서는 지각을 바탕으로 정신적인 인식을 형성시키는 지적기능이다. 인식(認識)은 대상을 감지하는 감각으로부터 대상을 분별하는 지각이다. 지각(知覺)은 육체 밖에서의 것들을 분별하고 깨닫는 인식을 말한다.

윤리적인 측면에서는 사회적인 법으로써 이성에 관하여 이해하고 인식하는 판단이다. 감성(感性)은 심리적인 측면에서는 마음이 밖으로부터 받아지는 쾌활과 불쾌를 의식하여 일어나는 정적기능이다. 의식(意識)은 각성으로 다른 것과 구별하여 나타내는 판단이다. 윤리적인 측면에서는 느끼는 상태에서 일어나는 상황판단이다.

의지(意志)는 심리적인 측면에서 마음으로 사려를 선택해서 결정하고 실행으로 나타내는 기능이다. 사려(思慮)는 여러 가지 일에 대한 생각이다. 지각으로 받아진 인식을 의식적으로 쾌활과 불쾌를 구별하고, 그 하나를 취하는 결정을 내리고 행동으로 옮겨져서 움직이는 의지적 기능이다. 윤리적인 측면에서 도덕적인 행위의 주체가 되고 객체가 되는 정신작용이다.

이러한 인간이라는 존재는 형성되고 성장되는 과정에서 이 세 가지로 인성을 갖추게 된다. 지정의를 옳은 방향으로 자리 잡으면 인격을 갖추게 된다. 그러나 그릇된 방향으로 자리 잡으면 인격을 갖추지 못하는 사람이 된다. 그래서 사람들은 이 마지막 때에 모든 사람의 몸에 넣고 있는 베리칩이 짐승의 표라는 사실을 인정하고 받아들이는 사람들과 인정하지 않고 거부하는 사람들로 나누어지는 것이다. 또한 현실적으로는 사회 전반에서 베리칩이 없으면 살 수 없는 환경으로 진행되고 있다. 그러한 환경은 사람들이 가장 필요로 하는 곳으로부터 시작된다.

학교에 의사를 상근 시킨다

제아무리 베리칩이 짐승의 표가 아니라고 입으로 부정할지라도 육신적으로 따르지 않을 수 없는 법으로 규정하는 제도와 환경으로 형성되는 현실을 거부할 수 없는 법이다. 인류가 살아가는 이 세상에는 어린아이들로부터 장년에 이르기까지 교육이라는 환경이 어떻게 전개되고 있는지를 알아야 한다. 사회보장제도를 위해 만들어진 의료개혁법 2511조항에서 교육프로그램에는 '학교단위 건강센터(Schoolbased health center)'에 관한 내용이 들어있다. [1] 18세미만 학생에게는 보증인(학부모)의 동의(under 18, requirement by sponsoring)서를 요구하는 규정이 있다. [2] 이 규정이 뜻하는 바는 18세 미만의 학생들에게 칩을 넣기(electronic device registry)에 앞서 부모의 동의서를 받겠다는 뜻으로 해석된다.

그리고 이 조항에 이어서 타이틀 4에는 '특성과 감시(Quality and surveillance)'라는 내용도 들어 있다. [3] 이 뜻은 국민 모두에게 그러하듯이 학생들에게도 칩을 넣고 항상 감시하거나 추적하겠다는 뜻으로 해석되는 부분이다. 또한 339Z조 1항에는 '학교단위로 진료실(School based health clinics)'의 규정이 들어 있다.[4] 학교에 관한 두 조항에서 'center'와 'clinics'라는 부문이다. 센터(Center)는 학군단위의 중심을 말하며, 진료실들(clinics)은 매 학교의 의무실을 말하는 뜻으로 해석된다. 그리고 학교단위(schoolbased)라고 명시하고 있다는 점을 주목하여야 한다.

이 뜻은 학교들을 컨트롤하는 학군단위로 메디컬센터(2511조)를 두고서 학군에 있는 모든 학교들을 통제하고 학생들에게 device라는 베리칩을 넣어서 관리하기 위해 각 학교에는 메디컬 클리닉(399Z조 1항), 즉 보건실 또는 의무실을 두고 학생들에게 칩을 넣고 감시 · 감독(1401조)을 하겠다는 뜻이다.[5]

이 법령에 따라 앞으로 학생들은 베리칩을 받지 않으면 등교할 수 없다는 결론이다. 혹자는 '우리는 그 나라에 살지 않으니 상관없다.'라고 말 할 것이다. 하지만 어린 자녀들을 조기 유학이라 하며 영어권 여러 나라에 보내놓고 있는 실정 속에서 그들이 이 환경을 피할 수 있으리라고 생각하면 큰 오산이다. 자녀들의 교육에 열정을 내면서 명문 또는 1등만 되기를 바라는 학부모들도 이 문제만큼은 피할 수 없다. 이러한 교육문제는 미국만의 문제가 아니라 모든 나라에도 적용된다는 점이다. 초등학교 중고등 또는 대학까지 북미주 땅에 상당수가 있는 것으로 파악된다. 그들에게 학비와 생활비를 송금해야 하는 한국의 부모들이 이 문제에서 자유로울 수 없다. 또한 미국에서 생활하며 공부하려 할 때 사회의 모든 제도에 따라야 하기 때문에 한국에 부모들도 이 문제에서 벗어날 수 없다.

아무것도 모르고 자기 자식들이 가져온 동의서에 서명하지 않으리라고 장담할 사람은 몇이나 있을까? 이러한 문제는 미국에서만의 문제가 아니라는 점을 명심해야 할 것이다. 조기 유학이니 무슨 유학이니 하면서 미국에 보내놓은 학생들도 이 법에서 피할 수 없기 때문이다. 한국에 있는 부모들은 당신의 자녀가 조기 유학이라는 이유로 캐나다, 뉴질랜드, 미국 등 여러 나라에서 공부하는 초등학교 학생들로부터 대학원 이상의 학문을 습득하려고 미국에 살고 있다면 그들이 이 문제에서 자유로울 수 있다고 보면 큰 오산이다.

일단 미국에서 살면 미국법에 따라야 한다. 그렇지 않으면 국토안보부 산하의 연방비상사태관리청에서 관리하는 캠프, 곧 감옥에 가야 한다. [6]

이미 시작했는데

이러한 문제는 이미 인도에서 시작됐다. 2010년 10월 29일 인도정부는 "모든 학생들은 자신의 유일한 고유번호(Unique identification numbers-UID)를 가지게 될 것"이라[7] 하였다. 내용은, 각 교육기관에서 학생들의 동태추적과 성적기록에 도움이 된다고 하였다.

이러한 일은 미국 인력자원부와 인도정부와 서로 시행할 수 있는 협정에 서명함으로 시작되었다. 이 시스템은 칩 등록(Device Registry)을 통하여 학생들의 동태를 추적하는 데 도움이 될 것이고, 초등교육으로부터 중고등교육은 물론 공공학술기관에까지 적용된다. 그것은 학생들의 학점, 표창장, 전학증명서 등을 포함한 학생들의 수행기록 위에 유일한 고유번호가 찍히게 된다.

그리고 그것은 장래에 고용주들과 교육기관들에게 도움이 될 것이다. 이 유일한 고유번호는 가짜학위 문제를 알아내는데도 도움이 될 것이다. 그것은 학교성적, 교육학자금과 장학기획에 실용성 있게 쓰일 것이다.

5세에서 15세까지의 아이들에게는 안구 홍채를 실시할 것이고, 그 후에는 지문도 추가시킬 것이다. 유아나 5세 이하는 번호를 받게 될 것이나 앞으로 5세 이상은 베리칩을 신분증으로 받게 될 것이라 하였다. 인도 인력자원부 장관 '카필 시바어(Kapil Sibae)'은 앞에 설명한 근거에 의하여 납품되는 이 기법은 더 효율적인 새로운 시스템이 될 것이라 했다. 그리고 교육용으로는 이 기술은 아이들의 권한을 잘 이행하고자 자유롭게 쓰여질 것이다.

그리고 의무교육과 학생들의 점심식사시간에 관한 부분을 모니터로 알아낼 수 있다. 다른 학교 프로그램에도 유익하게 쓰일 것이다. 해당 부서는 학생들의 학업증진과 조종사들이 기술습득을 테스트하는 것과 유일한 고유번호가 데이터베이스로 연결시키는 과정과 유일한 고유번호 작업을 위해 등록을 확실시하는 일 등에 관해 서로 돕고 공동으로 활용하게 될 것이다.

인도의 유일한 고유번호 당국책임자 '나단 니에카니(Nandan Nilekani)는 유일한 고유번호는 특별히 학교이탈자들과 전학생들을 추적하는 데 아주 도움이 될 것이라 했고, 그에 의하는 학업을 잘할 수 있도록 돕게 될 것이라고 하면서. "우리는 델리(Delhi)에 있는 집 없는 사람들에 대한 등록을 위해 이 프로그램을 이미 적용하고 있고, 그것은 또한 자동으로 학교를 이탈하는 아이들과 포함될 것이라고 하였다.

정부는 인구통계와 개인별 생체자료에 근거하여 인도의 모든 주민들에게 유일한 고유번호를 실행키 위한 준비를 마쳐 놓았다. 이는 기록자료 부분, 자료 확인과 생체측정부분과 유일한 고유번호로 그 사람의 신분을 입증할만한 수혜자나 학생들의 등록과정의 발전이고 좋은 대안이 될 것이다.

이 프로그램의 숨겨진 몇 가지는 유일한 고유번호가 고용주들과 연결시키고, 5세 이상인 자에게 생체신분증, 곧 칩을 넣게 되고, 조종사들의 기술습득에 적용시키고, 군수문제인 병참과 연락원들에게 적용시킨다는 내용으로 볼 때 유일한 신분증은 단순히 학생들의 교육문제에만 국한되지 않음을 암시하고 있음을 주의해야 할 것이다.

교육만의 문제가 아니다. 공부하기 위한 교육비는 어떻게 하겠는가? 학교에서 무상으로 지원하는 모든 프로그램을 칩(Device)으로 운용하게 되는 앞날을 피할 수는 없다. 1173조항에서 핵심은 개인의 재정문제를 빠른 시간에 해결할 수 있는 책임에 관한 내용이 들어 있다. 그 내용은 '특수시설에서 특수임무를 수행할 의사(specific physician at a specific facility)'를 상주시켜서 Device로 고객의 신원을 추적하고 관리한다는 내용이 들어 있다.[8]

이것은 무엇을 의미하는 것인가? 그것은 정부가 읽어낼 수 있는 어떤 ID 시스템을 시행한다는 뜻이다. 그 ID는 식약청 규정 519에 명시된 대로 몸에 넣어지는 베리칩 곧 Positive-ID(포지티브 아이디)라는 것이다. 그렇게 하는 것은 은행창구에서 처리를 빨리하기 위해서라고 하였다. 그런데 문제는 어째서 은행에 의사(physician)를 상근시키려 하는 것인가이다.

　은행에 의사를 상주시키며 은행에 상주하는 의사에게 주어지는 특수임무란 무엇을 말하는 것인가? 그것은 은행에 베리메드 특별교육을 받은 의사(physician)를 상주시킨다는 말이다. [9] 베리메드 교육이란 2005년 봄부터 베리칩 주식회사가 의사들로 환자들에게 베리칩을 넣어서 국민들의 병원비와 치료비를 줄여주려는 경비절약과, 환자의 병을 찾아내고 치료하는 일명 전자칩 등록(Electronic device registry) 프로그램을 말한다.

　이 교육을 받은 의사를 학교에 상주시키는 시스템을 '특수시설에서 특수임무를 수행한 의사'라는 것이다. 앞으로는 칩이 없는 학생들은 학비를 송금받을 수도 없거니와 또한 송금되더라도 은행에서 그 돈을 찾을 수 없게 된다. 일반인들이 칩이 없으면 입출금을 할 수 없듯이 학생들도 이 제도는 피할 수 없게 된다.

신생아에게 칩을 넣는다

　교육프로그램은 학교에만 국한되는 것은 아니다. 간호사들의 교육, 즉 베리메드 프로그램으로 병원마다 간호사들에게 교육을 시키고 있음을 알아야 한다. 간호사교육 프로그램은 병원에서 만의 문제가 아니기 때문이다. 간호사의 교육은 곧 교육을 받은 간호사들을 은행이나 학교나 학군에 파견할 수도 있다는 점을 감안

해야 한다.[10]

따라서 간호사와 간호(Nurses and Nursing) 교육프로그램 규정인 Sec.5321은 단순히 병원에서만은 아니라는 것이다. 이유는 그 프로그램 규정하는 1632조항에는 향상된 의료보장을 위한 프로그램에 칩을 넣는다는 내용이 들어 있기 때문이다.[11] 병원에서 일하는 간호인력은 자격증을 소지한 남녀간호사와 자격증을 소지하지 않은 보조간호사 등 많은 인력이 요구되기 때문에 간호인력(Nursing workforce) 프로그램 2216조항을 제정해 놓은 것이라는 분석이다.[12]

1756조항에는 특별히 신생아 출산을 위해 병원에 입원하게 되는 산모의 경우에 의료혜택을 받거나 안 받거나 병원에서 출산하게 되면 어린이 건강플랜(Children health plan)에 적용을 받게 되는데 여기에는 '메디케이드와 칩(Medicaid and chip)' 조항이 들어 있다. 이 규정은 산모가 의료혜택을 받든 안 받든 상관없이 병원에서 출산할 경우에 신생아에게 칩 규정이 적용된다.[13] 규정 205에 '신생아(new born child)' 규정에 병원은 출생아에게 칩을 넣도록 되어 있기 때문이다.

이 문제에 대해서 우리는 이 말씀을 염두에 두어야 할 것이다. "보라 날이 이르면 사람들이 말하기를 수태 못 하는 이와 해산하지 못하는 배와 먹이지 못하는 젖이 복이 있다."(눅23:29) 라는 이 예언은 무엇을 말하는 것일까? 문자 그대로다. 출산을 위해 병원에 갈 연령층이라면 젊은 여인들이다 예언의 말씀에서 '수태하지 못하는 이'와 '해산하지 못하는 배'와 '먹이지 못하는 젖' 세 가지에 주목하도록 하였다.

순서대로 '수태하지 못하는 이'가 복이 있다는 뜻은 결혼 전의 젊은 연령층 여성들과 수태기를 넘긴 연령층의 여성들은 임신이 되지 않았기에 출산을 위해 병원에 갈 이유가 없으므로 복이 있다는 말이다. 그렇지만 젊은 분들에게는 많은 문제점이 있는 것 또한 사실이다.

미국에서는 낙태문제도 법으로 허용한 상태이다. 젊은 여성들이 혼외정사로 수태된 태아를 낙태시킬 때 병원에 가서 해결해야 하는 문제는 피할 수 없는 일이기에 마냥 좋아할 일은 아니라고 본다. 다음은 '해산하지 못하는 배'가 복이 있다는 뜻은, 결혼을 했어도 임신이 안 되는 젊은 여성층과 이미 수태기를 넘긴 노년층의 여성들은 임신이 될 수 없기 때문에 출산하기 위해 병원에 가는 일은 없으니 복이 있다는 말이다.

세 번째는 '먹이지 못하는 젖'이라는 뜻은 생리가 끝난 연령자로서 젖 먹이는 자녀가 없기 때문에 어린 자식을 위해 자신이 희생되지 않으니 복이 있다는 말이다.

'미국에서 출생하는 아기들은 수용할 수 있는 범위 외에는 다른 방법들이 제공되지 않는다(Children who are born in the United States who the time of birth is not otherwise covered under acceptable coverage)'라고 하였다. 그것은 자격이 요구되는 테, 아기들도 의료혜택 프로그램에 필요한 칩을 받도록 하였기 때문(will be qualified and placed into the CHIP of children's health insurance program)이라고 하였다. [14]

그리고 'With a name like chip'이라고 하였는데, '칩과 같은 이름'이라는 의미는 Positive-ID(포지티브 아이디)를 의미한다.

이는 처음부터 끝까지 '아기에게 칩을 집어넣을 것(chip implanted into a child)'을 의미한다. 새로 출생되는 아기는 본인의 의지적인 의사 결정을 할 수 없는 미숙한 생명체이다.

따라서 출생하는 '아기들은 부모의 동의에 의해 실제적으로 모두 칩을 몸에 넣게 된다(by implanted with a chip by the consent of the parent eventually everyone will be implanted with a chip)'는 것이다. [15]

간호인력뿐만 아니라 노동인력도 2201조항에 들어 있는데, 그 부문이 타이틀-Ⅱ에서 노동인력(Workforce)도 의무조항으로 들어 있다. [16]

노동인력이란 병원에서만을 제한시키는 것이 아니라 사회의 모든 분야에서 전자칩등록(ectronic device registry)에 필요로 하는 인력을 말한다.

이 인력은 전문직이거나 비전문직까지 포함되는 말이다.

이러한 인력은 사회의 모든 곳에서 적용되지 않은 곳이 없다. 그러나 비전문직인 일반인력(Public health workforce)이라는 규정도 들어 있는데, 일반인력은 전문직에 종사하는 인력을 돕는 사람들을 말하는 것이다. 이러한 인력은 사회의 모든 분야에서 베리메드 프로그램을 돕는 종사자를 말한다.

쉽게 말하면 베리칩을 넣을 수 있는 장소에 필요로 하는 인력이라는 뜻이다.

9. 은행과 베리칩, 그리고 고객

　세상에서 생명을 이어가는 인간에게 없어서는 안 되는 것이 있다면 첫째로 의식주 문제이다. 그것을 위해 서로가 물고 물리면서 생존하는 것은 생명이 있는 인간의 생존본능이기 때문이다. 이러한 인간은 생활에 필요로 하는 것을 원시적부터 물물교환으로 자연스럽게 이뤄져 왔다. 그러던 언젠가부터 돈이라는 것이 등장되면서부터 모든 물건의 매매에 좋은 수단이 되었다.

　그러나 돈 때문에 가까운 친구, 사랑하는 가족들끼리도 법정소송이 생기고 서로 간에 피를 흘리는 일까지 싸움이 일어날 만큼 돈의 위력은 대단한 것이다. 그리고 마지막 때에 인간의 삶에서 없어서는 안 되며 절대적으로 필요한 돈을 없애버리려는 음모는 오래전부터 계획되어있었다. [1]

　마지막 때에 일어날 은행 문제를 다루기 위해서는 반드시 필요한 빌더베르그의 프로젝트를 설명하지 않을 수 없다. 빌더베르그 모임은 북미와 서유럽에서 영향력이 있는 120~140여 명의 사람들로 구성되어있다. 이들은 대부분은 항상 정치와 금융, 재계의 현역에서 두각을 나타내는 인물로 빌더베르그 위원으로 구성된다. 위원들은 18개국에서 참석하며 회의에서 다루어지는 내용들은 철저하게 비밀로 유지된다. 이들은 미국의 외교협의회와 삼각통치, 그리고 영국의 왕립국제문제연구소(RIIA)와 함께 금융문제를 다루는 조직이다. 이들의 단일정부를 만들려는 '청사진의 골격(Project Blue Print)' 중에서 세 번째와 다섯 번째와 아홉 번째 항목에 숨겨져 있는 비밀을 아는 사람은 그리 많지 않다.

이 내용은 너무도 중요할 뿐만 아니라 앞으로 소비시장에서 모든 사람이 겪어야 할 일이기도 하다. 빌더베르그의 정책은 금융의 2/3, 산업, 노동, 교육, 통신으로 나누어서 회의가 진행되지만 일반에게는 닫혀있는(Meetings are closed to the public)비밀회의이다. 청사진 세 번째 금융정책에서 '경제를 위한 세계은행(A world for economy)'은[2] 세계정부를 위해 '유엔 산하에 둔다(A world government under the Unite nations)'라고 되어 있다.

청사진의 다섯 번째에서는 '세상의 부실은행들을 흡수한다.'라고 하였다. 그 방법은 모든 돈이 새 국제은행으로 흡수되지 않으면 전부 안보이게 없어지게 하는 것이다.[3] (Wilderness preservation around the world. That means all green movement will be melded into the new international bank or disappear altogether)라고 되어 있다.

그리고 아홉 번째에는 세계농업과 식량조달은 전 세계에 식량과 비타민 공급을 조절(배급)하는 것이다[4] (The world agriculture and food supply control which will control food and vitamin supplies around the world) 라고 되어 있는데, 문제는 그것뿐만이 아니다.

"너희가 아들의 고기를 먹을 것이요 딸의 고기를 먹을 것이

며"(레26:29)

이 말씀은 지난날의 한 역사로 끝난 것은 아니다. 앞에서 설명한 대로 세계정부를 진행하는 세계주의자들이 세상의 부실은행들을 흡수하기 위한 방법은 모든 돈을 새 국제은행으로 흡수하는 것이며 만약 흡수되지 않게 된다면 돈 자체를 없애버리겠다는 것으로 앞으로 지구상에 돈 자체를 없앤다는 의미가 아니고 무엇이겠는가! 이처럼 돈이 없는 사회는 그들이 세계농업을 감독하며 식량공급을 배급제도로 실시하겠다는 것이다. 이는 누구든지 정부에서 발급하는 개인의 신분증이 없으면 아무것도 할 수 없는 것이고 이때가 짐승 의표(666)가 되는 베리칩을 몸에 넣는 환경으로 바꾸어진다.

그리고 식량문제도 배급제도로 조정한다는 계획으로 볼 때 굶주림은 당연할 것이다. 이처럼 성경에 예언된 말씀과 일치되는 일들을 추진시키기 위한 방법이 시장에서 "짐승의 표를 가진 자 외에는 매매를 못 하게 하는 것"[5]이다. 매매에 활용되는 아이콘은 무엇인가? Positive-ID(포지티브 아이디)로 이름을 바꾼 베리칩이다. 이러한 일을 백성들이 따르라는 의무(Mandatory)조항이 법으로 규정되어 있음[6]을 부정하려고 하지 말아야 한다.

필자는 일찍이 한반도에서 일어났던 6.25전쟁 때의 일을 기억하고 있다. 당시 북에서 내려온 집권부의 내무서(경찰역할) 직원들이 논과 밭에 다니면서 세금을 징수하던 방법이 이와 같았다. 그들의 산출방법은 밭의 골을 셈하고, 다음은 매 골에 곡식 대의 숫자를 셈하고 마지막으로 가장 많은 결실한 대에 붙어 있는 알곡을 손바닥에 올려놓고 비벼서 그 알갱이 숫자를 셈하여 총 얼마가 생산된다는 방식으로 세금을 곡물로 거두어 갔다. 알갱이+한 골에 심겨진 대수+골 숫자= 총 생산량에서 정부가 규정하는 40%를 거두어 가는 것을 보고 살았다.

그러나 사실은 70%를 가져가고 30%를 농민들에게 남겨준 어처구니없는 산출 법을 3년을 보면서 살았다. 당시에 그렇게 했던 것은 전시 중이기는 하였지만, 남한까지 내려온 그들은 치안만을 담당하고 행정적으로 뒷받침하지 못했기 때문에 남한에 북한 돈이 공급되지 않았을 뿐만 아니라 그렇다고 남한 돈을 쓰게 할 수도 없었기 때문에 식량의 배급이나 공급은 없었고 다만 있는 것을 빼앗아 갔다.

세계정부를 향한 금융정책

2009년 4월 2일부터 영국에서 있었던 세계경제 정상 G-20회의에서 결의한 제목 "글로벌 퓨전(Global Fusion)"과 부제 "G-20의 목표는 현재의 IMF를 세계준비은행으로 바꾸는 것이며, 유엔 산하에 세계정부의 태동을 과거 어느 때보다 우리에게 더 가깝게 옮겨가고 있다.[7] (The goal of the G-20 is to transform the IMF into a global Federal Reserve, moving us closer than ever to the creation of a world government under the United Nations.)"로 되었다.

이 내용은 빌더베르그에서 추진시키는 계획에서 드러난 것이다. "세계보호은행은 세상의 부실은행들을 흡수한다. 그 방법은 모든 돈이 새 국제은행으로 흡수되지 않으면 전부 안보이게 없어지게 하는 것[8](A world conservatory bank wilderness preservation around the world. That means all green movement will be melded into the new international bank or disappear altogether)"이라 하였다.

우리는 세계경제정상 20개국의 의견에 대한 미국이 제안했던 의견에 우리가 어떻게 처신했던가를 생각해 보아야 한다. 대부분의 응답자들은 이것은 안전하다고 말할 것이다. 이 문제에 대하여 새롭고 날렵한 전화기, 아주 벗진 신발 또는 가장 최근의 지방을 연소시키는 살 안 찌게 하는 음료수 정도로 여길 수 있는 아주 가벼운 착상이라고 생각해서는 안 된다.

2009년 4월 2일에 영국에서 오바마 대통령과 다른 세계지도자들이 G-20 세계경제 정상모임을 가졌다. [9] 그때 대부분의 사람들은 그들이 목적하는 바와 그들의 모임에 관하여 약간 혼란스러워했지만 실제적으로 모든 사람들은 그 모임에 관한 이야기를 들었을 때 적어도 그들의 반응은 보통 느끼는 이상의 것이었다.

그리고 그 회의 결과는 사람들의 직업, 사업, 지갑, 연금, 은행계좌, 그리고 서류 손가방 등에 더 많은 심각한 문제에 부딪힐 수 있음을 암시하고 있었다. 사실 다가올 세계정부의 결과는 더 크게 미치고 개인과 국가들도 경제적으로, 정치적인 문제뿐만이 아니라 사회전반적으로 훨씬 더 크게 부딪칠 문제라고 하였다.

G20의 최초 의제는 세계경제를 움직이는 사람들, 그리고 영향을 미치는 사람들이 '세계경제의 재설계'라고 말하는 그들의 뜻은 국제통화기금을 실질적으로 세계연방은행체제(Global Reserve System)로 바꾸는 것에 있다. [10] 막대한 새 통화기금과 그것을 운용하는 규정된 세력, 그리고 그것을 조달하기 위하여 막대한 현

금이 새로이 투입되어야 하는데 근본적으로 지금까지 했던 것처럼 미국, 일본과 유럽에 의해 시작되는 것이라고 하였다. 여기서 말하는 미국, 일본과 유럽이라는 뜻은 G-7을 의미한다. [11]

G-20에서 할 수 있었던 첫 번째 결정은 이것을 2013년까지 미루지 말고 앞당기는 것인데 이는 세계 단일은행제도를 앞당기는 것을 의미한다. 정상 모임 끝에서 골던 브라운 영국수상이 "신세계질서의 틀에서 은행은 합병된다."라고 선언하였고, [12] 모든 나라들의 헌법제도를 파괴하고 세계정부로 조금씩 바꾸어가는 일에 증인이 되는 것이다. 지난날 세계정부조직의 설계자들은 기회가 있을 때마다 현재에 당면한 경제위기를 법으로 규정된 수표들과 지불해야 할 남은 액수를 IMF의 권한, 세계무역기구 그리고 유엔을 통하여 우격다짐으로 해 나아갔다. 여기서 당면한 경제위기는 2008년 초부터 불거지기 시작한 "비우량 주택담보대출(Sub Prime Mortgage)로 세계경제가 흔들리면서 시작된 경제를 말한다. [13]

이것은 지금은 명확지 않거나 단지 민심을 소란케 하는 소리가 아니다. 벌써 오랫동안 세계정부 옹호자들은 탁상공론에서 벗어나서 경험적이고 논리적으로 뚜렷하게 드러난 것을 따르고 있은 실정이다. 이러한 개혁은 우리에게 과거 어느 때보다 더 뚜렷하고 더 가까이 세계정부로 밀어붙이고 있다.

그리고 세계사회합병은 유엔이 창립된 이래로 사람들, 매스콤, 그리고 정부공무원들 사이에 흐르고 있었다. [14] 문제는 세계가 이처럼 세계정부제도로 하나하나 추진시키고 있는데도 교계가 안일이란 잠, 짐승의 표는 상징이란 잠, 한 번 받은 구원은 영원하다는 잠에 취해 있다는 것이다. 이러한 작금의 실정에 대하여 사도 바울이 경고한 "저희가 평안하다 안전하다 할 그때에 잉태된 여자에게 해산의 고통이 이름과 같이 멸망이 홀연히 저희에게 이르리니 결단코 피하지 못하리라.(살전5:3)"의 말씀을 경청하시기 바랍니다.

  은행들을 하나로 묶는 역할에는 돈을 없애는 것이라고 NBC방송 뉴스에서 앵커 탐 코스텔로(Tom Costello)는 '그때는 2017년이 될 것이며 특별 ID가 없거나 병원의 전자기록이 없는 사람들은 서둘러야 할 것'이라 하였다. 계속하여 '그러나 당신의 피부 안에 있는 마이크로칩(베리칩/포지티브-ID)이 있음을 감사할 것은 모든 것이 거기에 있기 때문이며, 20년 전에는 공상과학 같았던 일이 오늘날에는 실제적이 되었다.'라고 방영했다.[15] 여기에서 중요한 내용은 사회에서 절대적으로 없어서는 안 되는 "돈"을 2017년까지 베리칩을 통한 금융거래로 전환한다는 것이다. 그것은 의료개혁법 H.R.3200에서 36개월을 넘기지 말고 시행령을 만들어서 사회의 모든 기능을 식품의약청 규정에 따르도록 했던 후속조치로 진행시키는 것이다.[16] 이런데도 사람들은 베리칩이 짐승의 표가 아니라고, 마귀의 속임수에 놀아나는 사람들은 정신을 차려야 한다. 2017년이면 몇 년 안 남았다. 이러한 계획은 2011년 5월에 브렌톤 우드 회의Ⅱ(Bretton Woods II)에서 검증되고 있다.

브레톤 우드 시스템-II(Bretton Woods System-II)

Mt Washington Hotel
Bretton Woods, New Hampshire

George Soros(1930.8.12)
Hungary Budapest 출생

2011년 4월 8~11일까지 뉴햄프셔의 브레톤 우드(Bretton Wood)에 있는[17] 워싱턴 산장호텔(Mount Washington Hotel)에서 오랜 시간 동안 회의가 진행되었다. 브레톤 우드 시스템-II(Bretton Wood System-II) 회의에서 "미국 달러는 더 이상 국제통용화폐가 아니다"라는 제목으로 회의를 진행하였다. "브레톤 우드 II"라는 국제기구는 1944년 7월, 44개국 대표들이 미국 뉴햄프셔의 조그마한 도시 브레톤 우드에 인접한 국립공원에 있는 워싱턴 산장호텔에 모여서 국제통화정책을 다루고자 시작된 기구이다. [18]

브레톤 우드 조직은 유엔 산하에서 IMF와 세계은행의 금융대리권을 가지고 있다. 이 기구는 제2차 세계대전이 끝나고 세계의 무역 수출입결제대금, 융자, 대출, 기본금사용, 등을 결정하기 위해 설립된 기구이다.

거슬러 올라가면 2009년, 모임의 주관자 조지 소로스(George Soros)는[19] "새 브레톤 우드 모임에는 지난 제2차 세계대전 후에 국제금융체계로서의 설립된 것과 같은 형식을 취하고 있다. 이것은 국제규정으로 새로운 통화제도로 개혁하기 위해 바꾸어야 할 것"이라고 하였다. 조지 소로스는 1930년 8월 12일, 헝가리 부다페스트(Budapest, Kingdom of Hungary)에서 출생하였다. 소로스는 영국의 London School of Economics에서 경제학을 전공하였고, 국제투자가이면서도 정치인으로서 세계적인 금융기업의 총수이다. 미국의 외교협의회에 깊숙이 개입되어있을 뿐만 아니라 60여 나라에 투자회사를 두고 세계금융권을 장악하고 있는 사람이다.

소로스는 "전쟁 이후의 수습에는 미국은 다른 나라들보다 더 평등하지 못했으며 위험한 불균형을 만들어냈다. 달러는 한때 경기가 좋았지만 더 이상 믿고 신용할 만큼 즐길 것이 못 된다."라고 하였다. 그러한 소로스의 장래비전은 이번 브레톤 우드 정책뿐만 아니라 "국제금융체제를 이루기 위해 좀 더 세부적인 설계를 계획하고 시작하는 것"이라고 하였다.

이것은 신세계질서를 이루기 위한 어떤 광범위한 국경문제를 요구하는 것은 아니나 현실세계가 요구하는 금융문제는 지금의 금융체제 이상을 요구하고 있기 때문이다. 소로스는 2009년에, "신세계질서가 요구하는 것은 금융시스템을 유엔에 개입시켜서 안정위원협의체제로 새롭게 짜져야 한다."라고 하였다. 그리고 "이러한 진행과정에서는 미국에 의해 제안이 되어야 하며, 중국이나 다른 개발도상에 있는 나라들도 공평하게 참여시켜야 한다."라고 하였다.

브레톤 우드 시스템이 시작될 때, 개발도상에 있는 나라들은 경제적으로 어려움을 받지 않았던 경제 선진 7개국에 의해 지배를 당해왔었다. 그러므로 이들 신흥 세력들은 적극적으로 자기들의 지지자들을 확실하게 확보하기 위해 새로운 체제를 제안할 것이 틀림없다. 소로스가 말하는 것은 "브레톤 우드-II는 세계주의자들이 수십 년 동안 추구해온 세계질서를 위한 것이라고는 말하기는 어렵다."라고 하였다. 이번 회의는 엄격하게 비밀을 지키는 것이었으며 거의 모두에게 거론되거나 동의가 반응되지 않은 공공연한 정보들이 아니다.

  소로스는 브룸버그 뉴스(Bloomberg News)와 인터뷰에서 "브레톤 우드 II의 가장 큰 질문은 유엔화폐가 보유통화가 될 것인지 아닌지에 관한 것이다. 이는 더 이상 미국달러나 유로가 다른 나라들의 화폐나 물자(금)로서 그 역할(국제결재통화)을 할 수 없게 하는 것을 의미한다. 계획상으로 그것은 달러를 대치하는 국제통화를 장려할 수 있는 강력한 힘이 된다. 그리고 국제통화를 하나로 만드는 것이 어렵지 않은 것은 신세계질서 틀에서 국제적인 통화가 이뤄지게 되겠기 때문이다."[20] 라고 하였다. 미국 달러의 가치가 떨어져서 더 이상 통용되지 않는다는 말이 아니라, 모든 나라의 돈을 없애고 신세계질서 안에서 유엔 산하 중앙은행 하나만 둔다는 뜻이다. 이것이 빌더베르그에서 추진시키는 것이다.

  1945년 네덜란드 군주 벤하드(Bernhard)에 의해 재편성된 빌더베르그는 모든 나라의 조직을 움직이면서 단일정부를 만들려는 '청사진의 골격(Project Blue Print)' 중의 5번째에서 "세계보호은행이 세상의 부실은행들을 흡수한다. 그 방법은 모든 돈이 새 국세은행으로 흡수되든지 아니면 전부 사라져 버리게 하는 것이다.[21] (A World Conservatory Bank, wilderness preservation around the world. That means all green movement will be melded into the new international bank or disappear altogether)를 말한다. 이것을 미국은 점진적으로 돈을 없애려는 방법으로 은행창구에서 표(베리칩)를 넣기 위해[22] 은행에 특수임무를 수행할 의사(specific physician at a specific facility)를 상근시키는 제도를 법으로 규정한 것이다.[23]

이처럼 사회에서 없어서는 안 될 돈을 다루는 은행문제에 관한 새로운 규정이 만들어졌다. 1652조항에는 앞으로는 데이터은행을 제거(elimination of date bank) 하는 것과 은행데이터에 종사하는 사람(practitioner date bank)에 관한 내용이 들어 있다.[24] 이 법안에서 시사 하는 바는 '사람이 칩을 받을 때까지(you will be chipped) 멈추지 않을 것을 말하고 있다. 1652조항에 정부가 진행하는 계획에 따라 지난날의 모든 은행계좌에 연결되는 프로그램을 칩으로 연결해서 작동하도록 요구하고 있다. 따라서 '은행계좌에 연결되도록 하였는데 그것은 넣어진 칩으로 작동(electronic access to your bank account, which will work in conjunction with an implanted chip)' 하게 된다.[25]

따라서 누구든지 포지티브ID(Positive-ID)가 없는 사람은 은행창구에서 금전거래를 할 수 없게 된다. 그렇게 될 때 시중에서 물건을 사고팔고 할 때 거래한 물건값을 무엇으로 지불하게 되는가를 생각해야 한다.[26] 그리고 법이 요구하는 Positive-ID(포지티브 아이디)가 없으면 누구도 은행에서 금전거래는 할 수 없게 된다.

ATM 인출기와 크레딧 카드

Automatic teller machine

　1652조항에 명시된 '데이터은행을 제거(elimination of data bank)' 시킨다는 뜻은 지금 은행이나 백화점 그리고 대형마트 등에 설치되어있는 ATM 인출기계를 철수시킨다는 뜻이다. 1965년 6월 27일부터 영국 Barclays 은행에서 크레딧 카드로 인출할 수 있도록 만들어서 이용해오던 자동현금인출기(Automatic teller machine-ATM)이다. 이 기계를 철수시킴과 동시에 '데이터은행에 종사자(practitioner data bank)'를 상근시킨다고 하였다. 이 뜻은 베리메드 교육을 받은 의사를 은행에 상근시킨다는 뜻이다.[27]

　따라서 앞으로 크레딧 카드로서의 거래는 중단된다는 뜻이다. 그렇게 하려는 것은 크레딧 카드를 계속 사용하게 된다면 칩을 넣는 것을 피하게 되기 때문이다. 그리고 현금인출기(ATM)도 그러하다. 현금인출기 시스템을 철거하지 않고 계속 유지되면 칩 등록(Device registry)이 될 수 없고, 나아가서 감시 감독이 되지 않기 때문에 없애겠다는 것이다. 이러한 것을 해결하기 위해 은행에 특수임무를 수행할 의사(specific physician)를 상근[28]시키려 하는 것이다.

은행에 특수임무를 수행할 의사

은행 카운터

지폐와 동전

　1173조항의 핵심은 개인의 재정문제를 빠른 시간에 해결할 수 있는 책임에 대한 내용이다. 그래서 빠른 거래를 진행시키기 위해서 은행에 '특수임무를 수행할 의사(specific physician)'를 상근시킨다는 내용이 들어 있다. [29] 이는 은행에 상근하는 의사가 칩이 없는 고객이 은행에 왔을 때 칩을 넣어서 빠른 서비스를 제공한다는 말이다. 그렇게 하는 것은 칩으로 고객의 신원을 빠른 시간에 확인하고 추적하는 시스템을 만들어 가는 것이다.

　그것은 정부가 읽어낼 수 있는 크레딧 카드처럼, 이 ID는 식약청규정조항에서 몸에 넣도록[30] 한 베리칩, 곧 PositiveID라고 하였다. 그리고 은행창구에서 빠른 처리를 위해서라고 하였다. 그런데 문제는 어째서 은행에 특수임무를 수행할 의사를 상근시키려 하는 것인가를 생각해봐야 한다.

　그렇다면 예수님께서 사도 요한에게 주신 계시록과 연관시켜서 생각해보아야 할 것이다. 사람들은 베리칩이 짐승의 표도 아니요, 또한 666은 더더욱 아니라고 말하고 있다. 그런데 어떠한가? 특허신청을 할 때 제품의 이름을 베리칩이라고 명시하였다.[31] 그리고 시중에서 팔고 사람의 몸에 넣도록 허가할 때도 베리칩이라고 분명하게 명시되어 있다.[32] 뿐만은 아니다.

사회보장제도를 위한 건강법으로 만들었고 법 조항의 곳곳에서 디바이스(Device) 또는 칩이라고 명시하였다. Device의 일부분 중에서 그것을 몸에 넣는다고 하였다. 그리고 칩이라는 단어도 그것이 베리칩이라는 것을 뒷받침하는 것이 식약청규정과 미국코드에서 베리칩이라고 되어 있다.[33] 그것이 포지티브ID(Positive-ID)라고 이름을 바꾼 베리칩이다.

베리칩이 없으면 은행거래가 안 된다

그것뿐인가! 지금 전자칩등록(electronic device registry)이란 문맥은 비단 은행뿐만 아니다. 사회에서, 시장에서, 크고 작은 가계에서 물건을 사고팔 때 대금지급은 돈이 아니라 칩 시스템으로 바꾼다고 되어 있다.[34] 그렇다면 베리칩이 666표가 아니라고 반대하는 사람들은 무엇으로 물건값을 지불하겠는가?

계산대

VeriChip/PositiveID

병원에서 치료나 의사로부터 진료를 받은 후에 그 대금지급을 무엇으로 해결하겠다는 말인가? 직장에서 근무하는 사람들이 인건비를 받을 때 회사에서 은행으로 직접 보내고 있다. 자신이 땀을 흘리며 노력한 인건비를 은행에서 필요한 액면을 저축하고 나머지는 찾아서 생활의 여러 곳에 쓰고 있다.

　그런데 베리칩이 없는 사람은 법으로 그러한 금전거래를 할 수 없도록 규정해 놓았다. [35]따라서 베리칩이 없는 사람은 은행거래가 될 수 없다. 그렇다면 베리칩이 666표가 아니라고 부인하는 당신은 어떻게 은행거래를 할 수 있는지를 생각해 보았는가?

　규정은 은행에 상근하는 의사가 칩이 없는 고객이 은행에 왔을 때 베리칩을 넣어서 빠른 서비스를 제공하도록 하였다. [36]그것은 메디케이드 칩(Medicaid and chip)이라는 1757조항에 따라야 하기 때문이다. 그렇다면 베리칩이 없는 사람에게는 은행창구에서 아무것도 받아낼 수 없게 된다. 베리칩이 666표가 아니라고 반대하는 사람들은 당신들이 쌓아놓은 그 돈을 무엇으로 사용할 것인가! 이러한 돈을 빼앗기지 않으려고 베리칩이 짐승의 표가 아니라고 말하는 사람들은 어떻게 하겠다는 것인가? 또는 베리칩이 666표가 아니라고 생각하고 말하는 사람들은 은행에서 무엇으로 거래할 것인지에 대하여 답을 내놓아야 한다. 그렇지 않고 단순히 과학적인 증거도 없고 검증도 없이 추측으로 반대하지 말아야 한다.

　연방의회 하원의원 '로날드 폴(Ronald Pauls(TX)'는 '그날'을 강조하면서 '그날에는, [37] 미국 사람들은 연방정부시행령에 따라서 정부가 요구하는 개인의 신분증명을 발급받지 않으면(American will not a state issued ID that conforms to the federal specification) 은행계좌를 개설할 수 없다'[38] (American will not open a bank account)라고 하였다. 여기에는 두 가지 의미를 담고 있다. 먼저는 신분증을 발급받아야 한다는 것과, 은행계좌를 개설할 수 있느냐 없느냐 하는 문제이다.

정부가 요구하는 시행령은 무엇을 말하는 것일까?

H.R.3200에 세부적으로 명시된 규정을 말한다. 그리고 "그날"은 H.R.3200이 제정되던 날이며, 장관은 '본법이 통과하는 날로부터 36개월이 넘지 않도록 시행령을 만들어서 운영(Not later than 36 months after the date of the enactments of this subsections)' 하도록 한 날과 시행하는 날을 말한다.[39] 그 36개월은 2010년 3월 21일에 법이 통과한 날로부터이다. 그 36개월은 2013년 상반기부터 발동되는 시행령을 말한다.[40]

따라서 세부조항에 명시된 규정에 따라 몸에 베리칩을 넣으면 은행계좌를 개설할 수 있고, 몸에 베리칩을 넣지 않으면 은행계좌를 개설할 수 없다는 것이다.

이처럼 베리칩이 요한계시록에서 말하는 짐승의 표 666이라는 확실한 법적 근거와 과학적 근거와 지금 사회에 적용되고 있는데도 베리칩이 짐승의 표 666이 아니라고 부정하는 사람들은 반드시 이 내용을 보아야 할 것이다. 법적으로 강제성이 따르는 'mandatory'는 의무조항이라는 뜻이다. 'Chipping'은 칩을 넣는다는 뜻이다. 그리고 조항(i)에서 '사람의 몸에 넣을(implanted in the human body)' 칩을 식품의약청 조항에서 베리칩이라고 명시되어있다. 그리고 지금 일부 병원에서 이미 실시하고 있다. 그뿐만 아니라. 만일 2013년부터 은행에서 시작되면 베리칩이 666표가 아니라고 반대하는 사람들도 현실을 피할 수 없다. 이 문제는 미국만의 문제가 아니라 세계적인 문제라는 사실이다.

앞으로 미국에 출장하는 공무원들이나 여행 또는 다른 목적으로 미국에 입국할 때 반드시 작은 표제 C에서 요구하는 수송(Transportation) 규정에 따라야 한다. [41] 항공기, 선박, 자동차, 등의 교통이나 호텔에 머물면서 숙박비, 교통비, 그리고 출장 기간에 포지티브ID(Positive-ID)가 없으면 필요로 하는 금전거래까지 할 수가 없다. 또한 수출입을 하는 크고 작은 기업인들은 포지티브ID(Positive-ID)가 없으면 수출한 물품대금을 받을 수 없게 된다. 수입도 같은 맥락에서 이뤄진다. 물품을 수입하려면 그것이 원자재이든 부품이든 완성품이든 포지티브ID(Positive-ID) 번호가 있어야 제품을 수입할 수 있다. [42]

또한 수입이나 수출은 식약청 규정에 '제조업체 또는 수출입업체' 조항이 들어 있다. 1998년 1월에 수정된 조항에 베리칩을 생산하는 회사와 그 제품을 수입하고 수출하는 규정이 들어 있다. 그리고 표제-Ⅲ에는 의무(Mandatory) 조항이 들어 있다. 외국인이라도 이 수출입의 규정에 따르도록 하였다. [43]

이 규정은 베리칩을 조제하는 회사와 수출하고 수입하는 유통뿐만 아니라 일반 모든 제품까지 포함된다. 포지티브ID(Positive--ID)가 없으면 원자재나 완성품일지라도 팔고 살 수 없다는 말이다. 그렇다면 베리칩이 666표가 아니라고 부정하는 당신은 이 문제에 대하여 아니라는 법적 근거로 설명하여야 한다.

자녀들을 조기유학으로 보내놓고 있는 부모들, 유학으로 공부하는 학생들에게 송금하였을지라도 이곳에서 포지티브

ID(Positive-ID)가 없으면 돈을 찾을 수 없게 된다. 그렇게 되는 것은 H.R.3200에서 규정하는 시행령을 만든 재무부에서 모든 은행들은 고객에게 의무(Mandatory)조항을 적용시키기 때문이다.

그렇다면 베리칩이 666 짐승의 표가 아니라고 반대하는 사람은 어떻게 돈을 찾을 수 있는지에 대해서도 명쾌한 답을 내놓아야 한다. 또한 돈을 찾을 수 없으면 아파트 렌트비, 전기요금, 수도요금, 그 외 시장에서 무엇으로 식료품을 살 수 있는지 반대하는 당신은 이 문제에 대하여 명확한 답을 제시해야 한다. 답에는 반드시 법적 근거와 과학적인 근거가 따라야 한다. 그러지 않고 추측이나 가정으로 답하려 들지 말아야 한다.

10. 제조업자와 베리칩, 그리고 근로자

　어느 시대 어느 나라일지라도 국민의 풍요로운 생활과 나라의 부강을 원하지 않는 나라는 없다. 따라서 크고 작은 생산을 위해 회사라는 조직체가 형성된다. 이러한 생산라인에는 대기업과 중소기업 그리고 소비시장으로 공급하는 유통회사와 소비시장인 크고 작은 가게 등이 있다. 뿐만 아니라 농어촌에서는 농사와 어업 등으로 주어진 일터에서 땀 흘리며 이익을 추구하는 것이다.
　그리고 이러한 곳에는 각자에게 맡긴 일을 수행하는 사람들, 즉 근로자들이 있다. 여기에는 수출입을 하는 기업이나 건설, 또한 나라의 일을 수행하는 정부기관의 직원들까지 다양한 곳에서 땀 흘리는 노력으로 얻어지는 임금으로 가정을 윤택하게 하고 그들이 내는 세금과 회사가 얻은 수익에서 정부에 내는 세금은 그 나라의 근간을 튼튼하게 하는 원천이다.
　따라서 기업은 국민경제를 구성하는 기본적 단위이며, 생산수단의 소유와 노동의 분리를 기초로 하여 영리목적을 추구하는 독립적인 생산경제단위를 이루고 있다.

생산되는 모든 제품과 칩(CHIP)

회사는 제품을 생산하기 위해 인력이 필요하고, 일터에서 종사하는 인력은 생산에 동참한다. 이러한 근로현장에 새롭게 요구되는 법률은 2541조항 외에도 몇 가지 규정이 더 있다.

첫째는 생산회사가 만드는 모든 제품에 오래전부터 전자태그(RFID)를 붙이도록 한 것이다. 제품마다 식약청 규정과 미국코드가 요구하는 일련번호를 붙여야 한다고 하였다. [1] 그 일련번호는 지금까지 제품에 붙여진 바코드이다.

그러나 겉으로 보기에는 지금의 바코드와 동일하지만 지난날처럼 12자리 코드가 아니라 16자리 코드로 다 바꾸게 하였다. 회사마다 이 작업은 몇 년 전부터 실시하고 있기 때문에 별로 새로울 것은 없다. 다만 그 코드 번호는 반드시 식약청 규정이 정하는 조항과 미국코드와 연결되도록 해서 소비자가 물건을 구입할 때 소비자의 신원과 연결되는 것이 다르다.

다음은 근로자에 관련되는 조항들이다. 생산회사는 지금까지 해오던 대로 반드시 근로자들의 보험을 고용주가 책임지도록 하였다. 이 보험은 근로보험이 아니라 사회보장제도를 위한 모든 근로자들에게 의료혜택이 주어지도록 한 것을 말한다.

근로현장에서도 모든 규정이 적용된다. 1703조항에는 '칩과 의료혜택의 지속적인 노력(Chip and medicaid maintenance of effort)'이라고 규정하고 있다. 이 뜻은 의료혜택을 받게 되는 근로자들이 병원이나 의사의 진료에서 칩과 연결시킴을 말한다. [2] 최근에 병원에서 칩을 넣으라고 설득하고 회유하는 일들이 있는데 이러한 일들은 지속적으로 일어날 것이다.

근로자와 칩

생산라인 　　　　　　　　　스캐너

회사와 근로자는 법률이 정하는 규정에 따라야 한다. 또한 식약청규정 519와 연결되도록 하라고 되어 있다. 그 신원번호에 대하여 (B)에서 '분류조항이 수정된 후에 넣게'라고 하였는데 식약청규정에서 '넣는 것(inserting)'을 베리칩이라고 하였다. [3] 회사는 근로자의 인건비를 은행으로 전송할 때 수령자의 신원을 기계로 검증할 수 있도록 하였다. [4]

이 뜻은 직장에서 일하면 회사는 주급이든 월급이든 임금을 은행으로 넘기게 되면 근로자가 은행에서 자신의 계좌로 이체된 금액을 찾고자 할 때 은행에서 본인인지 아닌지를 검증하게 된다. 그 검증은 지금까지 해왔던 것처럼 플라스틱으로 된 신분증이 아니라 몸에 넣어진(inserting) 신분증인 칩이라고 식약청규정에 명시되었다. [5]

우리는 론 폴(Ron Pauls) 의원이 예고한 말을 기억해야 할 것이다. '그날' 누구든지 정부가 발행하는 신분증이 없으면 직업을 얻을 수 없으며(not able to get a job)라고 하였는데 이것은 몸에 칩을 넣지 않으면 일을 할 수 없다는 것이다. [6]

또한 1173조 A항에는 근로자의 월급이든 주급이든 임금을 은행으로 전송하는 전산처리(financial and electronic transactions)는 지금까지 해오던 방법과는 하나도 다르지 않다. 그렇지만 문제는 다음 조항에서 메디컬 계획에 따라 '기계가 읽을 수 있는 수령자의 신원을 검증(machine readable health plan beneficiary identification detection)' 하도록 하는 부분이다. [7]

여기서 신원검증을 위하여 '읽을 수 있는 기계(machine readable)'가 무엇이냐 하는 것이다. 이 기계는 베리칩을 받은 사람의 신원을 읽게 하는 스캐너(Scanner)를 뜻한다. 따라서 근로현장에서 일하고 받는 임금이 은행으로 이체되고, 이체된 금액을 찾으려면 반드시 은행규정이 요구하는 확인절차를 거쳐야 한다. 이 일을 위해 은행에 베리메드 교육을 받은 의사를 상근(常勤-specific physician at a specific facility)하도록 한 것이다. [8]

제조업자와 소비자

법규에는 '제조업자와 소비자(Manufactories and Consumers)'에 관한 규정이 들어 있다. [9] 모든 국민에게 의무조항이 적용되는 1703조에는 제조업자와 소비자에게도 적용되는 법률이다. 그 법률은 '반드시 미국시민들이 의무적으로 칩을 받을 것을 (It absolutely does contain the 'mandatory' chipping of US citizens)' 포함하고 있다.

여기서 mandatory'라는 강제성이 따르는 의무조항은 누구도 피할 수 없는 환경으로 좁혀올 것을 말한다. 또한 이 법률에서 명시하는 문제들은 사람들을 두렵게 하는 것들이 많다. 뿐만 아니라 어떤 조항들은 아주 무섭고 그것은 아주 현실적인 국면이 될 것이다. 사람들은 미국에서 시행하는 법률이 우리(한국)에게는 무관하다고 말하는 사람들이 많을 것이다. 그러나 이 문제는 세계적으로 파생된다는 점에서 모든 나라에까지 해당한다.

(B)항 뿐만 아니라 여러 조항에서 "장관은 본법(H.R.3200)이 통과하는 날로부터 36개월이 넘지 않도록 시행령을 만들어서 (Effective date -The Secretary, by not later than the date that is 36 months after the of the enactment of this act) 시행하라."라고 되어 있다. [10] 다시 말하면 모든 행정부 장관들은 각 부서에 해당하는 부문을 본법이 발효하는 날로부터 36개월을 넘기지 말고 시행령을 만들어서 모든 국민에게 적용시키라는 뜻이다. 시행령을 만들되, 반드시 시약청 규정이 정하는 519조 (g)항에 따르라(under section 519(g) of the federal food, drug, and cosmetic act)고 하였다. 36월 앞에 '실시 날짜(Effective date)'라고 되었기 때문에 2013년 3월21일이면 만 36개월이 된다. [11]

또한 근로자들도 법률이 정하는 1632조에 의료와 칩 프로그램 (Medicaid, medical and chip program)에 따라야 한다. [12] 여기서 말하는 프로그램은 회사에서는 의료프로그램만 요구하게 된다. 그 후

칩 프로그램은 은행이나 소비시장에 연결시켜 놓았으므로 누구든지 직장에서 근무한 임금을 찾기 위해 은행에 가면 그곳에서 상근하는 의사가 칩을 넣도록 프로그램이 되었음을 말한다.

은행이 아닐 때에는 가계나 마트 같은 곳의 소비시장에도 상근하는 의사가 칩을 넣도록 다른 조항에서 요구하고 있다. 그것은 Sec.1401에서 감독/감시(surveillance)를 위함이라고 하였다. [13] 근로자들도 2201조에서 말하는 표제-II의 노동인력(Workforce)에도 보험과 칩 의무조항이 들어 있기 때문이다. [14]

모든 국민은 소비자(Consumer) 규정인 제3부와 식약청 519조항에 따라야 한다. 누구든지 물건을 사거나 팔 때에는 은행규정이 요구하는 1652조항에 따라 칩을 넣어야 한다. [15] 칩이 없으면 은행거래와 시장에서 매매가 성립될 수 없기 때문이다. 소비자 규정은 1차적으로 직장에서 자신의 임금을 은행으로 넘겨진 금전을 인출하기 위해서 은행에서 요구하는 1173조항에 따라 칩을 받아야 돈을 찾을 수 있다. [16]

이때는 수표나 신용카드는 허용되지 않으며 오직 전산시스템에 따르게 된다. 2차적으로 돈이 있을지라도 소비시장에서 물건을 살 때 계산대에서는 1173조 A항 규정에 따라 몸에 넣어진 칩 번호를 확인해 주어야 물건을 구매할 수가 있다. [17] 이 분문이 요한계시록에서 경고하는 666 짐승의 표라는 것이 확실하게 입증된다.

"누구든지 이 표를 가진 자 외에는 매매를 못 하게 하니 이 표는 곧 짐승의 이름이나 그 이름의 수라"(계13:17)

소비시장과 소비자

빌더베르그가 '계획하는 청사진(Project Blue Print)'의 아홉 번째 전략이 이것이다. [18] '신세계농업과 식량조달은 전 세계에 식량과 비타민 공급을 조절(배급)하는 것이다. (The world agriculture and food supply control which will control food and vitamin supplies around the world)'라고 하였다. 여기서 눈여겨보아야 할 대목은 '컨트롤(control)'이라는 단어이다. 컨트롤이라는 뜻은 '단속하거나 관리 감독'이라는 말이다. 세계 농산물의 생산을 단속하겠다는 뜻은 정부의 허락이 없이는 개별적인 생산은 허용하지 않겠다는 뜻이다.

여기에 대하여 연방의회 하원의원 로날드 폴(Ronald Pauls)는 '그날'을 강조하였는데 그날은 어떤 날을 의미하는 것일까? 그날이 되면 어떤 일이 일어날 것인가? 정부가 정한 시행하는 날이 될 것이다.

미국 사람들은 연방정부 시행령에 따라서 "정부가 요구하는 개인의 신분증명을 발급받지 않고서는(a state issued ID that conforms to the federal specification)" 아무것도 할 수 없게 된다고 하였다. 연방정부 시행령이란 법률로 통과시킨 H.R.3200을 말하며, 그리고 '반드시 미국시민들이 의무적으로 칩을 받는 것을 포함(It absolutely does contain the mandatory chipping of US citizens)'하는 시행령으로 이뤄졌다. 그리고 '정부가 요구하는 개인 신분증'은 Positive-ID(포지티브 아이디)로 나타났다.

인간이 살아가는 사회에서 생명의 근간을 이루는 "세계농업(The world agriculture)"도 정부가 요구하는 개인의 신분증을 발급받지 않으면 농사를 지을 수 없게 된다. 또한 "농산물의 생산도 못한다 (unless they can produce)" 정부에서 주관하도록 하였다.

여기에 대하여 빌더베르그가 추진하는 청사진의 골격(Project blue print)에서 "식량과 비타민 공급조절(Food and vitamin supplies around the world)"한다라고 하였다. 그리고 "식량을 조달하고 관리한다."라고 하였는데 이는 정부가 시행하는 신분증, 곧 Positive-ID(포지티브 아이디)가 없으면 아무것도 할 수 없는 사회라는 것이다.

베리칩 회사의 최고경영자 실리반(Sillivan)은 "우리는 자발적인 사회에 살고 있다. 어느 누구도 칩을 받으라고 강요하지는 않을 것이다.(live in a voluntary society, no one will be forced to wear Digital Angel)"라고 발표하였다. [19]

여기서 눈여겨보아야 할 것은 성경에는 짐승의 표를 강제하지 않고 자발적으로 받게 된다고 한 예언의 말씀이라는 점이다. 실리반(Silivan)의 발표에 대하여 월드넷데일리의 줄리 포스터(Julie Foster)는 "기독교인들은 반드시 읽어야 된다"라는 기사에서 최고경영자 실리반(Sillivan) 박사에게 반문한 내용이다. 이것이 사람들로 하여금 미운 물건을 받도록 하는 것이다. 이것은 정부가 얽어매는 것과 그것을 받도록 강요하는 것과는 다를 것이다.

그래서 성경에 이른 것처럼 "누구나 이 표가 없이는 살 수도 팔 수도 없다."라고 하였다. 이(세계정부)사회의 구성원이 되기 위해 이 chip을 받는 것이 강요된다면 당신은 어떻게 살 수 있는가? 이 칩을 받으라고 강요(Mandatory)한다면 당신은 직장을 그만둘 수 있겠는가? 이 칩이 없어서 물건을 살 수 없다면 자신의 먹을 것을 어떻게 구하겠는가? 몸에 넣는 칩이 없으므로 운전면허증을 받을 수 없다면 자전거를 타고 다니겠는가? 만약 집을 살 수 없다면 숲 속에서 살겠는가? 또는 아파트를 세를 얻을 수 없다면 어떻게 하겠는가?- 라고 반문했다.

줄리 포스터가 질문한 이 사실을 우리도 스스로 물어보아야 할 것이다. 과학적으로 실제로 베리칩이라는 Positive-ID(포지티브 아이디)를 받도록 법으로 규정하고 있기 때문이다.

베리칩이 666표가 아니라고 말하는 사람들은 '아직은 짐승이 나타나지 않았으니 지금은 베리칩을 받아도 그것은 짐승의 표가 될 수 없고, 짐승이 나타나면 그때는 짐승의 표가 된다.' 라고 주장하기도 한다. 또한 이런 저런 말로 '베리칩이 짐승의 표가 아니다' 라고 말하는 사람들도 이 문제에는 피할 수 없을 것이다.

사람들이 무어라고 말하든 자신의 영혼문제는 스스로 결정할 시점이라는 사실만은 피할 수 없을 것이다. 따라서 베리칩이 짐승의 표가 되느냐 안 되느냐 하는 논쟁은 아무런 의미가 없다. 이 문제는 예수를 믿는 그리스도인이나 믿지 않는 비기독교인까지 깊이 생각해야 할 뿐 아니라 받아야 하느냐 안 받아야 하느냐를 결정해야 한다. 이 결정은 생명을 사랑하는 사람이라면 스스로 생각하며 결정해야 한다.

11. 세계가 베리칩을 ID로 쓰기로 한다

말세에는 세상에서 가장 악한제도가 등장하게 되는데 그것은 인간의 몸에 칩을 넣고[1] 인간을 로봇처럼 만들어서 세계정부통치자에게 굴복시키고 자기가 섬김을 받으려 하는 제도인 666이라는 시스템이다. 여기에 대하여 성경은 "저가 모든 자 곧 작은 자나 큰 자나 부자나 빈궁한 자나 자유 자나 종들로 그 오른손에나 이마에 표를 받게 하고, 누구든지 이 표를 가진 자 외에는 매매를 못 하게 하니 이 표는 곧 짐승의 이름이나 그 이름의 수라. 지혜가 여기에 있으니 총명 있는 자는 그 짐승의 수를 세어보라. 그 수는 사람의 수니 666이니라."[2] 라고 예언되어 있다.

우리는 우리가 사는 이 사회에서 시작되고 있는 현실을[3] 외면하면 안 된다. 그럼에도 대부분의 사람들은 이것을 모르고 있다. 모르는 것이 아니라 알려고 노력하지도 않는다. 더욱 이상한 일은 이런 사실 자체를 부정하거나 반대하는 데에 문제가 있다. 어떤 사람들은 '베리칩이 결코 짐승의 표(666)가 될 수 없다' 라고 부정한다.

어떤 사람들은 '예수를 믿고 거듭난 사람에게는 베리칩의 효력은 영향력이 나타나지 못한다'라고 거짓말을 하고 있다.

chipmobile (이동형 시술차)
칩을 취급하는 병원이나 의사가 없는 지역에 원하는 사람에게 칩을 넣어주기 위해 운영되는 차량

또한 어떤 사람들은 '법에 명시된 디바이스(Device)나 칩이라는 단어에서 '베리(Veri)'라는 단어가 없다고 베리칩이 아니다'라고 말한다. 참으로 안타깝고 답답한 노릇이다. 자기 생각대로 한 곳만 보고 여러 조항들과 시행령, 그리고 본법이 요구하는 연관되는 다른 여러 법 조항들을 살펴보지 않았기 때문에 그렇게 인식하고 반대하는 것이다.

이 제도에 관해서 지나간 날에 해석상의 오류를 범하였음을 부인하면 안 된다. 666표는 인간의 육신에 해당하는 문제가 아니라 영혼에 해당하는 문제이다. 밧모라는 섬에서 유배생활 중이던 사도 요한에게 예수께서 이렇게 경고하셨다. "불과 유황으로 고난을 받으리니, 그 고난의 연기가 세세토록 올라가리로다. 짐승과 그의 우상에게 경배하고 그 이름의 표를 받는 자는 누구든지 밤낮 쉼을 얻지 못하리라"[4] 하셨다. 이 경고에 관해서 모르는 그리스도인은 한 사람도 없을 것이다. 그런데 우리 세대에서 짐승의 표에 대하여 잘못 가르치고 있다는 것이 문제다.

 어떤 사람들은 '666표는 상징이므로 백 번을 받았어도 회개하면 주님께서 다 용서하신다'라고 가르친다. 또한 '예수 믿고 거듭난 사람은 짐승의 표를 받았어도 아무런 문제가 없다'라고 말한다. 많은 수의 사람들이 암시성(Allusive)인 666 짐승의 표는 상징(Symbolic)이라고 말한다. 결론은 그들이 어떻게 생각하고 말할지라도 예수님께서는 666표를 받는 자는 영원히 꺼지지 아니하는 유황으로 타는 불 못에서 영원히 고통을 당하리라[5] 라고 하시면서, 누구든지 받지 말라고 하셨지 상징이거나 받아도 좋다 등의 말씀은 하시지 않았다는 사실이다.

 그렇다면 그렇게 말하고 가르치는 사람들은 누구인가? 그런 사람들은 예수께서 인류를 구원시키려는 사역에 방해하는 사람들이요, 곧 그리스도와는 원수가 된다. 성경은 이런 사람을 적그리스도라고 하였다. 어째서 그런 사람들을 적그리스도라고 말하는가? 예수께서는 짐승의 표를 666이라고 말하였지 상징이라고는 말하지 않았다.[6] 그리고 누구든지 받으면 영원한 유황불 못으로 떨어진다[7] 라고 경고하셨기 때문이다.

 베드로는 이러한 사람들은 "본래 잡혀 죽기 위하여 난 이성이 없는 짐승과 같은"(벧후2:12) 사람이라고 하였다. 짐승은 사람이 아니므로 하나님의 뜻은 알지 못한다. 그래서 베드로는 계속하여 "그들은 알지 못하는 것을 훼방한다"(벧후2:12) 라고 하였는데, 이런 사람들은 "진리의 도가 훼방을 받을 것이요, 저희가 탐심을 인하여 지은 말을 가지고 너희로 이를 삼으니"(벧후2:2~3)라고 하였다.

솔직히 말해서 666표를 '상징이다, 받아도 좋다' 등으로 말하는 사람들은 666표가 무엇인지 모르는 사람들이 많다. 그렇지 않다면 그런 생각과 말을 안 할 것이다. 성경에 666표로 기록되었으니 짐승의 표가 666이라고 말하는 것만으로 베리칩에 관하여 다 아는 것은 아니다.

그러기에 사람들은 칩 안에 모든 정보가 들어 있다고 생각하는 오해를 하는 것이다. 또한 칩을 받았는데 그것이 짐승의 표라 하니까 다시 수술해서 빼버리면 되지 않는가 하고 생각하는 것이다. 666표라는 베리칩은 어떻게 하여 생체측정 기능이 되는가를 설명할 수 있어야 한다. 그러므로 666표가 어떤 것인가를 알려면 먼저 사람의 몸을 이루는 구성요소부터 이해가 되어야 한다. 그리고 베리칩의 구성과 기능을 알아야 한다.

이 두 가지를 알지 못하는 상태에서 666표를 말하더라도 그것은 문자적으로 알 뿐이다. 요한계시록 13장 16-18절에서는 모든 인류에게 적용될 짐승의 이름으로 계수되는 짐승의 표에 대하여 설명되어있다. 사이버시대에는 모든 사물에 제도적인 문화로 살게 되는 것이 유비쿼터스이다. 또 14장 9~11절에서는 예수를 믿든 안 믿든 누구든지 그것을 받으면 영원한 저주가 있다는 경고하였다.

성경의 교훈은 하나님을 섬기되 우상은 섬기지 말라! 선은 행하되 악은 행하지 말라! 천국에는 오되 지옥에는 가지 말라! 진실은 말하되 거짓말은 하지 말라! 고 하였다. 그런데 현대교회에서 가장 큰 폐단은 '믿기만 하면 다 구원된다는 인식이다. 대다수 사람들은 짐승의 표를 상징이라 하는데, 과연 그것이 상징인가?

영한사전에서 상징을 Symbol, Emblem.이라 하였다. 그리고 한글사전에서 상징을 사회집단의 약속으로서 설명할 수 없는 개념 따위를 구체적으로 나타냄. 그 대상, 표상, 표징이라고 하였다. [8] 문법상의 표현으로도 표를 '받게 하고' '받으면' '받는' 등의 표현은 어떤 작용이나 사물의 필요로 하는 동작을 나타내는 동사이므로 짐승의 표를 상징이라고 말하는 사람들은 깨달아야 한다.

이유는 예수님은 '짐승의 표' 또는 '666'이라고 분명하게 설명하였다. 따라서 상징이라고 말하는 것은 주님께서 주신 말씀을 바꾸는 마귀의 속임수이다. 짐승의 표 666이라는 숫자는 동사(動詞)로 암시성(Allusive)이지 상징성(Symbolic)은 아니다. 기독교 2,000년 역사에서 짐승의 표를 실제(Reality)와 상징(Symbol)이라는 양론으로 대립되어 왔었다. 유럽이나 미주에서는 짐승의 표에 대하여 암시적으로 'Mark of Big Brother'로 말한다. 한국 사람들처럼 상징으로 표현하는 나라는 지구촌 어디에 가도 없다.

말 바꾸기와 상징(SYMBOL)이란 말

미혹시키는 뱀의 눈과 미혹당한 사람의 눈▲   미혹하는 뱀의 눈과 VeriChip회사 로고▲

하나님 명령은 "선악을 알게 하는 나무의 실과"(창2:17)라고 하셨는데, 뱀의 속임수는 "참으로 너희더러 동산 모든 나무의 실과"(창3:1)라고 속였고, 미혹된 사람은 "너희는 먹지도 말고 만지지도 말라"(창3:3) 고 말씀을 바꾸었다.

하나님은 "먹지 말라!(창2:17)" 하셨는데, 뱀은 "먹지 말라 하시더냐?"(창3:1)라고 '하시더냐'를 추가시켜서 말씀을 바꾸었다.

뱀의 미혹을 받은 사람은 "먹지도 말고 만지지도 말라"(창3:3)라고 '지도'라는 선택권이 미혹 받은 인간에게 있다고 하면서 '만지지도'라고 추가시켜서 하나님의 말씀을 바꾸었다.

하나님은 "선악을 알게 하는 나무의 실과"(창2:17)라고 하셨다. 그런데 미혹하는 뱀은 "모든 나무"(창3:1)라고 '선악'을 '모든' 나무로 말씀을 바꾸어서 미혹시켰다. 그리고 뱀의 미혹을 받은 사람은 "만지지도 말라"(창3:3)라고 거짓말로 만들어서 진리를 비진리로 바꾸는 죄를 지었다.

이것이 오늘날 교계가 "짐승의 표"를 "상징"이라고 예수님께서 주신 말씀을 바꾸고, "누구든지 받는 날에는 정녕 죽는다"(계14:11)라고 경고하셨는데 마귀로부터 미혹을 받은 사람들은 "예수를 믿는 사람은 받았어도 베리칩이 기능을 하지 않는다"라고 말씀을 바꾸고 있다.

하나님 명령은 "정녕 죽으리라"(창2:17) 라고 명령하셨는데, 뱀으로부터 미혹된 사람은 "죽을까 하노라(창3:3)"라고 죽을 수도 있고 죽지 않을 수도 있다고 말씀을 바꾸고 있다. 사람을 미혹시켰던 뱀이 어떻게 속이는가를 보라! 뱀의 속임수는 하나님의 '정녕 죽으리라'라는 명령을 '결코 죽지 아니하리라" 라고 바꾸었다

(창3:10).

성경을 자세히 보면 요즘 말 바꾸는 사람들이 어떤 사람인지를 알 수 있다. "정녕 죽는다"를 "죽을까"로 바꾸고 "결코 죽지 않는다"라고 거짓말을 하였다. 그렇다면 예수님께서 "666이라는 숫자는 짐승의 표"라고 경고하셨는데, 마귀의 유혹은 짐승의 표를 "상징"이라고 바꾸고 있다.

예수님은 "거짓말을 만들어내지 말라"(계21:8, 22:14) 하셨는데 왜 진리의 말씀을 거짓말로 바꾸는가? 이것이 이세벨과의 음행(계2;20)이라 한다. 그리고 말을 바꾸는 것은 거짓말을 지어내는 행위(계21:8, 22:14)이다. 이런 사람은 바깥 어두운데 쫓겨나게 되므로 말을 바꾸지 말아야 한다.(계21:8, 22:15)

"만일 누구든지 짐승과 그의 우상에게 경배하고 이마에나 손에 표를 받으면, 거룩한 천사들 앞과 어린양 앞에서 불과 유황으로 고난을 받으리니 그 고난의 연기가 세세토록 올라가리로다."(계14:9-10)

신약에서 말 바꾸기

"저가 모든 자 곧 작은 자나 큰 자나 부자나 빈궁한 자나 자유자나 종들로 그 오른손에나 이마에 표(Mark)를 받게 하고 누구든지 이 표를 가진 자 외에는 매매를 못 하게 하니 이 표는 짐승의 이름이나 그 이름의 수라."(계13:16~17)

예수님 명령은 "666은 짐승의 표다"(계13:16,17)라고 하셨는데, 미혹된 사람은 "짐승의 표는 상징이다"라고 말을 바꾼다. "짐승의 표"를 "상징"이라고 성경에 기록된 말씀을 바꾸고 있다. 666이라는 짐승의 표는 암시성인데도 상징이라고 말 바꾸기를 하고 있다.

"짐승과 그의 우상에게 경배하고 그 이름의 표를 받는 자는 누구든지 밤낮 쉼을 얻지 못하리라 하더라."(계14:11)

예수님 명령은 "유황불 못에서 밤낮 쉼을 얻지 못하리라."(계14:11)하고 경고하셨는데, 미혹된 사람은 "칩을 뽑으면 된다." 또는 "받아도 상관없다"라고 속이기 위해 말을 바꾸고 있다. "밤낮 쉼을 얻지 못하리라"는 말씀은 '죽는다' 는 경고이시다.

그런데 "뽑으면 된다"라고 말하고 있다. 그뿐인가? 예수님은 "받으면 죽는다"라고 경고하셨는데 마귀에게 미혹된 사람들은 "뽑으면 된다"라고 하는데, 이는 '안 죽는다' 는 뜻이므로 그렇게 말하는 사람은 자신이 구원자라는 것을 은연중에 암시하고 있다. "인간을 구원시킬 이름은 오직 예수님뿐"(행4:12)이다.

그런데 "뽑으면 된다" "믿는 사람은 받아도 상관없다"라고 말하는 것은 자신이 구원자나 된 것처럼 교만함을 들어내는 것이다. 이것만으로도 마귀에게 속임을 당하고 있음을 알 수 있다. 이것이 창세기에서 뱀이 이브에게 결코 죽지 않는다고 속였던 것처럼 속이는 것이다.

유황불 못에서 밤낮 쉼을 얻지 못하리라는 뜻은 죽는다는 말이다. 상징이다 또는 뽑으면 된다는 말은 죽지 않는다는 말이다. 함부로 상징이라거나 뽑으면 된다고 말해서는 안 된다. 창세기에서 뱀은 죽지 않는다고 말을 바꾸었듯이, 오늘날도 뱀의 사상을 받아서 짐승의 표(666)을 상징으로 바꾸고, 뽑으면 된다는 무리가 너무 많다.

그렇다면 짐승의 표(666)이 실제(Reality)인가? 상징(Symbol)인가? 짐승의 표는 상징성(Symbolic)이 아니라 암시성(Allusive)이다. 기독교는 2000년이라는 세월이 흘러오는 동안에 여러 학설이 있다. 베리칩은 20세기에 접어들면서 현대과학문명으로 인류가 활발하게 연구하고 개발하기 시작했다. 처음 칩에 관해서는 이것을 인간의 몸에 넣어서 성경에서 말하는 것처럼 쓰이기 위해서 연구하고 개발한 것은 아니었다. 인류사회가 발달함에 따라서 문명도 발달하게 된 것에서 시작되었다.

인간유전자 코드(HUMAN GENOME CODE)

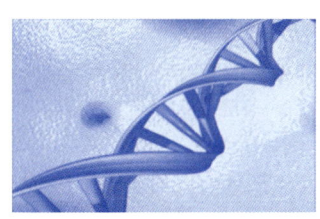
Human Genome

처음에는 오늘날 모든 상품에 국가와 생산회사와 품목들로 분류하는 확인에서부터 시작했었다. 따라서 운용과 관리에서 시간과 재고파악 등에 획기적인 발전을 가져왔다.

다른 한쪽에서는 동물을 이용해서 인간의 인체조직이나 인간을 일괄적으로 다룰 수 있는 방법을 연구하고 임상실험을 거쳐서 완성시킨 것이 인간유전자 지도라는 것을 모두가 인정한다. 이날(2000년 6월 26일)을 클린턴 대통령은 '세기의 날'로 선포 하였다.[9]

이러한 과정은 상품에 표시했던 바코드로 시작됐다. 그 후에 바코드에서 바칩으로, 바칩에서 바이오칩으로, 바이오칩에서 바이오메트릭으로 발전해서 인간의 몸에 들어가는 인간유전자 지도를 만들어냈다. 인간은 유전자로 구성된 '디옥시리보핵산'인 몸에 인간유전자 코드를 넣어서 세계정부통치자가 원하는 방식으로 바꾸는 것이 짐승의 표 666이다.

그러나 666표에 관하여 더 깊이 알기 위해서 지난날의 역사에서 어두움의 권세가 어떻게 이것을 추진시켜 왔는가를 살펴보아야만 깨닫게 되는 문제이다.

이것은 인간을 컴퓨터로 통치하려는 가장 손쉬운 방법이라 했다. 현대과학의 발달로 컴퓨터가 생산되었고, 그것을 이용하는 생체측정법으로 염색체에 연결시켜서 인간의 생각과 말과 행동을 관장하게 하는 기법이다. 새 그램스 전략은 인간의 세포와 피부 사이에 베리칩을 넣어서 사람의 움직임과 대화, 그리고 생각마저 모니터에 나타내며 조정하는 기법이다. 이 기법은 인간의 DNA-128코드로 만들어진 것을 피부와 세포 사이에 넣어서 사람을 로봇으로 만들게 한다. [10]

2002년 3월 11일 영국의 리딩대학 인공두뇌학박사 케빈 웨릭(kevin Warwick) 교수는 Times와 회견에서 자신이 연구하고 실험한 결과에 대하여 두 가지를 말하였다. 한 가지는 인간의 신경을 이용하여 사물을 원하는 대로 움직이게 하는 것이고, 다른 한 가지는 칩을 신경에 연결시켜서 사람의 생각과 감정을 아는 것이라고 하였다. 사물을 움직이는 것에 대은 자신의 신경에 칩과 연결시켜서 런던에 있는 로봇을 5,000마일이라는 먼 거리 미국 뉴욕에서 자유자재로 움직이는 것을 영상으로 보여주었다.

그는 계속하여 전동장치가 없이도 자신의 팔목에 넣어진 칩으로서 휠체어를 전후방, 좌우로 자유롭게 굴러가게 했다. 이 기법은 단순히 생각으로 움직인다고 하면서 미래에는 자동차를 핸들이나 기름이 없이도 생각만으로 굴러가게 한다고 하였다. 다음은 두 번째인데 칩이 넣어진 사람의 목에 연결된 목걸이에 푸른색으로 변하면 마음이 평온하고 붉은색으로 변하면 흥분한 상태 등으로 심리상태를 감지한다고 하였다. [11]

웨릭 박사가 연구한 결과대로라면 베리칩이 몸에 넣어지면 정부는 그 사람의 생각까지 데이터로 알 수 있을 뿐만 아니라 그 사람을 움직임까지 조정할 수 있다는 것이다. 이런 것을 반은 기계, 반은 사람(Cyborg)이라고 하였다. 이보다 더 많은 전자공학자들은 베리칩이 성경에 예언된 짐승의 표로서 사람의 몸에 넣어서 영혼은 사로잡는 것은 물론이고 영혼을 죽이는 무서운 물건이 될 것이라고 하였다.

"저가 모든 자 곧 작은 자나 큰 자나 부자나 빈궁한 자나 자유한 자나 종들로 그 오른손에나 이마에 표를 받게 하고, 누구든지 이 표를 가진 자 외에는 매매를 못 하게 하니 이 표는 곧 짐승의 이름이나 그 이름의 수라. 지혜가 여기 있으니 총명 있는 자는 그 짐승의 수를 세어 보라 그 수는 사람의 수니 육백육십육이니라."(계13:16~18)

이처럼 성경은 마지막 환난 때에 세계정부를 주관할 적그리스도가 등장할 것과 666 짐승의 표를 모든 사람에게 적용할 것을 예언해놓고 있다. 여기서 우리는 짐승의 표가 매매의 수단이라는 점과 사람의 오른손이나 이마에 받게 한다는 예언의 말씀에서 '세어보라' 와 '사람의 수' 라는 말씀에 주의해서 살펴볼 필요가 있다.

지금 나온 베리칩이 정확하게 그렇게 사용되기 때문이다. 수를 아리트모스($άριθμόs$)로 표기 되어 있다. 이는 단순히 숫자를 나타내는 단어다. 그러므로 짐승의 표가 무엇이며 어떻게 베리칩이 666이 되는지 숫자로 이루어지는 디지털 시스템과 아날로그 시스템으로 운용되는 컴퓨터코드에서 그것을 찾아야 한다.

컴퓨터 코드(CODE)

디지털(Digital) 컴퓨터는 숫자를 계산하는 방식이고, 아날로그(Analog) 컴퓨터는 무게, 온도, 길이, 넓이와 고도 등을 계산하는 방식이다. 1940년대에 처음으로 디지털 컴퓨터를 만들 때 6씩 건너뛰는 숫자에 26알파벳, A6, B12, C18, D24, E30, F36, G42, H48, I54, J60, K66, L72, M78, N84, O90, P96, Q102, R-108, S114, T120, U126, V132, W138, X144, Y150, Z156.으로 배열시킨 것이 컴퓨터 코드라고 한다. 이러한 코드는 자연적으로 생긴 것이 아니라 사람이 알파벳과 숫자로써 부호를 만든 것이다.

그래서 성경은 "그 수는 사람이 만든 수니 666이라"(계13:18) 하였다. 그리고 계속하여 "지혜가 여기 있으니 총명 있는 자는 그 짐승의 수를 세어보라"(계13:18) 하였는데 'Computer' 라는 단어, C18, O90, M78, P96, U126, T120, E30, R108을 합한 합산이 666이라는 뜻이다.

COMPUTER CODE는 사람이 만들었다.   그(CODE) 수를 세어보라(COUNTION)

C - 18	C - 18
O - 90	O - 90
M - 78	U - 126
P - 96	N - 84
U - 126	T - 120
T - 120	I - 54
E - 30	O - 90
R - 108	N - 84
666	666

"그 수는 사람의 수니 666이라.(계13:18b)"를 "666이라는 디지털 컴퓨터 코드는 사람이 만든 수"로 해석하면 된다. "짐승의 수를 세어보라."(13:18a) 하였는데, 셈이라는 "합계가 666"이라는 뜻이다.

인간유전자(HUMAN GENOME)

사람의 몸은 30억 개의 세포(Cell)로 육체를 형성시키고 있다고 의학계는 말한다. 매 세포 안에 세포핵(細胞核)이 있다. 세포핵 안에 분류되는 염색체(Chromosome)가 있다. 염색체 속에 일정한 순서로 배열된 실 모양으로 꼬어진 염색사(染色絲)가 유전자

(Deoxyribonucleic acid-DNA)이다. 이러한 유전자 하나하나에 핵산이 있고, 세포는 유전자의 성질에 의해 결정되므로 핵산이 모여진 것이 세포라 한다. 그리고 300만 개 유전자는 형성에 따라 아데닌(Adenine(A)), 시토신(Cytosine(C)), 구아닌(Guanine(G)), 티민(Thymine(T)), 우라실(Uracil(U))로 분류된다. A, C, G, U로 형성되면 RNA(Ribonucleic acid)라 하고, A, C, G, T로 형성되면 DNA(Deoxyribonucleic acid)라 한다. [12]

단일염기변이(Single nucleotide polymorphismsSNP) 300만 개는 각기 그 형성에 따라 A, C, G, T, U로 분류되고, 매개마다 부호를 붙였다. 이렇게 붙여진 부호가 A.C.G.T. 중에 각기 짝을 찾는 것을 인간유전자 지도(Human Genome Code 또는 DNACode)라 한다. DNA 300만 개를 확인하고 조율하는 DNA코드(128개)와 일련번호(16Code)와 함께 캡슐에 들어 있다. 베리칩 자체가 코드는 아니다.

지금 베리칩 안에 있는 16자리 코드는 GPS를 통하여 추적과 확인만 한다. DNA 128-Code에서 현재는 32개만 작동하고 나머지 96개의 DNA는 아직 작동하지 않도록 하였다. [13] 지금 작동하고 있는 32개로서 병을 치유하고 있다.

그렇다면 무엇으로 사람의 병을 치유하는가? 16-코드인가? 아니다. DNA 128코드 중에서 현재 작동되고 있는 DNA 32코드로 병을 치유한다. 지금 베리칩을 사용해서 병을 치유하도록 미국국회에서 법(Congress' Full 2012 plate; 'The Doc. Fix,' The health law and automatic cuts Kaiser health)으로 개정(reform)한 것이 베리칩이 666 표임을 입증하는 것이다. [14] 따라서 베리칩은 오래전부터 사람의 육신을 총괄하도록 만들어졌기 때문에 디지털 컴퓨터 코드의 합산이 666이다.

2002년 3월 13일 자 동아일보는 삼성의료원에 따르면 '30억 염기 중의 단 한 개가 인간의 유전운명을 좌우'라는 제목에서 '노인치매 DNA분석'에 대한 보고서를 내놓았다. 아직도 해결하지 못하는 질병에 대한 과학적 도전은 끝이 없다는 삼성의료원 유전자 클리닉 김종원 박사가 보고서를 내놓았다.

김 박사는 "최근 노인성 치매환자인 박○○씨(65)의 DNA를 분석했다. 분석대상은 치매와 관련성이 깊은 제9번 염색체의 APOE유전자였다고 하였다. 김 박사는 분석한 결과는 하루 만에 나왔고 의료진이 예상한 대로 박씨의 유전자는 보통사람과 염기 하나가 다르게 나왔다고 하였다. 이 유전자의 484번째 염기가 보통사람은 '시토신(Cytosine)'이지만 박씨는 '티민(Thymine)'였다. 박씨처럼 APOE 유전자의 글자 하나가 T로 바뀐 사람은 한국인 가운데 9% 정도다. 삼성의료원 김종원 박사(임상병리)는 박씨처럼 부호 한두 개가 바뀌어 유전적 운명이 달라지는 것을 단일염기 변이(Single nucleotide polymorphisms-SNP)라고 했다.

모든 사람은 DNA가 99.9%가 같다. 30억 개의 염기 가운데 01% 즉 300만 개의 염기가 사람마다 다르다. 바로 이것이 눈과 피부색, 인종, 생김새, 체질, 질병의 감수성의 차이점을 만든다." 라면서 성공적인 치료결과를 발표한 바가 있다.[15]

이처럼 베리칩으로서 사람의 세포를 자유자재로 원하는 대로 바꾸고 있다. 지금 병원에서 당뇨병환자들을 치료하는 것도 이 베리칩으로서 유전자 세포를 바꾸기 때문이다. 여성들의 임신을 조정하는 배란세포를 조정하여 임신 자체를 컨트롤하고 있다. 그것도 DNA128개 전체가 아니라 32개로 세포를 바꾸고 있다.

그렇다면 나머지 남아있는 DNA96개를 합하여 DNA128개 전체를 활동시킨다면 인간의 모든 세포를 다 바꾸지 않겠는가. 지구정부 통치자가 원하는 대로 칩을 받은 사람의 세포를 바꾸어서 복종하도록 할 것이다. 그래서 성경은 "짐승의 표를 받는 자는 '누구든지' 밤낮 쉼을 얻지 못하리라"(계14:11) 할 때, '누구든지'를 강조하고 있음을 명심해야 한다.

누구든지라는 단어는 예수를 믿는 사람이건 믿지 않는 사람이건 다 해당하는 단어이다. 누구든지라는 단어는 베리칩이 짐승의 표가 아니라고 반대하는 사람도 해당하는 단어이다. 누구든지라는 단어는 베리칩이 짐승의 표라고 인정하는 사람에게도 해당하는 단어이다. 어느 누구를 막론하고 베리칩을 받으면 그는 영원한 지옥불로 간다라고 경고하였다. 이런데도 베리칩의 기능이 멈춘다고 고집하겠는가!

선진국에서 연구한 프로젝트

선진국에서 연구해왔던 프로젝트 중에서 미국은 지난 40년 동안 에너지자원부가 지원하면서 이 부분에 상당한 투자로 사람 몸 안에 있는 인간유전자(DNA)의 근본 뿌리에서 찾아낸 것이 DNA 128-코드이다. 클린턴 대통령은 인간유전자지도를 발표하던 날을 오늘의 개가라고 하였고, '유전자공학의 연구와 컴퓨터 기술이라' 하였다. 그리고 클린턴은 인간유전자 지도를 발표하던 날인 2000년 6월 26일을 '세기의 날'로 선포하였다. [16]

2004년 2월 4일 '월드 넷 데일리(World Net Daily)'에 따르면, 그 해 7월에 대통령보좌관 중의 한 사람인 노르맨 미네타(Norman Mineta)가 새로 개발된 128-코드를 16자리 코드와 함께 넣을(Inclusion) 것을 건의했고, 클린턴 대통령은 그것을 베리칩 생산회사 최고경영자 리처드 실리반(Richard Sillivan) 박사에게 지시해서 유전자코드가 넣어지게 되었는데, 이것이 '미네타 인클류션(Mineta Inclusion)'이다.

베리칩은 정부가 투자하고 정부가 베리칩 생산회사에 위탁 생산하는 사업이다. 미네타 인클류션이라는 말의 숨겨진 뜻은 128개의 DNA-코드를 16개의 일련번호(Serial Number)와 함께 캡슐에 넣음에 관한 감추어진 말이다. [17]

세계를 하나로 만들어서 독재통치를 갈망하는 무리들은 앞으로 인간유전자코드를 역으로 이용할 것이다. 이미 1994년 9월 18일, 당시 통상부장관이던 미키 캔토(Mickey Kantor)가 무역 관세협정회의를 앞두고 이것으로 세계에서 주도권을 장악할 수 있다고 하였다. [18]

인간에게 노예정책을 쓸 때, 개개인에게 다르게 나타나는 3백만 개의 세포(유전자)를 바꾸는 일이고 16-코드는 성경에서 말하는 666표 또는 짐승의 이름이라고 일컫는 개인에게 부여하게 될 번호라는 것이다. 이는 인간이 출생될 때 하나님이 주신 유전자를 지워버리고 그들의 명령체계에 따르도록 작성된 유전자코드로 바꾸게 된다는 것이다.

삼각통치를 만드는데 주역을 담당했던 즈비뉴 브르제진스키

(Zbigniew Brzezinski)는 컬럼비아 대학교 교수로 있을 때 자신의 논문 '두 시대 사이'에서 '인간은 성숙된 생명을 유지하려고 창조적인 재연 활동을 전개시키는 것은 인간이 창조주를 이겼다고 확신하는 것'이라 하였다.[19] 인간은 태어날 때 하나님의 성품을 닮게 하였고, 예수 그리스도 안에서 선하게 살도록 하였다. 그런 인간들이 문명의 발달과 시대의 흐름에 따르는 과학으로 악한 방법을 모색하는 것이 성숙된 생명을 죽음에서 연장하려는 활동이 인간유전자코드를 만들게 된 것이다.

세계정부를 갈망하는 세력들은 하나님이 만들어 놓은 사람의 육체에 넣어지는 것은 캡슐 안에 있는 16-코드 일련번호와 128-코드라고 하는 DNA-코드이다. DNA 128-코드로서 하나님께서 인간에게 주신 유전자를 세계정부통치자를 섬기도록 바꾸어지게 하는 것이 666짐승의 표가 되는 것이다. 그들은 30억 개 인간유전자 중에서 하나님께서 사람마다 다르게 만들어 놓은 300만 개를[20] 세계정부통치자를 섬기도록 자기들이 작성한 코드로 바꾸면 되는 것이다.

인간이란 하나님을 섬기며 자유롭게 삶을 영위하도록 태어난 존재이다. 그러한 인간이 하나님을 대적하고 대신에 짐승이라 일컫는 지구정부통치자를 섬기면서 그것을 찬양하게 되므로 누구든지 베리칩을 받으면 인간은 사이보그(반은 사람, 반은 기계)가 되는 것이다. 그러므로 인간 몸에서 흐르는 인간유전자를 바꾸는 것은 인류를 파멸로 몰아넣는 결과를 가져오게 된다. 이것을 세뇌 또는 전향이라 한다.[21]

하나님께서 준 인간 본래의 마음을 지워버리고 세계정부통치자의 뜻대로 움직이도록 하려는 무서운 일이 666제도다. 그런데도 많은 사람들이 666표는 상징이라 한다. 더러는 예수 믿는 교인들은 대환난전에 다 휴거되므로 그런 것은 몰라도 된다고 말한다. 계시록 16장으로 넘어가면 하나님께서 대재앙으로 진노할 때, 진노를 받는 대상은 짐승의 이름(666표)을 받고 세계정부통치자에게 경배하는 자들이다. 육신은 불로 태움을 당하고 영은 유황으로 타는 불 못으로 들어간다고 경고한다. 그런데도 상관이 없고 상징이어야 되는가?

1. 세상에 공개된 베리칩(VERICHIP)

2001년 12월 19일에 플로리다 팜비치에 있는 Applied Digital Solutions 회사가 인터넷을 통하여 사람의 몸에 넣어서 신분 확인과 함께 의료와 보안과 추적, 그리고 응급상황 등 다양한 용도로 쓰이도록 아주 작게 만들어진 제품을 소개하면서 세상에 알려진 것이 베리칩이다.[22]

이것이 공개된 이유는 발표에 앞서 9/11사건이 (2001년 9월 11일. 테러공격으로 무역센터 건물이 무너지던 날자) 일어나자 즉시 외교협의회가 정부에 압력을 넣어서 발표하게 한 것이다. 다시 말하면 어프라이드 디지탈 솔루션(Applied Digital Solutions)가 국영사업이기에 정부로부터 공개하도록 한 것이다. 그것은 인간의 몸에 넣어지는 베리칩이 미국정부 에너지자원부가 40년간 재정을 투입해서 만든 제품이기 때문이다. 따라서 베리칩을 생신하는

Applied Digital Solution 회사는 국영사업이지 사람들이 인식하는 것처럼 민간사업이 아니다.

2002년 3월 11일 Time's에서[23] 인류역사 최초로 베리칩을 몸에 넣은 사람이 미국 플로리다 보카 래이턴(Boca Raton, Florida)에 살고 있는 데릭 제콥스(Derek Jacobs)라고 하였다. 그가 베리칩을 넣은 나이는 14세로 베리칩의 존재를 회사가 직접 처음 세상에 알리게 된 것이다. (2001년 12월 19일에 생산회사가 알린 것이 처음이다.)[24]

이에 앞서 2000년 3월 20일에 월드넷데일리(WorldNetDaily) 공개한 이후 영국의 전자두뇌회사(Electronic Telegraph)에서는 '사람을 잡는 컴퓨터칩(Soul catcher' computer chip due...)'[25]이라는 제목으로 베리칩의 존재를 알렸고 같은 해 Populars science 회사는 '사람과 기계'라는 제목으로 베리칩이 어떤 역할을 할 것 인지를 알리기 시작했다.

그리고 2002년 5월 10일에 NBC방송에서 방영되면서 세상을 떠들썩하게 했던 방송은 아들 데렉(Derek), 그의 어머니 레슬리(Leslie)와 그의 아버지 제프리 재콥스(Jeffrey Jacobs) 한 가족이 최초로 베리칩을 몸에 넣는 화면으로 방영했다.[26] 많은 전자공학자들은 베리칩이 앞으로 성경에 예언된 짐승의 표로서 사람의 몸에 넣어서 영혼은 사로잡는 것은 물론이고 사람을 죽이는 무서운 물건이 될 것이라고 계속하여 말하고 있다.

1997년 5월 13일, ADS(Applied Digital solutions)사는 미국정부로부터 "사람을 추적하고 찾아내는 것"을 특허 제5,629,678호를 받았다.[27] 무선으로 받을 수 있는 아주 작은 디지털이 들어 있는 것이 사람에게 넣어진다. 그리고 GPS를 이용하여 추적하며 추적에 관련된 정보는 헤아릴 수 없을 정도로 많다. 그중에서도 베리칩 안에 넣어지는 추적용 제품을 생산하는 디지탈 엔젤(Digital Angel)회사가 발표한 것이 제일 정확하다. 그리고 제품에 대하여 디지탈 엔젤 회사(Digital Angel Corporation)는 제품의 특징을 다음과 같이 설명하고 있다.

누구며 무엇인가? (Who or what are you?)	→	신원확인 항목 (Asset Identification)
어디에 있는가? (Where are You?)	→	위치확인 항목 (Asset Location Tracking)
상태는 어떤가? (How are You?)	→	상황파악 항목 (Asset Condition Monitoring)
도움이나 정보를 원하는가? (Need or information?)	→	정보제공 항목 (Asset Messaging)

※ 순서대로 보면 '누가' '어디서' '무엇을' '어떻게 하는가?'를 추적된다는 것이다.[28]

Digital Angel은 무선주파 위치추적위성(Global Positioning System-GPS), 감지기가 포함되어 있다. 그리고 지상정보 저장소를 통하여 어느 누구일지라도 그 사람이 있는 위치를 끊임없이 정보와 함께 추적된다. 베리칩 생산을 총괄하는 Applied Digital Solution 회사가 정부에 특허신청에서 자사의 제품인 베리칩은 사람이 어디에 있든지 GPS로 추적되며, 128-코드로서 사람의 병을 치유한다고 발표하였다.

　그러므로 단순한 추측이나 남의 말만 듣고 베리칩 안에 128-코드가 없다거나, 666표가 아니라고 말하는 사람들의 미혹에 속지 말아야 한다.

2. 식약청은 팔고 넣도록 허가했다

　1) 1995년 식약청에서 앞으로 ID 시스템으로 베리칩을 팔고 넣어도 된다(sell ahead for the VeriChip implant ID system)라고 허가하였다. [29] 그리고 식약청은 사람의 몸에 넣고 팔도록(implantable human body and sell to) 허가하였다. [30] 정부는 법으로 칩을 소비자에게 넣도록(Chip will be inserting to consumers) 하였다. [31]

　2) 2002년 4월 4일(목요일) 워싱턴 발신 연합뉴스(Fox-31)에서, 한 회사가 사람의 피부 속에 넣을 수 있는 컴퓨터 신분증명 칩을 시중에 판매하고 사람의 몸에 넣어도 된다고[32] 식약청에서 허가하였는데 그 이유는 칩 캡슐에 의료자료가 들어 있는 것이 아니기 때문에 시중에 팔아도 된다고 하였다. 캡슐에는 16-코드와 128-코드만 있고 모든 자료는 데이터베이스에 들어 있을 뿐이다.

　3) Applied Digital Solutions 회사는 쌀알만한 크기로 특별한 전자감지기(Scanner)로 읽을 수 있게 개발한 베리칩이라는 것을 만들었다. 그 회사는 이 칩이 개인의 의료기록 또는 보안의 기능

에 대하여 화제가 되고 있다.

4) Applied Digital 회사 홍보담당 고위자 데이비드 훼이갈(David Feigal) 박사는 분명하게 그 문제를 말하였다. "만일 누군가가 의식을 잃은 상태에서 응급실에 있는데, 그의 진료진단 기록이 오래되어서 낡았을 경우에, 의사들이 아무런 정보가 없는 것보다 더 위험한 상황을 초래할 수도 있다."라는 이유를 설명하면서 계속하여 훼이갈 박사는 '이처럼 건강에 관계되는 몸에 넣는 것에 관하여 회사는 식품의약청과 법률조율문제가 필요하다.'라고 하였다.[33]

5) 국제전자정보기술회사인 David Hughes of Technology Sourcing International 회사는 '현재 사용되는 베리칩은 신분으로서 어떤 종류의 정보라도 알려주기 위하여 정보저장센터와 정보교환을 할 수 있으므로 단순한 의료용만이 아니다' 라는 견해를 밝혔다.[34]

6) 그러나 베리칩은 무선수신 전파를 방출하는데, 어떤 이들은 그것이 '적그리스도정부 통치자(Big Brother)'와 밀접한 관계라고 말한다. Applied Digital 회사는 누군가가 응급상황에서 의식불명이거나 아무런 정보를 주지 못할 때 베리칩의 가치는 엄청나게 증명된다고 하였다.[35]

7) 2002년 3월 11일, Time에 따르면 생산회사 부사장 볼턴

(Bolton) 박사는, '앞으로 몇 년 안에 감지기로서 당신의 생명에 절대적인 증거가 되는 것은 인체 신호인 맥박, 체온, 혈당량, 등등을 읽을 수 있고, 위성은 당신들이 어디에 있든지 추적하게 될 것이다.' 라고 하였다. [36]

8) 2002년 3월 11일 Time 56~57페이지에, '현명하든지 않든지, 주입시키는 기술에서 생체공학은 앞질러 경주하고 있다.' 라고 영국의 '리딩 대학교(Reading University)' 두뇌 공학 케빈 위릭 교수가 기고하였다. 그는 벌써 다음 단계로 진입하고 있다고 하면서, 지난 몇 주간, 그는 무선으로 자신의 신경과 PC를 접속시켰고 컴퓨터는 자신의 신경시스템 활동에서 신경자극을 일으키는 작은 움직임의 감각을 찾았다 한다. 넣어진 것으로서 마비상태의 몸 일부분이 움직이는 사람을 경험했으나, 결과는 뇌에까지는 도달시키지 못했다라고 하면서 그러나 만일 모두 정상적으로 작동했다면 되었을 것이라 하였다. 위릭 박사는 말 상대를 자신의 아내 아이레나에게 칩을 넣어서 서로 대화하게 되었다. '내 손가락이 움직이면 아내도 어떤 반응이 일어났다.' 라면서 그의 설명은 '우리는 다른 사람들보다 아주 가깝게 뇌신경과 뇌신경으로 서로 대화했다' 라고 하였다. [37]

3. 한국 베리칩 수입계약

2002년 12월 6일(금), Florida Business Journal은 한국이

베리칩을 수입하는 계약을 했다고 발표하였다.[38] 계약내용은 - 첨단기술(Technology)제품을 나스닥주식에 상장시킨 Applied Digital Solutions 회사는 캘리포니아의 한 무역회사를 통하여 한국과 5년간 마이크로 칩 산업시장 독점판매 계약을 체결했다. 베리칩 판매계약에는 한국 수입회사를 -지구종합과학기술(Global Integrated Technology-GIT)회사라고 명시되어있다.

그러나 계약 당시 한국수입회사 이름을 'SI&I'로 바뀌었으며 주소는 서울시 강동구 성내1동 469-6. 남경빌딩' 3층이라고 하였다. 계약서에는-ADS 회사가 생산하는 베리칩을 한국시장에 독점판매권을 허용하고 한국에서 판매하도록 했다.

한국 GIT측은 반드시(Must) 3개월에 최소량인 5,000개의 베리칩을 소비해야 한다. 따라서 한국 GIT는 개인정보를 확인하도록 되어 있는 '베리칩을 사람의 정보를 위해 몸 피부 밑에 넣어야 된다.(VeriChips are microchips that can be inserted under a person's skin and contain personal information)라고 할 때 '반드시(Must)'를 강조하였다는 점을 주목해야 한다. 계약서에는 GIT는 같은 기간에 모든 정보를 읽게 하는 스캐너 216개도 함께 소비해야 된다고 명시되었다.

그리고 기본계약 기간은 5년이며, 정기적으로 최소량의 구매 몫을 ADS회사는 기대하기를 한국 GIT측이 5년 동안 최소량(Least)의 베리칩을 75,000개 이상과 7,500개 이상의 스캐너(Scanner)를 판매할 것이라고 한다.

3개월(three months) 단위로 소비량이 최저(Least) 5,000개라고 하였다. 그리고 5년 동안 75,000개를 소비하도록 계약되었는데 여기서 주목할 점은 2003년부터 2011년까지는 9년이다. 그러나 김대중행정부 때 일어났던 불미스러운 문제로 인하여 수입회사를 바꾸면서 1년이라는 기간 동안은 수입할 수 없었다고 한다. 따라서 연간 20,000개를 수입하고 몸에 넣는다는 계약이다. 2003년부터 2011년까지는 9년이다. 연간 20,000개를 9년으로 합산하면 총180,000개가 된다.

그렇다면 이 숫자의 베리칩이 한국에 수입되었고 따라서 사람의 몸에 넣어진 숫자도 그만큼 된다는 결론에 이르게 된다. 그래서 2004년에 한국은 베리칩회사로부터 우수판매상을 받기도 했다.

4. NBC, Chip은 사단의 표다

2002년 6월 10일, NBC 뉴스 앵커 마이클 롸저(Michael Rogers)는 "칩은 사단의 표"라고 방송하면서 "과학기술은 멀지 않은 날 수억 생명을 빼앗을 것"이라고 하였다. 그러면서 그는 "사람의 몸에 넣는 베리칩은 단순한 메디컬 기록만을 위한 것이 아니라 영원토록 당신의 꼬리를 따를 것"[39] 라고 하였다. 그리고 "이 칩은 기독교인들이 말하는 요한계시록에 명시된 짐승의 표가 될 것이며, 세계정부 경찰은 기독교인들을 체포하는 일에 좋은 구실이 될 것이다"라고[40] 하였다.

2003년 9월 22일 자 Times에서 베리칩에 대하여 "칩은 7일간 24시간 어디에서나 당신을 추적할 것"이라 하였다. 그리고 "칩은 항상 당신을 끌고 다닐 것이며, 어디든지 아무 때나 추적할 것"[41]

이라 했다. 그리고 "칩은 당신의 인생을 바꾸게 될 것"이라고 하였다.

멕시코정부 검찰총장 라파엘 마체도 콘차(Rafael Macedo de la Concha)은 "자신과 여러 명의 부장검사들과 함께 160명의 검찰청 직원들이 베리칩을 넣었다(Mexice's attorney general and at elast 160 people in his office they have been imlanted)"[42] 라고 2004년 7월 15일, NBC와 CNN등 멕시코 미디어에서 일제히 보도하였다.

이전부터 멕시코정부는 미국으로부터 베리칩을 수입하기 시작했다고 USA Today 지에서 보도했다.[43] 멕시코 비센테 폭스 (Vicente Fox) 대통령은 멕시코정부계획은 중앙정부 부처직원들로부터 멕시코군인들과 경찰과 대통령궁에 근무하는 직원들과 일반정부공무원들도 2003년 11월부터 점진적으로 넣도록 했다.[44] 라고 멕시코연합뉴스에서 보도하였다.

멕시코 검찰총장
Rafael M. Concha

Baja Beach Club
매니저 칩 넣고 있음

2007년 12월 28일 자 CNN News는 멕시코 이민국은 불법이민자들이 남쪽국경을 통하여 불법으로 멕시코에 들어오는 외국인에 대하여 전자칩등록(Electronic Device Registry) 시스템을 수용할 것[45]이라고 했습니다. 그리고 멕시코 이민당국은 2008년 3월에서부터 브라질과 과테말라에서 들어오는 노동자들이나 방문객을 다스리고자 칩 주입을 실시할 것이라고 스페인 뉴스 EFE가 금요일에 보도했다. [46]

멕시코정부는 국경지역에서 사용하는 통과증은 쉽게 변형시킬 수 있으므로 그것을 대신할 몸에 넣는 칩으로 바꾼다고 하였다. 과테말라 국경 지역의 국민들에게는 자기들의 지역방문객을 위하여 발행하는 이주신청서를 발급하겠다는 것이다. 그리고 국경지역 노동자들을 위한 이주신청서는 브라질과 과테말라 국경지역에 사는 지역 안에서는 일군들에게 유익이 될 것입니다.

2004년 6월 9일, CNN news, 스페인 바하비치 클럽(Baja Beach Club)에서 베리칩을 클럽고객에게 넣는다고 보도하였다. [47] 2004년 8월 4일, 베리칩 생산회사 부사장 볼턴(Bolton) 박사는 크리스천 사이언스 모니터와의 인터뷰에서 "9월 11일 테러공격을 당한 후에 베리칩을 사람의 몸에 넣어야 한다는 공감대가 형성되었다."라고 하였다. [48] 그는 계속하여 "베리칩의 기능은 스스로 사람의 신원을 확인시켜서 칩을 받은 사람 본인의 ID가 보호된다. 이것은 앞으로 사람 몸에 넣어서 사람에게 쓰이는 것이 베리칩이다"라고 하였다. 그리고 계속하여 "현재 베리칩의 핵심은 지구촌 어디서 언제든지 모든 것을 감시하는 것"(Surveillance)라고 하였다. [49]

이탈리아정부도 2년 동안 10명 환자의 몸에 베리메드를 넣어서 안전과 효율성을 평가하기 위하였고, 이 연구소에서 만성전염성의 질병으로 치료받고 있는 환자들에게서 베리메드 시스템의 기능을 알아내기 위해서라고 하였다. 이 연구소는 연구원들이 칩을 넣는 과정과 손으로 쓰는 감지기를 사용하여 ID번호를 [컴퓨터 정보기억 장치] 입출력으로 조사한 결과 환자들에게서 일반적인 (universal) 합병증이나 부작용이 없었다고 했다. 베리칩을 이탈리아에 공급하는 실무진은 연구결과를 토대로 이탈리아 보건복지부에 국민건강에 쓰이도록 청원했다. 이탈리아 연구의 모든 과정을 전망하고 제의하고 도왔던 Fanara & Associati 회사 Giorgio Fanara 사장은 "우리는 지금 전체적으로 병의 기록정보와 병원 기록의 안전을 보증할 수 있음에 대하여 만족함을 나타내기를 원한다고 하였다.

영국에서는 얼마 전에 '토니 블레어(Anthony Blair)' 수상이 DNA를 의무화시키라고 하였다. [50] 자메이카에서는 입법을 서두르고 있다. 자메이카 법무부 법개정위원장인 '카뉴터 브라운'이 말하기를 법률상의 연구와 분석을 위해 DNA 채취를 의무화하기 위해 금년 말까지 입법화한다 하였다. 그는 최근에 자메이카 그린너신문과의 인터뷰에서 입법시키는 방법과 절차에 대하여는 영국이나 캐나다의 입법을 모델로 삼는다고 하였다. 브라운은 현재로서는 DNA 샘플 채취를 의무화하는 법률조항이 없음을 지적하였다.

법개정위원장의 입법화 구상은 민감한 법적인 것이며 윤리적인 문제가 있으므로 신중히 고려하는 것이라 했다. 헌법개정의 전권은 피검사를 위해 DNA 샘플을 저장할 전자공학 데이터베이스를 설치하는 법조항을 만드는 것이라 했다. 거의 7년 전에 선임 치안법관으로 있었고, 현재 고등 법관인 그랜 부라운은 성범죄의 모든 사건에 의무적으로 DNA 검사를 허용하기 위해 법을 바꿔야 된다고 옹호하고 그것은 불평하는 사람들을 보호하는 것이라 했다. 개인의 DNA는 피검사를 통해서 이뤄지는데 지문에 대하여는 법에 명시되어있으나, 피를 채취하는 법 조항은 없었다. 양성 DNA 상태는 미국에서는 범죄사건에 안전하고 확실하고 가장 결정적인 증거로서 아주 넓게 적용되고 있다. DNA 검사는 유죄판결을 받은 많은 사람들, 그리고 수십 년 전에 선고받은 죄수의 결백을 증명하기 위하여 미국에서는 이미 사용되고 있다.

러시아 정부는 2004년 초에 수입회사(RussGPS)를 통하여 향후 5년 동안에 51,000개의 베리칩을 수입하기로 생산회사와 계약을 체결하였다. 그리고 러시아 대통령 '드미트리 메드베데프는 "2025년 안으로 모든 러시아인은 베리칩을 반드시 받아야 한다."라고 발표하였다.[51]

이 말은 2025년까지 베리칩을 받지 않는 사람은 법을 어기는 것이 되기 때문에 이에 상응한 대가를 치러야 한다는 뜻한다. 이것은 2011.1.16 '국민의 관심'이라고 방송국에서 보도한 내용이다. 이것은 2007년도에 블리지미르 푸틴 대통령이 이미 서명하여 확정된 명령이다.

12. 베리칩(VERICHIP)이 666이라는 명확한 증거

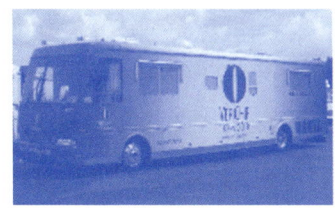 

chipmobile (이동형 시술차)
칩을 취급하는 병원이나 의사가 없는 지역에 원하는 사람에게 칩을 넣어주기 위해 운영되는 차량

    이 책에 기록된 모든 자료들은 사람들이 입증도 검증도 없이 떠도는 낭설이 아니라 분명한 증거와 그 증거를 검증한 자료들로 베리칩/포지티브-ID가 666 짐승의 표라는 것을 증명하려는 것이다. 베리칩이 세상에 알려지기 시작한 것은 2001년 12월 19일부터다. 베리칩은 플로리다 팜비치가 소재지인 어프라이드 디지털 솔루션이라는 회사가 만든 제품이다.[1] 이 회사가 인터넷을 이용하여 공개한 제품이 위성을 타고 지구를 돌면서 알려졌다.

    이 제품은 길이가 12mm이고 폭의 직경은 2.1mm으로 아주 작은 물건이다. 베리칩/포지티브-ID 라는 캡슐 안에는 사람의 세포를 검사하고 조율하도록 만들어진 128 DNA-코드, 위치추적과 확인을 위한 16•코드(Digital Angel™), 송수신을 유지시키기 위한 콘

251

덴서, GPS로 송신과 수신을 원활하게 연결시키기 위한 안테나로 쓰이는 코일, 네 가지를 캡슐에 넣어서 만들어진 제품이 베리칩이다.[2]

이처럼 베리칩도 여러 부품을 모아서 하나의 완성품으로 만들어졌기 때문에 디바이스(Device)가 되는 것이다. 따라서 법안에 명시된 Device는 여러 기계들뿐만 아니라 베리칩까지 포함된다는 사실이다.

그런데 이것이 성경에서 말하는 짐승의 표 666이냐 아니냐를 두고 논란이 많다. [3] 한 제품을 가지고 맞다 아니라는 논쟁이 일어나는 첫 번째는 베리칩의 기능에 대하여 과학적으로 증거를 제시하지 못하기 때문이다. 두 번째는 베리칩이 666표로 쓰이도록 제정된 법적 증거를 제시하지 못하기 때문이다.

세 번째는 베리칩이 성서적으로 666표로 쓰이도록 사회와 환경적인 증거를 제시하지 못하기 때문이다. 그래서 이 책은 베리칩이 666 짐승의 표가 확실하다는 사실을 이 세 가지로서 논란을 종결시키고 나아가서 베리칩이 짐승의 표가 확실함을 이 책을 통하여 알리고자 하는 것이다.

"곧 작은 자나 큰 자나 부자나 빈궁한 자나 자유한 자나 종들로 그 오른손에나 이마에 표를 받게 하고, 누구든지 이 표를 가진 자 외에는 매매를 못 하게 하니 이 표는 곧 짐승의 이름이나 그 이름의 수라"(계13:16~17)

필자는 항상 이 예언의 말씀을 근거하여 지난 30년간 마지막 때의 징조로서 세상에 어떤 일이 일어날 것인가를 연구하면서 어떤 세력이 어떤 방법으로 세계를 움직이는지에 대하여 자료들을 모아왔다. 이 책에 수록된 내용들은 세상에 알려지지 않았던 내용이 대부분이었다. 사람들이 알지 못하는 것을 알리기 위하여 오랜 시간 동안 사이트를 통하여 세계정세를 알리다가 이제 두 번째 책을 내게 된 것이다. [4] 이 책에는 교육현장에서, 은행에서, 생산회사에서, 그리고 소비시장에서 그것이 없으면 아무것도 할 수 없는 베리칩/Positive-ID(포지티브 아이디)에 관하여 성경에 예언된 말씀대로 이루어지고 있음을 알리기 위해 이 책을 쓴 것이다.

베리칩(VERICHIP)이 666표라는 과학적 증거

베리칩은 St.Paul Minnesota에 있는 디스트론 피어링(Destron Fearing)회사가 1960년 후반부터 60여 명의 연구원과 함께 동물과 사람에게 임상실험을 거쳐서 완성시킨 제품이 첫 번째로 캡슐에 넣어진 16-Digital 코드이다. 이 제품은 미국 에너지자원부로부터 40년 동안 자금지원을 받아서 최종적으로 선정된 회사이다. 디스트론 피어링 회사는 디지털 엔젤회사가 인수하고 합병시켰다.

그리고 1995년 1월 10일, 디지털 엔젤회사는 특허신청을 할 때 제품이름을 '베리칩'으로 접수했다. 그 후 2년이 지난 1997년 5월 13일, 특허를 받을 때 정부로부터 베리칩은 제5,629,678번으로 특허를 받았다. [5] 특허신청을 접수시키고 특허를 받을 때 서류에는 칩을 베리칩으로 신청했을 뿐만 아니라 식약청에서 허가서를 발행할 때도 베리칩이라고 했음이 그 증거이다.

미국식약청에서 허가서를 발행할 때 명시된 것은 "사람의 몸에 넣고 시중에 팔아도 된다(Implantable human body and sell ahead for the VeriChip)"라고 허가하였다. [6] 그리고 베리칩 생산회사는 베리메드 프로그램에는 오른팔 어깨관절 아랫부분에 칩을 넣게 했다는 점이다. 그리고 실제로 병원에서 오른팔 어깨관절 아랫부분에 넣고 있다. 여기서 시중에 판매하고 사람의 몸에 넣도록 한 것과 오른팔 어깨관절 아랫부분에 베리칩을 넣는 것을 요한계시록에서 말하는 "오른손에 표를 받게 하고"(계13:16)라는 예언이 그대로 이뤄지고 있는 것이 과학적인 증거이다. 우리가 분명히 알아야 할 것은 "이마와 오른손"이라는 문장을 읽고 "이마"를 거론할 것이다. 그렇다 분명히 "이마"라고 기록되어 있다. 그렇다면 이마라는 단어가 무엇을 말하는가?

이마에 이름이 기록된다는 뜻의 첫 번째는, 이름을 기록함을 받은 대상은 누구냐? 받게 되는 대상은 교회에 다니는 신자들 개개인의 이마에 이름이 기록된다는 뜻이다. 두 번째는, 그 이름은 누구의 이름인가? "비밀이요, 큰 바벨론이라"(17:5) 하였으므로 사탄의 이름이다.

세 번째는, 누가 무엇 때문에 그 이름을 주는가? 사탄의 군사를 만들기 위해 세계주의자들이 사탄[짐승]의 이름을 주게 된다. 그리고 "비밀이라, 큰 바벨론이라"라고 명시되어있다. 하나님은 예수 믿고 거듭난 백성들의 이마에 하나님의 이름이 기록되는 성령의 인을 치신다(엡4:30). 반대로 이것을 흉내를 내면서 사탄은 거듭나지 못한 신자들에게 자기 것이라는 소유로 사탄의 이름을 이마에 기록하는 표시를 말한다.

하나님은 인류 모두가 예수를 믿고 구원받기를 바라신다. 구원의 요구조건은 성령으로 거듭나는 것이다. 거듭나지 않은 사람에 대하여 "이마에 하나님의 인 맞지 아니한 사람들만 해하라"(계 9:4) 라고 성경에 기록되어있다. 뜻은 예수를 믿었어도 성령의 인침을 받지 못한 사람은 주인이 없는 상태이다.

주인이 없는 사람은 자기가 아끼는 그 무엇을 잃지 않고 빼앗기지 않으려고, 또는 자신의 안일을 도모하기 위해 예수님께서 받지 말라는 경고를 무시하고 베리칩을 받는 순간 마귀는 그 사람의 이마에 자기 것이라는 소유권으로 표시하는 것이 "이마에 이름이 기록된다."라는 뜻이며 이것을 "비밀"이라 하였다.

"땅의 음녀들과 가증한 것들의 어미라" 하였다. 이 뜻은 사탄은 귀신들의 왕이다. 따라서 귀신들을 통하여 하나님을 믿지 못하게 하고, 믿는 자들까지도 미혹시켜서 하나님을 떠나게 한다. 그렇게 하는 것은 귀신의 대장 사탄의 군사를 만들려는 속임이다. 예수님께서 "가증한 것이 거룩한 곳에 선 것을 보거든"이라고 거룩한 곳을 "엔 포토 하기온"(마24:15)"이라고 하였다. "거룩한 성도들이 짐승의 표를 받거든"이라는 뜻이므로 성도가 짐승의 표가 되는 베리칩을 받는 것을 말한 것이다. 그리고 식품의약청은 "칩을 소비자에게 넣도록(Chip will be inserting to consumers)"[7] 하였으므로 근거나 검증도 없이 무조건 반대만 할 것이 아니라 베리칩의 기능에 관하여 알아야 한다.

베리칩의 기능에는 베리칩 자체가 인간의 DNA와 연관성을 갖는다는 사실이다. 베리칩 자체가 지니는 기능은 '디지털 엔젤(Digital Angel™)'은 16-코드를 말한다. [8] 이것은 위성과 교신하여 정부 데이터베이스로 연결된다. 이것은 모든 추적과 감시

(surveillance)로 활용 되는 기능이다. 다음은 128개로 구성된 DNA-코드이다.[9]

　인간이란 바로 유전자의 상호작용에 의해서 형성된 존재이다. 인간은 '디옥시리보핵산(DNA)'으로 되어 있다. DNA는 한 개의 단백질이 수천 개씩 합쳐서 세포의 조직과 기관을 이루어서 마침내 인간이란 몸 전체의 조직을 이룬다고 하였다. 사람의 몸은 30억 개의 세포(細胞)로 이루어져 있다. 세포 안에는 세포핵(細胞核)이 있고, 그 안에는 유전자정보를 담은 염색체(染色體)가 있다.

　염색체 속에 일정한 순서로 배열되어 실 모양으로 꼬여진 염색사(染色絲)를 유전인자(遺傳因子)라고 하였다. 이러한 유전자 하나하나에 핵산이 있고, 핵산이 모여진 것을 염색체라 하는데 염색체는 유전자의 염기배열에 의해 결정된다고 한다.[10]

　인간을 구성하는 DNA 염기는 아데닌(Adenine), 시토신(Cytosine), 구아닌(Guanine), 티민(Thymine) 등 네 종류로 분류된다. 단일염기변이(SNP) 300만 개는 각기 그 형성에 따라 A, C, G, T로 분류되고, 매개마다 번호를 붙였다. 이렇게 붙여진 번호가 A, C, G, T 중에서 각기 짝을 찾는 것을 인간유전자부호(DNA-Code)라고 하였다. DNA 300만 개를 확인하고 조율하는 128개 DNA코드가 일련번호(16자리 코드)와 함께 캡슐에 들어 있다.

　그러므로 칩이라는 캡슐 자체가 코드가 아니다. 캡슐에는 128개 DNA코드와 위치추적을 하는 16자리 디지털엔젤 코드이다. 따라서 128-DNA 코드는 세포코드를 바꾸어줌으로 병을 고치는데 쓰이고, 16-Code는 위성과 연결하여 추적하는 역할이다. 그렇다면 어느 것으로 사람의 병을 치료하는가? 16자리 코드인가?

128개 DNA 코드로 병을 치료한다. 베리칩은 사람의 육신을 총괄하도록 만들어진 것이다.

염색체의 1조(Trillion)에 해당되는 DNA는 인간 몸에서 분열되는 세포 핵산의 염색체이상(異狀)으로 일어나는 매 유전자의 성분을 코드화시킨 것을 '인간 유전자지도'라고 하였다. 인간 유전자 속에 있는 유전자 대부분은 다른 유전자의 작용을 조절하여주는 일을 하는 것으로 밝혀졌다. 세포의 DNA는 99.9%가 동물과 모든 사람의 것과 똑같다고 한다. 그리고 0.1%가 동물과 사람과 다르고 사람 간의 서로 다른데 이것이 개개인의 특성을 결정한다고 한다. [11] 30억 개의 유전자 가운데서 3백만 개가 개성, 재능, 병, 등에 대한 반응을 나타낸다는 것이다.

그러므로 인간이 어떠한 병이 발병하더라도 이 코드에 의하여 치료하게 된다. 따라서 인간의 수명 연장은 물론이고 임신 중에 있는 태아의 개성이나, 성별 등 자신이 원하는 대로 바꿀 수도 있다는 것이다. 나아가서 노쇠현상을 가져다주는 유전자를 바꾸어서 젊게도 할 수 있게 된다는 것이다.

특허를 받을 때 신청서에 명시된 내용은 베리칩을 사람의 몸에 넣고 모니터로 감시하기 위함(The device also can monitor certain biological functions of the human body and send a distress signal to monitoring facility when it detects a medical emergence) 이라고 기록되어 있다.

그리고 생산회사가 허가신청을 할 때 칩의 기능에 대하여 -누구며 무엇인가? 라는 신원확인 항목과, 어디에 있는가? 라는 위치확인 항목과, 상태는 어떤가? 라는 상황파악 항목과, 도움이나 정보를 원하는가? 라는 정보제공 항목- 이라고 기록하였다. 이것은 '누가 어디서 무엇을 어떻게 하는가?'를 추적된다는 것이다. [12] 이것이 베리칩의 기능이므로 베리칩이 666표라는 과학적으로 증명되는 것이다.

베리칩(VERICHIP)이 666표라는 법적 증거

세상에서 모든 문화는 시대에 따라 변하는 것이다. 환경이라는 문화는 그 시대 사람들이 만들어 내는 것이다. 지금 우리가 살고 있는 21세기는 사이버문화로 이뤄졌다. 모든 사물에 칩이라는 것이 없으면 아무것도 할 수 없는 그런 시대에 사람의 몸에 넣어서 인간을 일괄적으로 통제하도록 쓰이는 제품이 Positive-ID(포지티브 아이디)라는 이름으로 바꾸어진 것이 베리칩이다.[13]

사회는 어떤 것을 시행할 때는 법으로 그것을 뒷받침해야 확실한 효과를 거두게 된다. 이러한 실효성을 위해 사회보장제도를 향한 것이 H.R.3200이라는 법이며 이 법을 뒷받침하는 법이 식품의약청 규정 519조항과 미국코드 등이다.

사람은 누구도 자신의 건강을 장담하지 못한다. 언제 무슨 병이 발병할지 또는 어떤 병을 어떻게 치유할지도 모른다. 나라는 국민이 있어야 하고 그러한 국민의 생명을 지키기 위해 2010년 3월 21일에 제정된 건강보험법이 H.R.3200이다.[14]

이 법에서 환자를 다루는 병원, 수련생들을 교육시키는 학교, 생존에 절대적으로 필요한 수입원의 크고 작은 직장, 이러한 수입을 저축하며 늘려주며 고객들의 재산을 보호하는 은행, 국민들의 생활에서 없어서는 안 되는 크고 작은 시장(市場), 등 어느 한 곳도 법이 적용되지 않는 곳이 없다.

1. 병원이라는 곳은 환자를 다루는 곳이다.

그렇다면 어째서 병원에서 칩을 넣도록 하는 것일까? 통계에 따르면 모든 사람은 2년에 한 번씩 병원이나 의사를 찾는다고 한다. 교통사고나 알지 못하는 병, 그리고 정기적인 검진이나 전염병 예방 등으로 주사를 맞는 것까지 포함하면 2년에 한 번꼴로 주치 의사나 병원을 찾는다고 한다. 이것이 바로 2~3년 내로 모든 사람에게 베리칩을 넣기에 적합하기 때문이다. 그래서 병원이나 의사를 상대로 베리메드 프로그램을 실시하는 이유이다. [15]

의료보험법에 명시된 1703조는 1902년에 입법된 (42 미국코드 1396조 a항을 수정한 법이다. 그 수정안 (B)항 (72) 와 (C)항에 뚜렷하게 "삽입(inserting)"이라고 명시되었는데 이것이 베리칩을 넣는다는 것을 말한다.

이 말은 병원에 입원하거나 주치의(主治醫)에게 갔을 때 베리메드 교육을 받는 의사[16] 또는 간호사로부터 베리칩을 몸에 넣도록 법으로 규정되었기에 베리칩이 666표라는 것을 법적으로 증명하는 것이다. 이러한 일을 시행하기 위해 2211조와 2231조에는 타이틀-Ⅲ의 D항과 (42 미국코드 254조 b항 수정한 법이다. 여기에 2216조에서 간호인력(nursing workforce) 보충을 요구하고 있다.

이처럼 병원에 입원하는 사람들의 몸에 칩을 넣기 위해 의사와 간호사들만으로는 부족하기 때문에 그들을 돕는 노동인력이 필요하다는 것이다. 그 법 조항이 Sec.2201에 명시되어 있는 Title-Ⅱ이다. 여기에는 노동력(workforce)의 의무조항이 들어 있다. 의무조항에 대한 설명은 "반드시 미국시민들이 의무적으로 칩을 받는 것을 포함하고 있다(It absolutely does contain the mandatory chipping of U.S. citizens)"라고 되어 있다.[17]

Mandatory는 강제성이 따르는 '의무' 조항이라는 뜻이다. 'Chipping'은 칩을 몸에 넣는다는 명시이다. 그 칩은 베리칩 생산회사가 만든 베리칩이다. 또한 2521조에서 일반 건강인력을 요구하고 있다. 많은 사람에게 칩을 넣기 위해서는 이러한 인력이 필요한 것이다. 이것이 베리칩이 짐승의 표 666이라는 것을 확실하게 증명하는 것이다.

2. 학교라는 곳은 교육기관이다

교육이란 가르침과 배움이라는 터전으로서 학문만을 의미하는 것은 아니다. 교육은 배움에서 얻은 지식을 활용하여 국가와 사회에 공헌하기 위함이다. 따라서 국가는 이러한 사업을 이루기 위한 프로그램에서 만들어진 법 조항들 중에 2531조에는 간호사와 간호(nurses and nursing) 교육프로그램이 들어 있다. 이것이 베리메드 시스템이다. 이 시스템교육은 2006년 초부터 실시하여왔다.

처음에는 40여 병원과 200여 명의 의사들에게 시작하여 200

여 병원과 1,100여명의 의사들에게 실시한 프로그램이 베리메드이다. 이 규정이 정하는 프로그램에서 눈여겨보아야 할 규정이 2511조다. 규정에는 "학교단위 건강센터(School health center)는 18세 미만 학생에게는 보증인의 동의(under 18, requirement by sponsoring)를 요구하고 있다.[18] 이 뜻은 18세 미만의 학생들에게 칩을 넣을 때는 부모의 동의가 필요하다는 뜻이다.

이 조항은 표제-Ⅳ에 따르는 특정과 감시(Quality and surveillance)라는 문맥에서 짐작하게 된다. 그것이 학부모의 동의를 요구하는 것을 말한다. 따라서 교육프로그램 중에는 399조 Z항 1이 있다. "국가 의료 등록(national medical device registry)을 규정하고 있는데 Device는 몸에 칩을 넣고(device that is implantable) 영구적으로 감시함을 말한다.[19]

이것이 베리칩이 짐승의 표 666이라는 것을 법적으로 증명하는 것이다. 이 뜻은 각 학교의 의무실에 베리메드 프로그램교육을 받은 의사를 상근시키고, 학군단위로 각 학교를 통제하는 담당자를 두고[20] 학생들에게 법이 규정하는 국가의료칩 등록(National medical device registry)을 시행하겠다는 것이 베리칩이 짐승의 표 666이라는 것의 법적으로 증명하는 것이다.

2521조에 명시된 National medical device registry에서 'device'는 사람의 몸에 넣는다(device that is implantable) 라고 명시되어 있으며, device라는 베리칩에 있는 일련번호는 그 사람의 유일한 신원(serial number or unique identifier)[21]이라고 설명하고 있다. 모든 부문에서 그러하듯이 2521조 (a)항 (2)에 실행날짜(effective date)를 보건복지부장관은 본법이 발효하는 날로부터 36

개월을 넘기지 말고 식품의약청규정 519조 (g)항과 미국코드 (i)에 맞추어서 시행령을 만들어서 시행하라[22](The secretary of Health and Human Services shall establish and begin implementation of the registry under section 519(g) of the FDA and Cosmetic Act, as added by paragraph(1) by not later than the date that is 36 months after the date of the enactment of this act.)고 하였다.

이 본법이란 2010년 3월 21일에 통과된 H.R.3200 을 말하는 것이다. 여기서 말하는 식약청 규정 519조에는 몸에 넣는 내용들이 많은 세부조항들에서 설명되고 있으며 미용시행령(Cosmetic Act)에서 몸에 넣을 때(inserting 또는 implanting) 구체적인 설명조항들이 명시되어 있다. [23] 이것이 베리칩이 짐승의 표 666이라 것을 법적으로 확실하게 명증하는 것이다.

3. 은행이라는 곳은 고객의 자산을 관리하는 곳이다

은행에서 취급하는 돈은 돈을 필요로 하는 사람이나 회사에게 돈을 유통하는 것을 금융(金融)이라고 한다. 누구든 빌리는 쪽, 빌려주는 쪽이 될 수 있고, 빌리는 쪽이 빌려주는 쪽에 지불하는 돈의 사용료가 금리(金利)가 된다. 빌리는 쪽과 빌려주는 쪽의 사이에서 중개 역할을 하는 기관을 금융기관이라 하며, 취급하는 금융서비스의 성격에 따라 은행, 비 은행 예금취급기관, 보험회사, 증권회사 등으로 구분한다.

은행에 돈을 맡기면 은행은 그 돈을 회사에 빌려주고 이자를 받고, 그 중에서 돈을 빌려준 보답으로 돈을 은행에 맡긴 사람에게 이자를 지불한다. 이러한 일들이 은행을 통해서 사람과 사람, 사람과 회사, 회사와 회사, 회사와 정부 등의 사이에서 매일 수 없이 일어나고, 이렇게 돈은 세상 속에서 순환되고 있다. 화폐를 발행하고 나라 안에서 유통되는 돈의 양을 적절히 조정하며, 물가를 안정시키고 경제 발전을 도모하는 기관이 중앙은행이다.

  은행의 주요업무는 개인과 회사에서 돈을 맡아 금리를 지불하는 예금업무, 개인과 회사에서 돈을 빌려주고 금리를 받는 대출업무, 멀리 떨어져 있는 상대와 돈을 주고받는 환업무 등이다. 은행은 이러한 업무를 바탕으로 여러 가지 기능을 수행하는데, 돈을 빌려준 쪽과 빌린 쪽 사이를 중개하여 금융을 원활하게 하는 것을 금융 중개라 한다. 은행은 예금 일부를 보유하고 남는 부분을 회사에 대출해 주며, 회사는 거래처에 대금을 지불하고, 그 대금을 받은 회사는 이를 또 은행에 맡긴다. 이렇게 예금과 대출을 반복함으로써 은행 전체의 예금 잔고를 늘리면서 고객의 자산을 보호하는 곳이 은행이다. 이처럼 자유로운 은행에도 칩이 없으면 은행창구에 접근하지 못하는 법이 1632조항이다. 규정에는 효율적인 프로그램을 위해 칩을 넣는다는 내용이다.

  향후 데이터은행을 제거시키고, 데이터은행 개업을 못하게 한다는 규정이 1652조이다. 그리고 핵심은 개인의 재정문제를 빠른 시간에 해결할 수 있는 책임에 관한 내용이다. 은행에서 고객에게 빠르고 효율적인 서비스를 제공하기 위해 특수시설에서 특수 임무를 수행할 의사(specific physician at a specific facility)를 상근시킨다는 규정이 1173조항이다.[24] 이것은 무엇을 말하는 것인가?

그것은 정부는 기계가 읽어낼 수 있는 크레딧 카드처럼, 어떤 ID를 줄 것이다. 이 ID는 식약청 규정 조항에서 몸에 넣어지는 베리칩, 곧 Positive-ID(포지티브 아이디)라고 하였다.

그리고 은행창구에서 빠른 처리를 위해서라고 하였다. 은행에 의사를 상근시키려는 것은 무엇을 의미하는 것인가? 은행에서 입금이나 출금이나 송금, 대출, 등 그리고 수출입에서 보내고 받는 대금의 거래에서까지 은행을 통하지 않으면 안 된다. 그럴 때 베리칩이 없는 고객에게 은행이라는 현장에서 칩을 넣겠다는 것이 베리칩이 666이라는 것을 증명하는 것이다.

베리칩(VERICHIP)이 666표라는 성경적인 증거

인간이란 환경에 적응하며 살고 있다. 환경이란 주위의 사물, 사정, 생활전체를 둘러싸고 그것과 일정한 접촉을 유지하고 있는 것을 말한다. 환경이란 우리 인간의 삶을 둘러싸고 있는 모든 요소들을 말한다. 환경의 특성은 끊임없이 변화하면서 우리의 삶에 영향을 주고 있다. 특히 자연환경의 요소들은 생태계의 평형을 유지하며 인간에게 삶의 터전을 제공하고 있다.

인간도 환경의 일부라고 한다. 우리의 생활에 영향을 끼치는 중요한 요소들은 서로 영향을 주고 받는다. 세상의 모든 생물들은 하나의 사슬처럼 연결되어 있으며, 이러한 연결 고리에서 최종 소비자로 존재하는 인간도 지구상에 존재하는 환경의 일부분으로 살아가고 있다. 이것이 마지막 때에 나타난 베리칩이 인간의 몸에 넣어져서 인위적으로 인간을 통치하려고 하고있다.

지금까지 여러가지 자료를 통해 확인한 바 베리칩이 짐승의표 666 이라는 것을 과학적으로 법적으로 입증하였다. 그리고 666 이라는 것이 짐승의 표라고 성경에서 예언되어 있는 내용이기에 마지막으로 성경적으로 입증시키려는 것이다.

짐승의 표666에 대하여 성경에는 "그 오른손에나 이마에 표를 받게 하고 누구든지 이 표를 가진 자 외에는 매매를 못 하게 하니 이 표는 짐승의 이름이나 그 이름의 수라"(계13:16~17) 라고 기록되어 있다.

여기서 우리가 눈여겨보아야 할 단어는 16절에서 "그"라고 하였다. 먼저 "그"는 짐승의 표를 사람의 몸에 넣게 하는 어두움의 세력을 말한다.

그 어두움의 세력이란 세계를 하나로 만들고자 하는 단일정부와 그 정책을 따르는 무리들이다. 그리고 두 번째는 "누구든지"라는 단어이다. 먼저 "그"라는 말의 의미에서 그는 누구를 말하는 것인가? 이 말은 베리칩이 짐승의 표라고 인정하는 사람이건 아니라고 반대하는 사람까지 모두 포함된다는 뜻이다.

1. 식품 의약청에서 몸에 넣도록 법으로 규정하였다.

그렇다면 식약청규정에 명시된 내용을 성경에 명시된 예언과 연관하여 베리칩이 짐승의 표 666이라는 사실부터 입증시키는 것이 무엇보다 중요하다. 그것은 그렇게 입증하지 못하면 베리칩이 짐승의 표가 되느냐 아니냐를 떠나서 사람들은 거리낌 없이 베리칩을 받겠기 때문이다. 그렇게 될 때 예수님께서 말씀하신 예언의 말씀이 세상에서 비웃음거리가 되고 말기 때문이다, 뿐만 아니라 베리칩이 짐승의 표가 아니라고 부정하는 사람들로 말미암아 사단은 하나님을 비웃게 한다. 그러기에 성경에 예언된 666이라는 짐승의 표와 법으로 규정된 베리칩이 짐승이 표가 된다는 사실을 반드시 입증되어야 한다.

베리칩을 사람의 몸에 넣게 하는 식약청규정은 식품의약청 규정 519조이다. 그 규정에는 이렇게 명시되어 있다. 1995년 식품의약청 519조 (g)항에 베리칩을 판매하고 몸에 넣어도 된다(sell ahead for the VeriChip implant ID system)라고 명시되어있다. [25] 그리고 식약청에서 사람의 몸에 넣고 팔도록(implantable human body and sell to) 허가하였다. [26] 또한 식품의약청규정 519조 (f)항과 (21 미국코드 360i에서 식약청은 칩을 소비자에게 넣도록(Chip will be inserting to consumers) 하였다.

이러한 규정에 따라 사회보장제도를 제정하면서 "반드시 미국 시민들이 의무적으로 칩을 받는 것을 포함(It absolutely does contain the mandatory chipping of U.S. citizens)시킨 것이 2521조항이다. [27]

또한 "복지부장관은 법이 발효되는 날로부터 36개월을 넘기지 않도록 식약청 미용규정 등록 조항 519(g)에 추가되도록 시행령을 만들어서 법으로 시행하라"(Effective date-The secretary of Health and Human Services shall establish and begin implementation of the registry under section 519(g) of the Federal Food, Drug and Cosmetic Act, as added by paragraph(1), by not later than the date is 36 months after the date of enactment of this Act.)라고 하였다.[28] 이것이 베리칩이 식품의약청규정으로 666 짐승의 표라는 법적으로 입증하는 것이다. 여기서 시행 날짜를 법이 발효되는 날로부터 36개월로 규정하고 있다. 그 날짜는 2010년 3월 21일에 제정된 법이 H.R.3200이다.

2. 은행창구에서 칩이 없으면 금전거래가 안 된다.

지금까지 은행이나 시중에서 데이터은행(Elimination of the bank)과 데이터은행 개업 (National practitioner data bank)도 허락하지 않겠다고 한 법안이 1652조항이다.[29]

이 법안에는 예언적인 암시는 사람이 침을 받을 때까지 적용은 멈추지 않을 것임을 의미하는 것이다. 1652조에는 정부의 지시가 모든 사람의 은행계좌에 연결되는 것을 허용하고 있는데 그것은 넣어진 칩으로 연결되어 작동함을 말한다.

따라서 누구든지 Positive-ID(포지티브 아이디)가 없는 사람은 은행창구에서 금전거래를 할 수 없다는 의미이다. 그렇게 될 때 시중에서 물건을 사고팔고 할 때 거래한 물품값을 무엇으로 지불하게 되는가를 생각해야 한다.

3. 물건을 사야 할 때 그것이 없으면 매매를 할 수 없다

 법안 1173조에는 은행창구에 개인적인 재정문제를 빠른 시간에 해결할 수 있도록 책임에 대한 법은 "특수시설에는 특수임무를 수행할 의사(specific physician at a specific facility)"를 상근시킨다[31] 는 내용이 들어 있다. 이것은 정부는 기계가 읽어낼 수 있는 크레딧 카드처럼, 어떤 ID를 줄 것이다. 이 ID는 식약청규정조항에서 사람의 몸에 넣어지는 VeriChip 곧 Positive-ID라고 하였다.
 이 법조항에 명시된 것은 은행창구에서 칩이 없으면 금전거래가 순조롭게 이뤄지지 않으며 시장에서 물건을 사고팔고 할 수 없다는 것이 "이 표를 가진 자 외에는 매매를 못 하게"(계13:17)하는 것을 암시하는 것이다. 이것이 베리칩이 짐승의 표가 666이라는 것을 성경적으로 입증하는 것이다.
 따라서 시중에서 물건을 사거나 팔 때에는 반드시 개인번호인 칩(Device)이 없으면 그 어떤 거래도 될 수 없다는 것이 베리칩이 짐승의 표 666이라는 것을 성경에서 예언한 매매의 수단으로 활용되는 것을 입증하는 것이다. 따라서 베리칩이 짐승의 표 666이 되느냐 안 되느냐 하는 논쟁은 이제 그만 끝내야 한다.

책을 마치면서

　베리칩(VeriChip)을 사람의 몸에 넣어서 일괄적으로 통제하려는 시도는 오래전부터 진행됐었다. 처음에는 그것을 인간사회에 적용시켜서 요한계시록의 예언의 말씀대로 하겠다고는 하지 않았을지라도 지금은 과학적으로 법적으로 그리고 환경적으로 그렇게 진행되고 있다. 앞에서 설명한 바와 같이 칩이라는 제품을 만들고 특허신청을 할 때나, 그리고 식품의약청에서 시중에 팔고 사람의 몸에 넣어서 추적하고 감시하고 인간의 세포, 곧 DNA를 바꾸도록 만들어진 것을 세계 모든 나라들이 빠른 속도로 자국민들에게 넣고 있다.

　그것은 발전하는 과학문명에 따르지 않으면 정부든 기업이든 교육 당국이든 어느 한 곳도 살아남을 수 없기 때문에 기업이든 작은 구멍가게이든 '메디컬 디바이 레지스터리(Medical device registry)'가 경쟁적으로 확산되고 있다. 조선일보 2011년 10월 31일자에 "환자 몸속 칩이 혈당 체크, 폰으로 처방전"이라는 제목으로 다음과 같이 보도하였다.

"국내 빅5 대형병원들 신촌 세브란스병원, 서울아산병원, 삼성서울병원, 서울성모병원이 첨단디지털 의료기술에 뛰어들었다. 단적인 사례는 IT 기술의 핵심 가운데 하나인 '칩(Chip)'을 몸에 심으면 이 칩이 환자의 건강정보를 읽어내 디지털 신호로 병원에 전달한다."라고 하였다.

이처럼 베리칩을 사람의 몸에 넣어서 적용하는 나라는 미국뿐만 아니라 전 세계로 확산되고 있다. 나아가서 베리칩은 사람의 건강문제에만 적용시키는 것이 아니라 사회의 모든 부문에서 적용된다. 앞에서 설명한 대로 병원, 직장, 은행, 학교, 시장, 어디서나 법이 요구하는 증명, 곧 포지티브 아이디(Positive-ID)라고 하는 베리칩이 없으면 아무것도 할 수 없게 된다.

이것이 요한계시록에 언급된 "누구든지 이 표를 가진 자 외에는 매매를 못 하게 하니"(계13:17절) 라는 예언대로 진행되고 있는데도 대부분의 교회들은 이것을 인정하지 않고 있다. 그들이 인정하든 안 하든 사회는 법이 정한 환경대로 바뀌질 때 이것을 어떻게 헤쳐나갈 수 있을까라는 문제점에 도달하게 된다. 그래서 질문하는 내용들을 보면 '대안'이 없는가? 또는 받지 않을 수 없는 사회에서 어떻게 살 것인가라고 말하고 있다.

'대안은 없다.' 그 이유는 예수님께서 누구든지 받는 자는 영원히 꺼지지 않는 유황불 못에 떨어진다고 경고하셨기 때문에 없다. 그렇다면 베리칩이라는 Positive-ID(포지티브 아이디)를 받지 않을 방법은 없는 것인가? 방법에 대하여 예수님께서 "성도들의 인내가 여기 있나니 저희는 하나님의 계명과 예수 믿음을 지키는 자니라"(계14:12)라고 받지 않을 수는 없지만 이길 수 있는 방법은 있다고 말씀하였다.

그 방법은 어떤 추론이나 지식도 아니다. 또 사람들이 말하는 누가 그러더라는 식의 근거 없는 논리가 아니라 예수님께서 예언을 주신 목적과 예언을 받아야 될 대상을 분명하게 말씀하셨기 때문에 요한계시록에서 예언을 주신 목적과 받아야 될 대상에서부터 시작하여 그 방법을 찾아야 할 것이다.

1. 예언을 주신 목적을 모르면 베리칩을 받게 된다

"그 종들($δούλοι$)에게 보이시려고,"(계1:1)

세마이노($σημαίνω$)라는 지시는 아담에게 먹지 말라고(창2:16) 명령하신 '챠와(צוה)'처럼 명령으로 쓰이는 단어다. 아담이 먹지 말라는 명령에 순종치 않음으로써 죄가 되었다면 종들에게 읽으라는 계시록을 읽지 않는 목자들도 아담과 동일한 죄를 범하는 것이다. 읽으라는 요한계시록을 읽지 않기 때문에 전체적인 해석에서 오류를 범하는 것이다. 나아가서 짐승의 표는 상징이라고 말하는 것이다.

그뿐인가, 믿기만 하면 다 구원된다면서 비진리를 되풀이하는 것이다. 읽지 않기 때문에 666 짐승의 표를 상징이라고 믿음 없는 소리만 하는 것이다. 그리고 계시록을 기독교 지도자들에게 읽으라고 지시하셨지 유대교 랍비나 이방 종교 지도자들이 아니다. 그러므로 계시록에 기록된 짐승의 표나 666이라는 말씀을 해석할 때 환난에 남겨지는 대상을 유대인이거나 이방인이라는 옳지 않은 인식에서 벗어나야 짐승의 표를 받지 않고 이길 수 있다. "이 예언의 말씀을 읽는 자(ἀναγινώσκω)와 듣는 자들과 그 가운데 기록한 것을 지키는 자들이 복이 있나니 때가 가까움이라"(계1:3) 여기서 "복이 있다"는 말은 환난이라는 심판을 받지 않겠기 때문에 복이 있다는 뜻이다. 따라서 읽으라는 예언을 읽지 않으면 복을 받지 못하기 때문에 환난에 남겨지게 되는 것이다. 남겨질 뿐만 아니라 계시록에 기록된 내용 자체를 깨닫지 못하기 때문에 베리칩을 받을 수밖에 없는 것이다.

　예수님께서 읽으라는 예언을 읽고 깨달은 종들은 성도들에게 올바른 해석으로 짐승의 표로 나타나는 베리칩을 받지 말라고 가르칠 것이다. 또한 가르침을 받은 성도들은 죽음을 각오하고 베리칩을 받지 않을 것이다. 이것이 복이 있다는 말씀 중의 한 부분이다.

2. 예언을 받아야 할 대상을 모르면 베리칩을 받게 된다

　사도 요한은 예언을 받아야 될 대상에 대하여 예수님께서 주신 명령대로 썼다고 하였다. 그 명령은 "일곱 교회(ἐκκλησίαις)에 보내라"(계 1:11)는 명령을 받고 "나 요한은 아시아에 있는 일곱 교회(ἐκκλησίαις)"(계1:4)에게 전달하였다고 기록하였다.
따라서 요한계시록은 이방이거나 유대인이 아니라 교회에게 주신 예언임을 분명하게 말하고 있다. 또한 예언을 주신 것은 유대인의 랍비나 회당이 아니라 "일곱별은 일곱 교회(ἐκκλησιῶν)의 사자요, 일곱 촛대는 일곱 교회ἐκκλησίαις(계1:20)"라고 분명하게 말하였다. 따라서 요한은 "교회(ἐκκλησίαις)사자에게"(계2:1,8,12,18, 3:1,7,14) 예언을 전달하였다.

또한 성령께서도 "귀 있는 자는 성령이 교회들(ἐκκλησίαις)에게 하시는 말씀을 들을지어다"(계2:7,11,17,29. 3:6,13,22)라고 말씀하셨다. 그리고 예수님께서도 "나 예수는 교회들(ἐκκλησίαις)을 위하여 이것들을 너희에게 증거하게 하였노라"(계22:16) 라고 하셨다.

예수님께서 말씀하신 "이것들은 무엇을 말하는 것인가? 그것은 요한계시록 1장1절로부터 22장21절까지에 기록된 내용들이다. 그 예언 중에는 666이라는 짐승의 표에 이르게 된다. 그 짐승의 표에 대하여 예수님께 세 가지 중요한 말씀을 하셨다.

1) 첫 번째는 "그 수는 사람의 수니 666이니라"(계13:18)는 내용이다. 이 뜻은 컴퓨터의 시스템이 디지털시스템으로 이뤄진 수는 자연으로 생겨난 숫자가 아니라 사람이 만든 수라는 뜻이다.

2) 두 번째는 "누구든지 이 표를 가진 자 외에는 매매를 못하게 하니 이 표는 곧 짐승의 이름이나 그 이름의 수라"(계13:17)는 내용이다. 우리가 살고 있는 사회의 모든 면에서 포지티브 ID(Positive-ID)가 예언의 말씀대로 쓰이도록 법으로 제도화시켰다.

3) 세 번째는 "그의 우상에게 경배하고 그 이름의 표를 받는 자는 누구든지 밤낮 쉼을 얻지 못하리라"(계14:11)는 내용이다. 짐

승의 표로 나타난 Positive-ID(포지티브 아이디)로 이름을 바꾼 베리칩을 받는 사람은 영원히 꺼지지 아니하는 유황불 못의 저주를 받는다고 경고하였다.

그런데 문제는 이러한 사실을 왜곡함으로 말미암아 베리칩을 피할 수 없이 받게 된다는 점이다. 그 유형을 하나하나 짚어가면서 베리칩을 받지 않을 방법을 찾아야 한다. 그렇게 해야 할 이유는 예수님께서 "성도들의 인내가 여기 있나니 저희는 하나님의 계명과 예수 믿음을 지키는 자니라"(계14:12) 라고 짐승의 표를 받지 않을 방법을 말씀하셨기 때문이다. 그 방법은 하나님의 계명과 예수를 믿는 믿음이라고 하였다. 하나님의 '계명($ἐντολή$)'이란 무엇인가? 성경 66권으로 명령하신 법령에 가감 없이 순종하는 것을 말한다. 다음은 믿음이라고 하셨다. 그 '믿음($πίστις$)'이란 어떤 것인가? 성경 66권에 기록된 말씀에 가감 없이 죽기까지 충실하게 따르는 행함을 말한다.

그런데 이러한 하나님의 명령하신 법령을 따르지 않으면 짐승의 표로 나타난 베리칩을 받을 수밖에 없다. 그리고 예수님께서 주신 성경의 말씀에 충실하지 아니하고 가감하는 사람이라면 짐승의 표로 나타난 베리칩을 받을 수밖에 없다. 그러므로 성경에 기록된 말씀에서 가감하지 말고 충실하게 행하는 길만이 베리칩을 받지 않을 수 있는 유일한 방법이다. 짐승의 표를 상징으로 바꾸는 사람, 받지 말라고 명령하신 말씀을 무시하고 받아도 상관없다고 말하는 사람, 이런 사람들은 현실로 나타난 베리칩을 받을 수밖에 없을 것이다. 그것은 예수님께서 지시하신 명령에 순종하지 않는 사람이기 때문에 구원자이신 예수를 배신하는 행위가 된다. 사람들은 짐승의 표에 대하여 여러 추론으로 토해내고 있지만 예수님은 "모든 교회(ἐκκλησίαις)가 나는 사람의 뜻과 마음을 살피는 자인줄 알지라"(계2:23)고 엄하게 말씀하셨으므로 짐승의 표 666에 대하여 아무렇게 말하지 말아야 한다.

3. 환난통과설을 떨쳐버리지 않으면 베리칩을 받게 된다

"성전 밖 마당은 척량하지 말고 그냥 두라. 이것을 이방인에게 주었은즉 저희가 거룩한 성을 마흔 두 달 동안 짓밟으리라"(계11:2)

성경에는 분명하게 환난 기간은 3년 반씩 둘로 나누어서 설명하고 있다. 전반부를 지나서 적그리스도정부가 등장하게 되고 그 후에 후 3년 반이 있다고 설명하면서 짐승의 표를 강요하게 된다고 하였다. 그러므로 환난통과설은 옳지 않다. 환난통과설을 주장하는 사람이라면 반드시 환난 후반기에 남겨져서 강제하는 법령에서 짐승의 표 666표를 받지 않을 수 없는 환경으로 전개되기 때문에 환난통과설에서 벗어나지 않으면 베리칩을 받지 않을 수 없을 것이다.

그뿐인가! 예수님께서 주신 말씀을 바꾸어 말하는 사람에게는 가혹할 정도로 저주가 임할 것이라고 경고하신 것이 22장에서 설명하고 있으므로 짐승의 표 666에 대하여서는 가볍게 인식해서는 안 될 문제다.

4. 예언의 말씀에 더하면 베리칩을 받게 된다

"만일 누구든지 이것들 외에 더하면 하나님이 이 책에 기록된 재앙들을 그에게 더하실 터이요."(18b)

가감문제에서 먼저는 '더하는(ἐπιθῆ-에피테)' 내용이다. 더하지 말라는 경고는 주신 예언을 임의로 바꾸어서 더하는 사람에게는 무서운 고통으로 더하기 때문이다. 그 고통에는 육신의 고통과 영의 고통으로 나누이게 된다. 먼저는 육신이 대환난에 남겨져서 666이라는 짐승의 표를 받지 않으려고 고통을 당하게 하신다.

다음은 예수를 믿었던 자이기에 음부로 보내지 아니하고 '바깥 어두운 곳(βῆμα)'으로 보내져서 이를 값이 있는 고통을 당하게 되므로 더하지 말라는 것이다. 그러면 더하는 범위를 어떻게 규정짓느냐? 해석상에서 표현을 잘못하거나 또는 명칭이나 지명 등에서 표현상의 오류는 고의가 아니라 실수이므로 더하는 것이 아니다. 그러면 더하는 경우는 어떤 경우를 말하는가? 더한다는 '에피테세이(ἐπιθήσει)'는 '습격이나 도전하는 자'라는 뜻이므로 예언의 말씀에 고의적으로 도전한다는 뜻이다.

1) 예수님께서 주신 예언의 말씀은 "누구든지 짐승과 그의 우상에게 경배하고, 이마에나 손에 표를 받으면, 불과 유황으로 고난을 받으리니 그 고난의 연기가 세세토록 올라가리로다."(17:10-11)라고 하셨다. 그런데 "베리칩은 적그리스도가 나타나기 이전에는 짐승의 표가 되지 않고 적그리스도가 나타나면 그때는 짐승의 표가 되므로 나타나기 이전에는 받아도 좋다"는 말은 예언의

말씀에 대한 도전이므로 더하는 것이다. 이런 사람은 환난에 남겨져서 "짐승과 그의 우상과 그 이름의 수를 이기기"(계15:2) 위해서 말로 설명할 수 없는 고통이 따라야 하므로 666표가 되는 베리칩을 받아도 좋다는 잘못된 생각에서 벗어나야 한다.

2) 또 다른 유형은 예수님께서 예언의 말씀을 요한에게 주실 때, 인간으로서 설명하지 못할 말씀을 주신 일이 없는데도 자신이 이해하지 못한다고 해서 짐승의표 666은 상징이라'고 말하는 것은 분명히 예언의 말씀에 대항하는 공격이다. 짐승의 표가 나타난 베리칩을 받지 않으려면 상징이라는 틀에서 벗어나야 한다.

3) 그리고 짐승의 표 666을 거듭난 사람은 상관이 없다는 말은 예언에 기록된 실상을 허상으로 바꾸기 때문에 전능자의 은총에 고의적으로 도전하는 행위이므로 '더하는($\epsilon\pi\iota\theta\eta$)' 것이다. 따라서 짐승의 표로 나타난 베리칩을 받지 않으려면 허상에서 벗어나야 한다.

예수님께서 계22장 18~19절에서 '이것들 외에 더하지 말라' 하시고 더하는 사람은 누구를 막론하고 '이 책에 기록된 재앙들을 더하게 하리라' 하였다. 그러므로 대환난이라는 재앙에 남겨지게 된 것은 이유야 어떠하던 결과적으로는 '대환난이라는 재앙들을 그들에게 더하신' 범주안에 해당되기 때문이다. 이것이 환난에 남겨지게 된 원인이다. 그러므로 예언의 말씀에 더하지 말아야 베리칩을 받지 않게 된다.

5. 예언의 말씀을 빼면 베리칩을 받게 된다

"만일 누구든지 이 책의 예언의 말씀에서 제하여(ἀφέλη) 버리면 하나님이 이 책에 기록된 생명나무와 및 거룩한 성에 참여함을 제하여 버리시리라(ἀφελεῖ)."(22:19)

제한다는 '아페레(ἀφέλη)'의 능동태 '아파이레오(ἀφαιρέω)'는 '반역하고, 멀리하고, 끊어버린다' 등이다. 계시록을 읽지 않고 가르치지 않은 것은 지시하신 명령에 대한 불순종이다.

따라서 목자들이 계시록을 읽지 아니하고 가르치지 아니하는 것은 예언이 전달되지 못하게 끊어놓는 행위가 제함이다. 미래 직설법 '아페레이(ἀφελεῖ)'는 '빼앗아가고, 없애버리고, 가져가 버리다' 등이다. 지도자는 읽지 않았고 가르치지 않아서 생명나무에 나아가는 권리를 빼앗기고, 성도들은 듣지 못해서 행하지 아니한 불순종으로 인하여 생명나무에 나아가는 권리가 '박탈(ἀφελεῖ)' 당하게 된다.

이것이 환난에 남겨지는 원인이 될 것이고 짐승의 표를 피하지 못하는 원인을 제공하게 되는 것이다. 그러므로 이 예언의 말씀을 제하는 사람은 누구든지 '이 책에 기록된 생명나무 및 거룩한 성에 참여함을 제한다.' 하시고, 제하는 사람은 누구든지 대환난에 남겨져서 지구정부에 의하여 죽임을 당한 후에 연단장소로 가는 것은 '생명나무 및 거룩한 성에 참여함을 제하신' 범주에 해당되기 때문이다.

예수님께서 경고하신 말씀은 "지혜가 여기 있으니 총명 있는 자는 그 짐승의 수를 세어보라 그 수는 사람의 수니 666이니라"(계

13:18) 라고 경고하셨다. 그런데 짐승의 표는 상징(Symbol)이라고 고집하는 사람이 대다수이다. 첫 번째로 이길 수 있는 방법은 짐승의 표를 상징이라는 사상에서 벗어나 실제(Reality)라고 마음을 굳혀야 이길 수 있다. 만일 그리하지 아니하고 계속하여 상징으로 일관한다면 그런 사람은 베리칩을 받을 수밖에 없다.

이유는 예수를 믿는 사람이라면 전능자의 말씀에 순종하는 것이다. 예수님께서 받지 말라고 명령하신 말씀에 순종하지 않는 사람에 대하여 성경은 "하나님을 모르는 자들과 우리 주 예수의 복음에 순복치 않는 자들에게 형벌을 주시리니 이런 자들이 주의 얼굴과 그의 힘의 영광을 떠나 영원한 멸망의 형벌을 받으리로다"(살후1:8~9) 라고 실제를 상징으로 바꾸는 사람은 복음에 순복하지 않는 사람이기 때문이다.

두 번째로 이길 수 있는 방법은 "예수를 믿고 거듭난 사람은 짐승의 표와는 무관하다"라는 인식에서 벗어나야 이길 수 있다. 예수님께서 짐승의 표가 믿고 거듭난 사람에게는 무관하다고 말씀하시지 않고 오히려 "짐승과 그의 우상에게 경배하고 그 이름의 표를 받는 자는 '누구든지' 밤낮 쉼을 얻지 못하리라"(계14:11)라고 명시하였다.

여기서 말하는 "누구든지"는 거듭난 사람이건 거듭나지 않은 사람이건 상관없이 모두에게 해당되는 단어이기 때문이다. 따라서 거듭난 사람에게는 짐승의 표와는 상관없다는 인식에서 벗어나야 이길 수 있다. 그리하지 아니하고 계속하여 무관하다는 망상을 떨쳐버리지 않는다면 그런 사람은 짐승의 표를 받을 수밖에 없겠기 때문이다.

세 번째로 이길 수 있는 방법은 "한번 받은 구원은 영원하다"는 거짓된 신앙관에서 벗어나야 이길 수 있다. 그것은 성경 어디에도 한번 받은 구원($\sigma\epsilon\sigma\omega\sigma\mu\acute{\epsilon}\nu o\iota$-세소메노이)이 영원토록 보장된다는 약속은 없기 때문이다. 그것은 원죄의 권세로부터 구함(Justification-엡12:8)을 받았을 뿐이지 성화($\Sigma\acute{\omega}\theta\eta\tau\epsilon$-소테테)가 된 것이 아니기 때문이다. 예수를 믿기 시작하면서 삶의 변화가 없으면 성령으로 거듭나지 못하기 때문이다. 이처럼 육신의 권세로부터 날마다의 삶에서 자신의 영혼문제를 정결하고 거룩하게 성화(Sanctification-행2:40)를 시키다가 심판주께서 강림하시는 그날에 들림 받는 영화(Glorification-빌2:12)만이 완전한 구원($\sigma\omega\tau\eta\rho\acute{\iota}\alpha\nu$-소테리안)이기 때문이다. 이것이 영, 혼, 육이 온전한 구원이다.

그러므로 한번 받은 구원은 영원하다는 망상을 떨쳐버리지 않는다면 이길 수 없다. 예수님께서 사도 요한에게 계시록을 주실 때 예언을 주신 목적과 예언을 받을 대상을 명시하셨기 때문이다.

참고문헌 관련자료

서론

1 Hillary Clinton Health Care was drafted by the Clinton Administration to head a new Task Force and sell the plan to the...The United States in 1993 did have certain publicly funded health care programs to provide health care for....ISBN 0060839880. p.
2 H.R.3200: To provide affordable, quality health care for all Americans and reduce the growth in health care spending, and for other purposes. passed by US Senate. Mar. 21. 2011.
3 장화진: 신세계질서의 비밀 p.207-터치북스 ISBN 9788996746706. 2011.11. 30
4 Ibid p.207
5 Ibid p294-295

1. 어두움이 드리워지는데

1 Angela Shah : Dubai "Hunger Revolution" -TimeWorld 2011.1.16
2 Profile: Tunisia -"President Zine El Abidine Ben Alihad ruled Tunisia since 1987. His government was characterized by the development of Tunisia's private sector in favor of foreign investment, and the repression of political opposition." in Jan. 2011.
3 Profile: Egyptian President Hosni Mubarak-" During the assassination of President Sadat in October 1981 by soldiers led by Lieutenant Khalid Islambouli, Mubarak was one of the injured. Following Sadat's death, Mubarak became the fourth president of Egypt, and the chairman of the National Democratic Party (NDP). He was the longest serving Egyptian president, his term lasting 29years.
4 Visual Look Back at the Libyan Revolution "Oct 20, 2011 - Thursday's death of ousted Libyan leader Moammar Gadhafi concluded a bloody nine-month uprising and set off wild celebrations across the..."
5 ICC-01/11-01/11 Muamma Gaddafi: 6. 7. 1942~10. 20. 2011
6 United States one-dollar bill since 1935 (돈 뒷면 도안 참조)
7 Peter D. Thomas. "The Gramscian Moment: Philosphy Heagemony and Marxism." ISBN 978-1-58367-210-5. 2009
8 by Joseph Chang. The Mark p.28-32 ISBN 978-89-7087-296-4. Feb 20. 2010.
9 오렌지카운티 교독교협의회 "베리칩과 짐승의 표에 관한 선언" 기독일보. 2011.7.29.
10 News yonsei "베리칩과 짐승의 표에 관한 선언" 연세중앙장로교회발행. 2011.8.19.
11 Greek New Testament. p.866. ISBN Greek NT. Printed in West Germany by Biblia-Druck GmbH Stuttgart. 1966.
12 Greek New Testament.p.851,862,866~869,871,873,875~879,887~889. ISBN. UBS-1984/2 30M GBS. Printed in West Germany by Biblia Druck GmbH Stuttgart. 1966.
13 Soon Han Lee The Analytical Greek-Korean Lexicon p.237. 1974.
14 Louis Berkhop. Systematic Theology 1980. p.14-18. 010017-31-0520262.
15 News yonsei "베리칩과 짐승의 표에 관한 선언" 연세중앙장로교회 발행. 2011.8.19 -오렌지카운티 교독교협의회 "베리칩과 짐승의 표에 관한 선언" 기독일보. 2011.7.29

16 H.R.3200: To provide affordable, quality health care for all Americans and reduce the growth in health care spending, and for other purposes. passed by US Senate in Mar. 21, 2010.
17 William N. Grigg -Freedom on the Altar p.182.-A UN of Religions, New Covenant for the planet" ISBN 0964567903 Printed by America Opinion Publishing. 1995
18 요한계시록 17장 15절
19 Joseph Chang "alive back ideology" The Chang's commentary on Revelation(Ⅱ) p.86 Printed by Church of Praise May 1, 2000.
20 Devvy Kidd 'Why A Bankrupt America p.29. "The Trilateral Commission represents a skillful, coordinated effort to seize control and consolidate the four centers of power-politcal, monetary, intellectual and ecclesiastical-" Published by ProjectLiberty. Arvada, Colorado. May 15, 1996.
21 ICC Rule Adoption of the Statute of the International Criminal Court at the United Nations. p.236. Source by. Lake Forest College, 2001.
22 William F. Jasfer -Global Tyranny Step by Step p.212. -ISBN 0-88279-135-4 Published by Western Islands Jan. 1998.
23 John F. McManus -Changing Commands p.134. The Betrayal of American's Military- ISBN 1-881919-03-X. Published by The John Birch Society March 1995
24 Ibid., p.20-21, 1995.
25 William F. Jasper -Global Tyranny Step by Step p.158~160.-ISBN 0-88279-135-4. Published by Western Islands Jan. 1998.
26 William F. Jasper -New American p.4 -Oct. 22, 2001
27 George W. Bush Speech -The UN is not your friend- CSpan TV Sep. 1991
28 George W. Bush Speech -An order in which a credible United Nations can use peace-keeping role to fulfill the promiseand vision of the UN's founders. A new world order where diverse nations are drawn together in common cause to achieve the universal aspirations of mankind. Now we can see a new world coming into view. A world in which there is a very real prospect of a new order.- CSpan TV. Sep. 1, 1991
29 George H. Bush Address -Bush emphasizes the need for a stronger United Nations in the post cold War era. Oct. 1, 1990
30 Ibid.,

2. 사회보장제도에 쓰이는 베리칩

1 Hillary Clinton Health Care was drafted by the Clinton Administration to head a new Task Force and sell the plan to the...The United States in 1993 did have certain publicly funded health care programs to provide health care for....ISBN 0060839880. p. 1993.
2 H.R.3200: To provide affordable, quality health care for all Americans and reduce the growth in health care spending, and for other purposes. passed by US Senate in Mar. 21, 2011.
2 Ibid.,
3 England Real ID Ac tC-15, introduced by House Judiciary Committee Chairman James Sensenbrenner, became law on May 11, 2005
4 digitalangel.com(1995.1.10)

5 Records and reports under section 519, restricted device requirements under section 520(e), good.....18, 1980, as amended at 62 FR 26229, May 13, 1997. - Authority: 21U.S.C. 331, 351, 352, 353, 355, 360, 360c-360f, 360h-360j, 371, 372, 374, 379e, 381, 382, ...
6 April 4, 2002. http://www.foxnews.com/story/0,2933,49437,00.html.
7 The Senate Healthcare bill HR3200 was passed and signed into law the following H.R. 3200 section 2521, Pg. 1001,paragraph 1. On Sunday Mar. 21, 2010. -Section 519 of the Federal Food, Drug, and Cosmetic Act: Records and Reports on Devices; General Rule.
8 Ibid., section 1172 -specific physician at a speific facility- Mar. 21. 2010. -Ibid FDA Sec.519. USC
9 Ibid., Division-C - Public Health and Workforce Development Title III -Prevention and ...Mar. 21. 2010 -Ibid., FDA Sec.519. USC
10 http://www.adsx.com/pressrelease/eases/2006-09-06/html / Sep. 8, 2006
11 VeriChip News -Over 600 Physicians and 180 Hospitals Now part
12 Ibid., Sep. 6, 2006
13 Ibid.,
14 "Congress' Full 2012 Plate: The 'Doc Fix,' The Health Law And Automatic Cuts. Share. Jan. 4, 2012
15 H.R. 3200 -Implanted electronic device registration- Mar. 21. 2010.
16 Ibid., p.1
17 Ibid., p.1
18 Topic started truth 777 -HR3200, President Obama signed by....Aug. 28. 2009.8.28
19 H.R.3520 p.1 -To amend title X, United States Code, to ensure that the retired pay benefits promised a person when they join the Armed Forces are not reduced.- Nov. 29 2003.
20 H.R.3590 p.1 -An act to 'amend' the Internal Revenue Code of 1986- Dec. 24. 2009.
21 H.R.3962 p.1 -To provide affordable, quality health care for all Americans and reduce the growth in health care spending, and for other purposes- Oct. 29, 2009.
22 H.R.4872 p.1 -Amendment in the nature of a substitute to H.R.4872 - Mar. 17, 2003.
23 Topic started truth 777 -It absolutely does contain the mandatory chipping of U.S. citizen- Aug. 29, 2009/ 2009.8.28
24 FDA 519(g) USC Act class-II the Federal Food, Drug, and Cosmetic Act: Records and...(II) a class II device that is permanently implantable, is life supporting, or is life....uses a device under an exemption granted under section 520(g);
25 Congress' Full 2012 Plate: The 'Doc Fix,' The Health Law And Automatic Cuts. Jan. 4, 2012
26 www.opencongress.org... Nov. 8, 2011
27 FDA 519(g) 21USC 360i(g) - (g) The manufacture, within any Territory of any food, drug, device, or cosmetic,. Mar. 5. 2009. - 21 USC § 360(j) or (k)] or the failure to provide a notice required by section 510(j) (2).... 519 or 520(g), or (C) comply with a requirement under section 522. May 27, 2007, P.L. 110-85, as provided by § 909(a) of such Act, which ...
28 H.R.3200 Class III -Device that is implantable is supporting or life sustaining- Mar. 21. 2010. -FDA 519(g) -The implementation of section 519(g) of the. Act requires the Food and Drug Administration (FDA) to issue an order to manufacturers when FDA.
29 H.R. 3200 subtitleC. Sec.2521 -National Medical Device Registry-Mar. 21. 2010

30 FDA 519(B) USC 360i -Records and Reports on Devices; General Rule. Note: revisions were posted to this section in February 2008

3. 그램스 전략(GRAM'S STRATEGY)

1 White house news -On June 26, 2000 President Clinton Promulgated "The day of Century"
2 Pre-Prison Writing -Born January 22, 1891. Ales, Sardinia, Italy; Died April 27, 1937 (aged 46); Rome, Lazio, Italy; Era 20th-century philosophy Region Western Philosophy. School; Marxism. Main interests Politics, Ideology, Culture. Notable deas; Hegemony, Organic Intellectual, War of Position.-Cambridge University Press.
3 United States one-dollar bill since 1935.
4 Hans R. Zeuthen; -Danske Farmakopeer indtil 1925- p.258~262. Published by Fr. Bagges Kgl. Hofbogtrykkeri, 1927.
5 Research Gramsci. p.214-222 -University of Turin.
6 Joseph Chang 'The Mark' p.54~64. ISBN 978-89-7087-296-4 03239. February 2010.
7 Ibid., p.57
8 Soon Han Lee. The Analyticla Greek-Korean Lexicon p.237. 011791-31-0508101. 1995.
9 Zbigniew Brzezinski 'Between two ages p.184~190' - A community of developed nations must eventually be former socialist if the world is to respond effectively serious crises- ISBN 01-4004-314-3.
10 Ibid., p.107-121
11 Ibid., p.118
12 Joseph Chabg 'The Mark p34. ISBN 978897087294403239. 2010
13 www.cfr.org
14 Devvy Kidd 'Why A Bankrupt America? p.30, Published by Project Liberty, Arvada, CO. May 15, 1996.
15 Ibid., p.27
16 www.cfr.org
17 William Jasper, "Global Tyranny Step by Step" p.261, 282, 287. ISBN 882791354. Published by Western Islands, January 1998.
18 Ibid., p.103-107
19 devvy Kidd 'Why A Bankrupt America? p.30' -U.S. President Richard Nixon executed Executive Order #11647 that redivided thye 50 states into 10 new regions, with appointments instead officials over each region- 1972.
20 Ibid., p.27 -National boundaries should be obliterated and one-rule established.
21 CFR, TC, Bilderberg Dominance USA. Published by F.R.E.E 2001
22 University of Turin: Research Gramsci. p.214
23 Steven Kreis, 'Lectures on Modern European Intellectual History' Karl Heinrich Marx (5 May 1818~14 March 1883) was a German philosopher, economist, sociologist, historian, journalist, and revolutionary socialist. Printed Nov. 5, 2005
24 Devvy Kidd 'Why A Bankrupt America p.27 -This organization is the American branch of a society which originated in England- Published by Project Liberty, Arvada, CO. May 15, 1996.
25 Zbigniew Brzezinski 'Between Two Ages' ISBN 670-26042-5; -The Trilateral Commission is a non-governmental, non- partisan discussion group founded by

David Rockefeller in July 1973. Published by The Viking Press, 1970.
26 Devvy Kidd 'Why A Bankrupt America p.29.' - Published by Project Liberty, Arvada, CO. May 15, 1996.
27 Barry Goldwater 'With no apologies p.293.'-TC control overall and advising on UN, GATT and CFR purposes- Published by Arizona Historical Society, Tuscan, AZ. 1979
28 Ibid., p.293 -The Trilateral Commission represents a skillful, coordinated effort to seize control and consolidate the fourcenters of power political, monetary, intellectual and ecclesiastical.
29 English-Korean Dictionary p.586 Published by, Dong-A Press. Oct. 1980
30 William Grigg. 'Freedom Altar p.185-188.' - My vision of a New World Order foresees a UN. with a revitalized peace keeping function. It is the sacred principles enshrined in the U.N. charter to which we henceforth pledge our allegiance.- by American Opinion Publishing. Inc. Mar. 1995.
31 Ibid., p.186 -Barney recalled that an internationally famous, highly influential author on sustainable development tild me bluntly, 'Religion must die- Published by American Opinion Publishing. Inc. Mar. 1995.
32 Rockefeller, Davis Memoirs. -International commission for peace and prosperity- Published by New York Random House. 1980.
33 Ibid.,
34 Ibis.,
35 Trilateral Commissions membership list May, 2010.
36 Trilateral Commissions membership for Pacific Asian Group list. May. 2010.
37 TC plenary in Seoul Meeting Report - Title "Toward New Pacific Asia Regional Order", Koran President Roh, speech "Sociopolitical and Economic Agenda of Seoul, Korea" -at hotel Silla. April 11~14 2003.
38 56th TC Seoul Meeting, ISOIEJTCIS36NO523. - Global Governance, Enhancing, Trilateral Commission Operation Heave Construction Region- hotel InterContinental Seoul, Sept. 22~27, 2003.
39 Zbigniew Brzezinski, 'Between two ages' -A community of developed nations must eventually be formed it the world is to respond effectively to increasingly serious crises' ISBN 670-16041-5, Published by The Viking Press, 1970.
40 Ibid.,
41 Barry Gold Wather. 'With no Apologies p.231.'-believes national boundaries should be obliterated- ISBN 100432504663X. Published by Arizona Historical Society, Tuscan, AZ. 1979.
42 Ibid., p.231.
43 Ibis., p.230
44 Ibid., p.232
45 Devvy Kidd, 'Why A Bankrupt America p.31' Published by Project Liberty, Arvada, CO. May 15, 1996.
46 Wililam Jasper, Special report p.12~23. Published by. New American, 1997.
47 Devvy Kidd, 'Why A Bankrupt America p.31' Published by Project Liberty, Arvada, CO. May 15, 1996.
48 Ibid., p.31
49 Ibis., p.31
50 Ibid., p.31
51 Ibid., p.21.

4. 인간유전자와 베리칩

1 Proc. Natl. Acad. Sci. U.S.A. Vol.49(1) p.116-122 January 1963.
2 Ibid.,
3 Ibid.,
4 digitalangel.com. 1997.05.13
5 Ibid.,
6 Jonathan Westhues Analysis -Westhues is a software, electronics, and security researcher known for his work exposing the security vulnerabilities of the VeriChip Researcher. 2006.
7 Applied Digital Solutions news. November 12, 2001.
8 adsx.com. December 19, 2001.
9 Norman Mineta(Secretary of Department of Commerce).- Report on Americans' to Technology Tools. Toward digital inclusion-September 26, 2000.
10 Ibid., October 11, 2000.
11 FDA 21. 500-599. August 1, 1998.
12 Newfinder.org. -to begin selling a chip-. July 21, 2002.
13 FDA news.-VeriChip was the only Food and Drug Administration approved Human-implantable microchip.- 2004.
14 www.thechurchofpraise.net/main/bbs/ -It was marketed by Positive-ID.
15 FDA approved human implantable-the shoulder and elbow area of an individual's right arm- 2004.
16 adsx.com / news. -Applied Digital Solutions Introduces VeriChip- December 19, 2001.
17 Section 27A of the Securities Act of 1933, Section 21E of the Securities Exchange Act of 1934.
18 H.R.5866 -Medical Device Patient Safety Act. USC text act21 360i- 1995.
19 VeriChip Corp. news December 30, 2005.
20 adsx.com / news November 10, 2009.

5. 디지털 인클류션의 비밀

1 www.doc.gov Norman report September 26, 2000.
2 WorldNetDaily reported 2000. 3.
3 Norman Mineta Report(Secretary of Department of Commerce).- Report on Americans' to Technology Tools.- Toward digital inclusion-September 26, 2000.
4 C-SPAN3 -The Clinton health care plan was a 1993 healthcare reform package...Bill Clinton had campaigned heavily on health care in the 1992 U.S. presidential election....Programming from 1993-94 on the Clinton Health Care Plan.
5 Bush Administration, -U.S. Secretary of Health and Human Services 2004-2005
6 Bush Administration, -17th and current Chief Justice of the United.
7 Richard Sullivan's -A projected $100 billion marketplace for Digital angel."Project.-March 30, 2000.
8 Act 2003. Sec.835-D means Principles for construing rules in accordance with OECD Guidelines...This section is the interpretation section for the Part. 2003.
9 Hackensack Univ. Business wire -Horizon Blue Cross Blue Shield patient - March 16, 2005.

10 Kaiser health. -Congress' Full 2012 plate; 'The Doc. Fix,' The health law and automatic cuts Kaiser health bill. January 4, 1012.
11 Kaiser Health News-"begin next January, in 2013".

6. 교회가 교회를 죽이는 시대

1 George H. Bush address to the UN. October 1, 1990.
2 William Grigg -Freedom on the Altar p.162. ISBN 0964567903 -The One Church and the New World Religion- Published by American Opinion Publishing, Inc. March 1995.
3 Religions Enter their Ecological phase p.77
4 William Grigg. -Freedom on the Altar p.182. ISBN 0964567903 -A UN of Religions? -Published by American Opinion Publishing, Inc. March 1995.
5 Ibid.,
6 마태복음 24:15.
7 William Grigg -Freedom on the Altar p.162. ISBN 0964567903 -The One Church and the New World Religion- Published by American Opinion Publishing, Inc. March 1995.
8 Ibis., p.186
9 Ibis., p.185
10 Ibid., p.186
11 Ibid., p.186
12 Ibid., p.186
13 Ibid., p.188
14 George H. W. Bush - Addressing the General Assembly of the U.N. February 1, 1992.)
15 William Grigg -Freedom on the Altar p.185. ISBN 0964567903 -The leaders at the Religions Parliament contained an oblique ultimatum- Published by American Opinion Publishing, Inc. March 1995.
16 Ibid., p.185
17 Ibid., p.188
18 Ibid., p.188
19 Ibid., p.188
20 Ibid., p.182~183
21 Ibid., p.186
22 Joseph Chang 'The Mark p.34 ISBN 978897087296403239.p.34 February 20, 2010.
23 Ibid., p.35
24 Annan Cofi (UN Sectary of General). Address to -Inter-Religious Service- September 11, 2002.

7. 세계정부를 향해 달려가는 현실

1 Wikipedia, p.1 -the free encyclopedia Bilderberg Group-
2 CFR, TC, Bilderberg Connection. Published by E.R.F.E Kerrville,TX.
3 The Blue Prim of the Bilderberg Project. May 29~31, 1954.
4 Joseph Chang -The Mark p.30. ISBN 9788970872964-03239. February 20, 2010.

5 Devvy Kidd -Why A Bankrupt America? p.29. Published by Project Liberty, Arvada. CO. May 15, 1996.
6 Joseph Chang -The Mark-p.31~32 ISBN 978897087296403239. February 20, 1010.
7 Wikipedia, the free encyclopedia Bilderberg Group ect.
8 William Jasper, -Global Tyranny Step by Step p.247273. ISBN 0882791354. Published by Westen Islands, Wisconsin. December 1992.
9 World Book Encyclopedia p.208~210. ISBN 0716600781 1978.
10 Ibid., p.208
11 Ibid., p.209
12 Ibid., p.208~210
13 English-Korean Dictionary p.748 Printed by Dong-A Published Seoul, Korea.
14 Wikipedia, the free encyclopedia p.1
15 Trilateral Commissions' membership charter. May 2010.
16 International Criminal Court Report January 17, 1998.
17 Hague-visby Rule August 25, 1924.
18 Germany Suddeutshe Zeitung October 1, 1946.
19 William Grigg -Freedom on the Altar p.181.- ISBN 0964567903. Published by American Opinion Publishing, Inc. March 1995.
20 William Jasper -Global Tyranny Step by Step p.212. ISBN 0882791354. Published by Western Islands December 1992
21 adsx.com news, October 10, 2009.
22 Ibid.,
23 Kenneth W. Lee -McGraw-Hill Education -Technology and Science p.123. ISBN 0-07-136834-5.
24 H.R.1268. Real-ID Act. May 11, 2005.
25 Docket No. DHS 2006-0030. -Real ID Creates a National ID System- May 11, 2011.
26 Washington Post by. Todd Lewan September 8, 2007.
27 The Washington Examiner, August 24, 2006.
28 adsx.com / news October 11, 2011.
29 World Book Encyclopedia Vol G. p.83-84 ISBN0716600781. 1978.
30 Devvy Kidd -Why Bankrupt America p.23. Published by Project Liberty, Arvada, CO. May 15, 1996.
31 Ibid., p.29
32 Barry Goldwater. -With No Apologies. p.293. ISBN 100432504663X. Published by Arizona Historical Society, Tuscan, AZ. 1979.
33 Joseph Chang -The Mark p.120 ISBN 978897087296403239. February 20, 1010.
34 Ibid., p.122
35 NBC News Report. July 15, 2010.
36 Congress' Full 2012 plate; "The Doc. Fix," The health law and automatic cuts Kaiser health. January 4, 2012.

8. VERICHIP 교육과 시행령

1 HR3200 Sec.399Z1. March 21, 1010.
2 Ibid., Sec.2511.
3 Ibid., Title-4.
4 Ibid., Sec.2511.

5 Ibid., Sec.1401.
6 HR645. FEMA Regulation. January 22, 2009.
7 National Identification Authority of India Bill March 6, 2010
8 HR3200 Sec.1173. March 21, 2010.
9 Ibid., Sec.1173.
10 Ibid., Sec.5321.
11 Ibid., Sec.1632.
12 Ibid., Sec.2216.
13 Ibid., Sec.1756.
14 Ibid., Sec.1756
15 Ibid., Sec.1756
16 Ibid., Swc.2201. Title-2.

9. 은행과 베리칩 그리고 고객

1 Bilderberg Brief. p.247,250 ISBN 08822791354 May 29~31, 1945.
2 Bilderberg Project Blue Print #-3. May 29~31, 1945.
3 Ibid., p.5
4 Ibid., p.9
5 요한계시록 13장 16절
6 New American ISSN 0885-6540 - Published by New American. 1009.4.2
7 Bilderberg Project Blue Print #-5. May 29~31, 1945.
8 Ibid., p.5
9 Ibid., p.5
10 Zbigniew Brzezinski -Between Two Ages- ISBN 670160415. 1970 Congress catalog #76-104162.
11 BBC News March 3, 2009.
12 IMF Report -2007' Subprime mortgage crisis-
13 BBC News March 3, 2009.
14 Ibid., July 15, 2010.
15 HR3200 Sec.2521 March 21, 2010.
16 World Book Encyclopedia vol-B. p.485. ISBN: 0716600781. 1978
17 New Amercian p.7 -New Bretton Wood System-II- May 9, 2011.
18 GeorgeSoros.com
19 Bloomberg News May 20, 2011.
20 Bilderberg Project Blue Print #-5. May 29~31, 1945.
21 HR3200 Sec.1632. March 21, 2010.
22 Ibid., Sec.1173
23 Ibid., Sec.1652
24 Ibid., Sec.1653
25 요한계시록 13장 17절
26 HR3200 Sec.1652. March 21, 2010.
27 Ibid., Sec.1173
28 Ibid.,
29 FDA Sec.519 USC 360(i) -Records and Reports on Devices; General Rule- February 2008.
30 digitalangel.com January 10, 1995.

31 US Patent #5,629,678. May 13, 1995.
32 Fox News April 4, 2002.
33 FDA 519(21 USC 333(f). March 2, 2009.
34 HR3200 Sec.1652 March 21, 2010.
35 Ibid., Sec.1757
36 Ibid., Sec.2521(2)
37 FDA 519 USC 360(i)- Records and Reports on Devices; General Rule- February 2008.
38 HR3200 Sec.2521 March 21, 2010.
39 Ibid., Sec.2521(2)
40 Ibid., Subtitle C
41 Ibid., Title-Ⅲ
42 Ibid.,

10. 제조업자와 베리칩 근로자

1 FDA 519(f) (21 USC 360.-Records and Reports on Devices; General Rule- February 2008.
2 HR3200 Division-C Sec.2541 March 21, 2010.
3 FDA 519(B) -Records and Reports on Devices; General Rule- February 2008.
4 HR3200 Sec.2521 March 21, 2010.
5 FDA 519(g) USC. -Records and Reports on Devices; General Rule- February 2008.
6 H.R.3200. Sec.2521 March 21, 2010.
7 Ibid., Sec.1652
8 Ibid., Sec.1173
9 Ibid., Sec.1703
10 Ibid., Sec.2521
11 Ibid., Sec.2503. "Effective date" Bill passed on March 21, 2010.
12 Ibid., Sec.1632
13 Ibid., Sec.1040
14 Ibid., Sec 2201
15 Ibid., Division-C Sec.1652. FDA 519 regulation, rule.
16 H.R.3200. Sec.1173 March 21, 2010.
17 Ibid., Sec.1173A
18 Bilderberg Project Blue Print #-9. May 29~31, 1945.
19 Julie Foster, Worldnetdailt.com

11. 세계가 베리칩을 ID로 쓰기로 한다

1 HR3200 Sec.1632,1173, etc. March 21, 2010.
2 요한계시록 13장 16-18절
3 Congress' Full 2012 Plate: The 'Doc Fix,' The Health Law January 4, 2012.
4 요한계시록 14장 11절
5 Ibid., 14:11
6 Ibid., 13:17-18
7 Ibid., 14:11

8 국어사전 p1337 민중서림 April 25, 1989.
9 White House, President Clinton announced June 26, 2000.
10 Time's p.56-57. March 11, 2002.
11 임상실험 화면
12 Source by DNA service of America.
13 Jonathan Westhues Analysis -Westhues is a software, electronics, and security researcher known for his work exposing the security vulnerabilities of the VeriChip Researcher. 2006.
14 Congress' Full 2012 plate; 'The Doc. Fix,' The health law and automatic cuts Kaiser health. January 4, 2012.
15 Dong-a Daily p.A-18, March 13, 2002.
16 White House, -President Clinton Announced- June 6, 2000.
17 worldnetdaily February 4, 2004.
18 Devvy Kidd. -Why a Bankrupt America p.19. Published by Project Liberty Arvada, CO. May 15, 1996.
19 Zbigniew Brzezinski -Between Two Ages- ISBN 670160415. 1970 Congress catalog #76-104162.
20 Joseph Chang -The Mark p.149-ISBN 978-89-7087-296-4. February 20, 2010.
21 Ibid., p.154.
22 adsx.com. December 19, 2001.
23 Times' p.56-57. March 11, 2002.
24 adsx.com. December 19, 2001.
25 England CNI news February 5, 2003.
26 nbc news May 5, 2002.
27 US patent 5,629,678 p.1. -Personal tracking & recovery system- May 13, 1997.
28 digitalangelcorp.net December 19 2001.
29 US patent 5,629,678 p.5 -Personal tracking & recovery system- May 13, 1997.
30 Ibid., p.5
31 HR3200 Division-C. March 21, 2010.
32 Fox news April 4, 2002.
33 Times p.57. March 11, 2002.
34 Fox news April 4, 2002.
35 Times p.57 March 11, 2002.
36 Ibid., p.57
37 Ibid., p.57
38 South Florida Business Journal News. December 2, 2002.
39 Times p.1 -An Internet of Things.- June 10, 2002.
40 Ibid., p.A3
41 Ibid., p.A8
42 NBC News July 15, 2004.
43 USA Today July 8, 2003.
44 New American Volume p.11. October 2004.
45 Mexico's Associated Press. July 15, 2004.
46 E.F.E news of Spain. December 28, 2004.
47 CNN News. -Baja Beach Club Information- June 9, 2004.
48 New American p.13. October 4, 2004.
49 Ibid., p.13
50 Jamaica Gleaner News.
51 Russian Broadcast. January 16, 2011.

12. 베리칩이 666이라는 명확한 증거

1 adsx.com / December 19, 2001.
2 digitalangelcorp.net. December 19, 2001.
3 News yonsei News. August 19, 2011. 기독일보 -오랜지카운티 기독교협 의회 선언- July 29, 2011.
4 Joseph Chang -The Mark- ISBN 978-89-7087-296-4-03230. February 20, 2010.
5 digitalangel.com May 13, 1997.
6 digitalangel.com January 10, 1995.
7 FDA 519(B) USC 360i -Records and Reports on Devices; General Rule- February 2008.
8 Jonathan Westhues -Analysis, software, electronics, and security researcher known for his work exposing the security vulnerabilities of the VeriChip Researcher. 2006.
9 Ibid.,
10 DNA service of America
11 Dong-A Daily p.A-18. June 26, 2000.
12 Digitaangelcorp.net December 19, 2001.
13 Positive-ID Corporation™ November 10, 2009.
14 H.R.3200 March 21, 2010.
15 verichipcorporation.net
16 H.R.3200 Sec.1703 (42 USC. Sec.1396a)
17 H.R.3200 Sec.2521
18 Ibid., Sec.2511
19 Ibid., Sec.1401
20 Ibid., Sec.1173
21 Ibid., Sec.2521
22 Ibid., Sec.2521(2)
23 FDA Sec.519(g) USC Act
24 H.R.3200 Sec.1173
25 FDA Sec.519(g)
26 FAD 519(f) (21 USC 360i
27 H.R.3200 Sec.2521 March 21, 2010.
28 Ibid.,
29 Ibid., Sec.2521(B). Ibid., Sec.2521(2)
30 Ibid., Sec.1652.
31 Ibid., Sec.1172.